U0956153

上图 / 1959 年，闵桂荣在苏联留学期间留影

下图 / 1963 年，闵桂荣在莫斯科动力研究所副博士学位答辩中

上图 / 闵桂荣在办公室工作

下图 / 20 世纪 90 年代，闵桂荣（左）与刘纪原（右）共同听取汇报

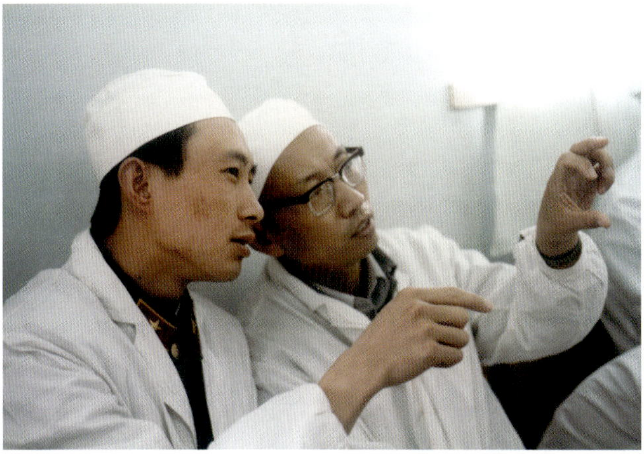

上图 / 1985年，闵桂荣（右）在酒泉卫星发射中心工作现场
中图 / 1998年3月8日，闵桂荣（右一）在五院东方红三号卫星研制动员会上讲话
下图 / 2004年3月19日，闵桂荣（右）在中星20号卫星在轨测试总结评审会上

上图 / 1989年，闵桂荣（前排左二）代表中国空间技术研究院与巴西签署资源卫星研制合作项目协议
下图 / 1990年，闵桂荣（前排右）与澳大利亚签署航天合作协议

上图 / 1988年10月7日，闵桂荣（右）与苏联女航天员捷列什科娃（左）亲切会晤
中图 / 1988年12月，闵桂荣在波恩卫星专家国际会议上作报告
下图 / 闵桂荣（二排左二）在印度考察

上图 / 1993年2月13日，闵桂荣（右）与孙家栋（左）在一起

中图 / 2005年11月12日，闵桂荣（左）与张履谦（右）在一起

下图 / 2009年1月19日，闵桂荣（右）与雷凡培（左）在中国航天科技集团公司科技委年会上

上图 / 2005年4月20日，闵桂荣（左三）等出席东方红一号卫星诞生地纪念碑揭幕仪式

下图 / 2008年2月19日，闵桂荣（左一）出席星船主题墙揭幕暨文化产品发布仪式，与杨保华（左二）、李开民（右二）、戚发轫（右一）在一起

上图 / 1993年5月23日，闵桂荣与家人合影

中图 / 2003年闵桂荣70岁生日，与夫人陈爱明合影留念

下图 / 2011年5月7日，闵桂荣与夫人陈爱明在北京顺义鲜花港

闵桂荣院士传记

Academician Min Guirong's Biography

《中国航天院士传记丛书》总编委会 组织编写

杨照德 熊延岭 著

中国宇航出版社

·北京·

版权所有　侵权必究

图书在版编目(CIP)数据

闵桂荣院士传记 / 杨照德，熊延岭著 ；《中国航天院士传记丛书》总编委会组织编写. -- 北京 ：中国宇航出版社，2017.8

（中国航天院士传记丛书）

ISBN 978-7-5159-1370-4

Ⅰ. ①闵… Ⅱ. ①杨… ②熊… ③中… Ⅲ. ①闵桂荣—传记 Ⅳ. ①K826.16

中国版本图书馆 CIP 数据核字(2017)第 207356 号

责任编辑　黄　莘
责任校对　王　妍　　　　**装帧设计**　宇星文化

出　版
发　行　中国宇航出版社

社　址　北京市阜成路 8 号　**邮　编**　100830
(010)60286808　　(010)68768548

网　址　www.caphbook.com

经　销　新华书店

发行部　(010)60286888　　(010)68371900
(010)60286887　　(010)60286804(传真)

零售店　读者服务部
(010)68371105

承　印　三河市君旺印务有限公司

版　次　2017 年 8 月第 1 版
2017 年 8 月第 1 次印刷

规　格　787×960

开　本　1/16

印　张　19.5　**彩　插**　8 面

字　数　272 千字

书　号　ISBN 978-7-5159-1370-4

定　价　68.00 元

本书如有印装质量问题，可与发行部联系调换

《中国航天院士传记丛书》总编委会名单

编审委员会

主　　任　许达哲　高红卫

副 主 任　雷凡培　曹建国

委　　员　李金生　方向明　袁　洁　李　跃　包为民

编撰委员会

总 主 编　许达哲　高红卫

副总主编　李　跃　包为民

委　　员　（按姓氏笔画排列）

于世元　马礼谦　王亚文　邓宁丰　朱芝松

朱忠元　任玉琨　孙玉斌　李　明　李　锋

陈学钏　张连成　周晓飞　侯　晓　贾　可

梁小虹　谭永华

总编委会办公室

主　　任　周晓飞　朱忠元　邓宁丰

成　　员　（按姓氏笔画排列）

丁雅清　于　宁　于　希　王来成　李卫东

杨利伟　辛大广　张铁钧　范占英　唐　燕

徐　睿　戴品华

《闵桂荣院士传记》编审委员会名单

编审委员会

主　任　张洪太

副主任　赵小津　李　明

委　员　张廷新　杨孟飞　高耀南　徐福祥　侯深渊
　　　　卢春平　王作为　李　杰　李君三　傅　钢

编审委员会办公室

主　任　卢春平

成　员　张秋梅　魏　强　李　民　陈国宇　刘之辉
　　　　王　硕　王春香

序　一

Preface I

中国航天事业自1956年创建以来，已经走过50多年的发展历程。在党中央、国务院、中央军委的亲切关怀和英明领导下，中国航天人团结一心、顽强拼搏、勇于创新、无私奉献，不仅取得了以“两弹一星”、载人航天工程和月球探测工程为代表的辉煌成就，孕育形成了航天传统精神、“两弹一星”精神和载人航天精神，也造就了一支技术精湛、作风优良的航天人才队伍。

航天系统的中国科学院院士和中国工程院院士就是这支队伍的杰出代表。中国航天科技集团公司和中国航天科工集团公司先后有50多位科学家和航天工程专家当选为两院院士。其中，有7位院士获得过“两弹一星”功勋奖章，2位院士获得过国家最高科学技术奖。他们不仅是航天成就的主要创造者，也是航天精神的重要孕育者和忠实践行者。

中国航天事业是在新中国成立不久，工业实力、科技实力、综合国力都很薄弱，帝国主义严密封锁，苏联撕毁协定、撤走专家的情况下发展起来的。以航天院士为代表的中国航天人，自力更生，艰苦奋斗，奋发图强，顽强拼搏，在一穷二白的基础上，独立自主地创建起了中国的航天事业。

航天型号研制是复杂的系统工程，涉及很多领域，需要众人参与，必须大力协同、集智攻关才能完成。以航天院士为代表的中国航天人，在航天工程研制实践中，齐心协力，密切配合，实现了一次又一次技术突破，铸造了一项又一项辉煌成就。他们为祖国的航天事业作出了巨大贡献，却淡泊名利，不计得失，将个人利益置之度外。

航天事业属于尖端技术领域，难度大、风险高、技术复杂，在发展历程中碰到过很多难题，经历过各种坎坷，甚至遭受过重大失利。以航天院士为代表的中国航天人，在困难和失败面前不动摇、不退缩，树立百折不挠、锲而不舍、脚踏实地、严谨务实的工作作风，不断攻坚克难、勇攀高峰，取得了一个又一个胜利，树立了一座又一座丰碑。

今天，在由航天大国向航天强国迈进的征程中，航天院士的科学思想、创新意识、坚定信念和爱国情怀是全体航天人宝贵的精神财富。中国航天科技集团公司和中国航天科工集团公司决定出版《中国航天院士传记丛书》，不仅是为了宣传航天院士的科研成就，总结航天院士的成长规律，更是为了传承航天院士的宝贵精神，使之生生不息、薪火相传，为“续航天梦、筑强军梦、圆中国梦”的伟大实践提供精神动力和思想源泉。

许达哲

2014 年 1 月

序　二

Preface Ⅱ

中国航天事业创建半个多世纪以来，培养和塑造了一大批功勋卓著、德高望重的中国科学院院士和中国工程院院士。他们具有坚定的理想信念和强烈的爱国情怀，理论功底深厚，技术水平高超，善于引领科学发展和技术创新，在中国航天事业发展的关键时期发挥了重要作用，为中国航天事业取得辉煌成就、孕育航天精神作出了突出贡献。

为了全面、系统地总结航天院士的成长规律，把航天院士的科学思想和创新方法记录下来、传承下去，为中国航天事业积累精神财富，为航天强国建设提供有益借鉴，中国航天科技集团公司和中国航天科工集团公司研究决定，组织编写一套《中国航天院士传记丛书》（以下简称《丛书》）。

党的十八大描绘了坚持中国特色社会主义道路、全面建成小康社会、实现中华民族伟大复兴的宏伟蓝图，同时也为加强国防和军队现代化建设、推进我国由航天大国向航天强国迈进指明了方向。在中国航天事业“续航天梦、筑强军梦、圆中国梦”的新形势下，出版这套《丛书》，具有重大的现实意义和深远的历史意义。

记载航天历史。航天院士是中国航天事业的宝贵财富，他们的成长历程反映了航天事业的发展轨迹。这套《丛书》不仅是航天院士个人的传记，也从不同侧面记载了中国航天从技术到管理、从思想到精神的真实历史。

弘扬航天文化。宣传航天院士，就是站在科学的高度，向社会各界全面宣传航天事业，弘扬航天文化，使其成为中华民族文化宝库的重要组成部分，增强中华民族的自信心、自豪感和凝聚力，提升国家的软实力。

传承航天精神。航天精神是包括航天院士在内的几代航天人，在中国航天事业发展历程中，不断积累、提炼、传承而逐渐形成的，是民族精神、时代精神与航天实践相结合的产物，是中国航天事业之魂。《丛书》全面反映了航天院士的学术成就、科学作风和思想品格，有助于航天精神薪火相传。

培育航天人才。中国航天事业已经完成了新老交替，一代航天新人正在茁壮成长。《丛书》是泽被后世的人才工程，对于培育航天人才、发展航天事业、铸造新的辉煌将产生积极的促进作用。

总之，《丛书》是一套具有航天特色的爱国主义教材，是不可多得的精神食粮。相信这套《丛书》的出版发行，必将吸引更多的年轻人热爱航天、投身航天、奉献航天，以饱满的热情和昂扬的斗志再攀高峰，使中国航天事业后继有人，蓬勃发展，续写辉煌。

2014 年 1 月

目　录
Contents

引 言

星光闪烁的夜空，向我们展现了深远而广阔的宇宙。人类早就开始研究宇宙，宇宙以其辽阔无垠和构造之美令人神往，以其取之不尽的资源引人瞩目。人们在想，怎样利用宇宙的不寻常条件为人类谋福利。地球是人类的生存之本。为了扩大社会生产活动，人类必然要不断开拓新的天地。世界航天技术和航天活动的发展，极大地扩展了人类活动的新领域，这是人类认识自然、开发宇宙空间的一个质的飞跃。

航天技术亦称空间技术，它是探索、开发和利用太空以及地球以外天体的综合性工程，也是高度综合的现代科学技术。它以基础科学和技术科学为基础，集中应用了诸多工程技术新成就。力学、热力学、材料学、医学、电子技术、自动控制、喷气推进、计算机、真空技术、制造工艺等都对航天技术的进步发挥了重要作用。这些学科技术在航天的应用中互相交叉和渗透，从而产生了一些新学料，使航天技术逐步形成了完整体系；而航天不断地提出新的要求，又促进了这些科学技术突飞猛进的进步。

空间资源开发隶属于一个国家的总体战略，航天技术发展的每一个里程碑，都是国家根据满足其政治、经济、科技、社会发展需要而作出的战略性决策。

1956 年，中国将开发火箭技术纳入国家十二年科学发展规划。1957 年，著名科学家钱学森等积极倡议开展人造卫星的研究工作。1958 年，毛泽东提出“我们也要搞人造卫星”的伟大号召。1965 年，国家将发射人造卫星列入国家重点项目。1970 年 4 月 24 日，中国第一颗人造卫星发射成功，成为继苏、美、法、日之后，世界上第五个拥有用自制运载火箭发射本国自行研制人造卫星能力的国家。1975 年，中国成为继美、苏之后，世界上第三个掌握卫星回收技术的国家。

中国航天事业在短短 61 年的时间里，从无到有，从小到大，一步一个脚印，一步一层台阶，经历了近地轨道、太阳同步轨道、地球静止轨道三个重要的空间技术发展阶段。中国载人航天从无人试验到载人飞行，从一人一天到多人多天，从舱内实验到出舱活动，从单船飞行到交会对接，均取得了圆满成功，为第二步第一阶段任务画上了圆满的句号。2013 年 6 月 24 日，习近平总书记在北京航天飞行控制中心，同正在“天宫一号”内执行任务的“神舟十号”航天员聂海胜、张晓光、王亚平通话。习总书记深情地表示，飞天梦是强国梦的重要组成部分，随着中国航天事业的快速发展，中国人探索太空的脚步会迈得更大、更远。

习总书记发出“发展航天事业，建设航天强国”的伟大号召，给航天事业指明了方向。在航天人面前，永远都是新的起点。追逐航天强国梦，就要切实增强航天报国的责任感和历史使命感；就要大力弘扬航天传统精神、“两弹一星”精神和载人航天精神，凝聚全体航天人的智慧和力量，坚定不移地走具有中国特色的航天事业发展道路。

追梦一甲子，攀登勇向前。在中国航天事业创建 60 年之际，中国航天人终于有了属于自己的节日。国务院决定，自 2016 年起，将每年 4 月 24 日设立为“中国航天日”。这既是对航天过去辉煌成就的完美注解，亦是开启了继往开来的新征程。设立“中国航天日”，是对航天事业辉煌成就的最高褒奖，也是对全体航天工作者的巨大鼓舞和鞭策。

在首个“中国航天日”到来之际，习总书记向60年来为航天事业发展作出贡献的同志们表示崇高敬意，强调广大航天科技工作者要牢牢抓住战略机遇，坚持创新驱动发展，勇攀科技高峰，谱写中国航天事业的新篇章，为服务国家发展大局和增进人类福祉作出更大贡献。

习总书记指出，探索浩瀚宇宙，发展航天事业，建设航天强国，是我们不懈追求的航天梦。经过几代人的持续奋斗，取得了以“两弹一星”、载人航天工程和月球探测工程为代表的辉煌成就，走出了一条自力更生、自主创新的发展道路，积淀了深厚博大的航天精神。设立“中国航天日”，就是要铭记航天历史，传承航天精神，激发全民尤其是青少年崇尚科学、探索未知、敢于创新的热情，为实现中华民族伟大复兴的中国梦凝聚强大的力量 。

“中国航天日”不仅是航天人的节日，也是全中国人的节日。2016年4月24日，中央电视台为庆祝首个“中国航天日”，播放了《中国航天日特别节目：征程》节目，记者专题采访了孙家栋、闵桂荣、戚发轫等一批航天老专家。闵桂荣以亲身经历见证了中国首颗卫星“东方红一号”的成功发射，此举向世界展示了中国的力量，拉开了我国探索宇宙奥秘、和平利用太空的伟大序幕。

“航天梦，中国梦”，这一伟大事业的背后，总有一个强大的智库作支撑。首颗卫星、返回式卫星、载人航天、嫦娥探月、北斗全球组网……如果说今日中国航天的累累硕果得益于站在了巨人的肩膀上，那么奠基者们就是时代的“巨人”。那些为祖国航天事业开疆辟土的“两弹一星”功勋奖章获得者、担当重大型号“定海神针”的院士，以及默默无闻奉献在一线的航天人，都是为中国航天夯实基础的“巨人”。

天路人梯，闵桂荣甘当人梯。1963年，他由苏联科学院研究生毕业回国后，在“两弹一星”功勋奖章获得者钱学森的指引下，走上了空间技术发展道路，是我国空间技术开拓者之一、国际知名航天专家、热物理专家。他 1933 年 6 月 2 日出生于福建莆田，1956 年在南京工学院（现东南大学）毕业，被分配到中国科学院动力研究室工作，1959 年赴苏联科学院动力研究所留学，在世界著名热物理学家、苏联科学院院士米海耶夫教授的指导下攻读传热学，1963 年研究生毕业获苏联技术科学副博士学位。从 20 世纪 60 年代起，他长期从事空间技术的研究和发展工作。在航天器热控制方面，他负责完成了我国多种人造卫星热控制任务，并在航天热控制理论、方法及技术方面取得了系统和创造性的成就；参与领导并完成了我国第一颗人造卫星和多颗返回式卫星的研制和飞行工作，其技术难度和飞行成功率达到了世界先进水平；领导完成了“七五”计划 4 种 12 颗应用卫星的研制、飞行和应用工作。20 世纪 90 年代，他担任两届国家“863 计划”航天领域专家委员会首席科学家，组织领导我国未来航天创新技术的研究工作，包括先进的航天运载技术、卫星关键技术等，都取得了重大进展，为我国航天技术的持续发展打下了良好基础。

近几年，闵桂荣更是站得高、看得远，他对建造空间站、空间基础设施及空间太阳能电站等诸多方面进行研究，提出了许多宝贵的建议。在事业追求中，他没有停步，更无终点，脑海里传承着中华民族千百年的飞天梦。

闵桂荣是一位卓有成就的科学家、空间事业的带头人，他曾多次出现在国际讲坛。他担任过许多社会职务，在多所院校担任兼职教授，是全国政协第八、九、十届委员，以及中国科协第三、四、五届常委，至今仍然保持贫苦人家子弟的本色。他对卫星事业倾注了毕生精力，勤勤恳恳，经常深入科研生产第一线及发射现场，对技术精益求精，确保了国家经济建设及国防建设对卫星的需求，做出了一流成绩。然而他对个人生活却表现出一名共产党人“先天下之忧而忧，后天下之乐而乐”的革命精神，布衣素食，勤俭持家，公私分明，是一位德高望重的好领导，是一名典型的“清官”。

闵桂荣既是一位科学家，又是一位优秀的领导者。他在科技界是一位很有威望的社会活动家，但他从来都把自己看成是一个普通的共产党员，为党的事业奉献自己的智慧、才华，真正将人民的利益放在第一位，成为广大科技工作者学习的榜样。闵桂荣多次回忆道:“我走上航天之路已经 50 多年。漫长的经历，使我认识了一个真理，国家要发展尖端技术，仍然离不开以下 24 个字:‘自力更生，艰苦奋斗，大力协同，无私奉献，严谨务实，勇于攀登’。”

水有源，树有根。今天中国航天的基础是靠老一代航天工作者用心血、青春奠定而成的。中国航天事业依赖于一代又一代航天人的勇气和智慧，铸成了今日的辉煌。历史留给我们的，不仅有他们在中国科学技术上的成就，还有他们每走一步留下清晰足迹所展现出的爱国情怀、科学精神以及创新方法，所有这些都成为全体航天人宝贵的精神财富。

宇宙浩瀚无边际，航天事业无止境。闵桂荣在航天领域前行的脚步永不停息，心系人类未来，肩负航天强国使命与责任。承载着光荣与梦想的中国航天人，将殚精竭虑，不负这个伟大的时代!

闵桂荣

闵桂荣院士传记

Academician Min Guirong's Biography

第一章

人生起点　求学生涯

闵桂荣出生于贫苦家庭，艰辛童年，自强不息，学海苦读二十载。留学生涯，他开拓了知识视野，名师熏陶，注重理论与实践相结合，踏上创新之路。

1. 艰辛童年　自强不息

1933年6月2日（农历癸酉年五月初十），闵桂荣出生在福建省莆田城厢的下务巷。

莆田，福建省地级市，位于福建省沿海中部，东与台湾隔海相望，西、南与泉州接壤，北和福州毗邻，历史上莆田平原地处浅海和沼泽地带，蒲草滋生，先民铲除蒲草，排泄海水造田而得名。因古时盛行种荔枝，故莆田别称“荔城”，历史上亦曾称“兴安”“兴化”和“莆仙”，为海峡两岸经济区之一，在4000多平方千米的陆域土地上，繁衍着300多万人口。

莆田是个古老的镇子。最早立县于公元568年的南朝时期，为福建历史上八府（军）之一，自古为闽中政治、经济、文化中心，是中华妈祖文化的发祥地，历史悠久，人文璀璨，古迹众多，景色秀丽，气候宜人，经数代人的辛勤营造，具有众多的人文景观和自然风景。湄洲岛的妈祖庙，是莆仙人群游拜谒、静听湄屿潮音之地；凤凰山上，古松盘石而生，枝繁叶茂，挺拔苍劲，青幽山境，巨蟒藏身，群猴跳跃；南麓的广化寺，是著名的闽中古刹，为福建佛教四大丛林之一，既可观赏金黄銮殿，又可欣赏丛林美景；梅峰寺钟楼里的“梅寺晨钟”，钟声悠扬，浑厚悦耳；身在九鲤湖，可仰望天空，憧憬神话故事。

巍巍壶公山，清清兰溪水。壶公山水孕育着这片神奇的土地，人杰地灵的莆田，历史悠久，人才辈出，曾被誉为“海滨邹鲁”“文献名邦”。自唐代以来的一千多年间，该地涌现出了2345名进士、12名状元、14名宰相，有98人在中国二十四史中立传，有99部兴化人的著作被收入《四库全书》，有“一家九刺史”“一门五学士”“一门六进士”“一科两状元”“魁亚占双标”“兄弟两宰相”“六部尚书占五部”“父子兄弟同朝为官”的千古佳话，是历史上在全国排名较前的科举名邦之一。现代莆田籍乡亲也是人才济济，有7000多位教授以上高级职称的人才遍布全国，其中有中国科学院院士、中国工程院院士数十人，更有近3000名莆仙籍学者，遍布海外各地。在莆田众多学者中，闵桂荣是中国科学院院士、中国工程院院士、国际宇航科学院院士。

闵桂荣出生在莆田城厢下务巷，成长在城厢东大路的贫民家庭，家境极为困苦。当地有句名言：“地瘦栽松柏，家贫子读书。”喝水不忘挖井人，故土寻根不忘本，思念家乡，感激亲人。

莆田游子忘不了乡愁——莆田老街的蜕变。据考证，莆田古城里的“九头十八巷”，其中，“十八巷”有县巷、务巷、城墙巷、书仓巷……务巷，在古谯门东侧斜对面，总长200多米，南北走向，与“十字街”平行。东大路开成后，分为顶务巷、下务巷两段，巷宽丈余，现扩宽为20多米；北至文献中街，南通环城大道，两旁今已建成高楼大厦，底层作商业超市，高层为安置房和商品房。楼群密集，街市繁华，是城区中心最为热闹的购物场地，颇有观赏价值。

下务巷是莆田古代建筑文化遗产名巷之一，长期保留着明、清时期的建筑院宅。随着时代的变迁，居住家族饱经沧桑世事，历兴衰风雨，家业各显萧条。到了民国时期，外来居住人口激增，贫富悬殊，文化差异也发生了明显的变化。下务巷29号小院，是一宅三合院，多年来居住着几户均为普普通通的务工人家。

闵桂荣的生父蓝奔就住在这座小院里的西半边，他多年来靠当工人的劳动收入来维持生计，生母秀珊是一个勤劳聪慧有决断能力的妇女。闵桂荣是他们的第三个子女，按桂字辈排，被取名为桂荣。

童年，对闵桂荣来说，并不像富家子弟那样如花似锦、绚丽多彩。小桂荣来到这个世上，从一开始就被“泡”在苦水里，蓝家五口人吃饭，两个人打工，日子本来就过得十分艰辛，随着强台风带来的特大暴雨，他家的房屋遭到破坏，不久父亲又失业了，全家人仅靠母亲一副肩膀当挑夫的微薄收入，维持全家人活命，任凭怎么苦干苦熬，日子也没法过下去。无奈之下，父母含泪将他们的女儿送给了别人家，以减轻生活负担。可尽管如此，蓝家仍然三餐不接，四壁徒空，与其一家人同时挨饿，倒不如让小桂荣另择活路。小桂荣的父母当时找到两户人家，一户是华侨巨商，家在南洋，给的回报较高，要求是将小桂荣带往印尼或新加坡，不能与父母见面；另一户是本地人，男主人姓闵，叫闵茂，是一位手工业者——金工匠。其妻叫闵阿妹，也是挑夫，居住在莆田城厢东大路 108 号，俩人膝下无子，愿意收养桂荣为嗣子，培养成继承人，允许其亲属探望。最后，闵桂荣生母经再三思考，从考虑使桂荣未来生活得更好的角度出发，虽然内心有着难以割舍的骨肉亲情，但仍果断决策，将桂荣送给闵家做嗣子。至此，桂荣被闵家收养，改为闵姓，叫闵桂荣。

在闵家，养父母视桂荣为己出，将他当作自己的亲生儿子来抚养。尽管贫苦度日，勤俭劳作，但他们总是将吃穿用较好的东西留给闵桂荣，有时还带他出去玩儿，看看外面的世界。由此，闵桂荣渐渐地与闵家人融合在一起，成为家中的一员。然而好景不长，1937 年“七七”事变爆发，中华民族遭受到了日本帝国主义的全面侵略。日军从北方向中国腹地大举进攻，对沿海地区省份进行了不间断的狂轰滥炸，福建是他们的主要目标。从那时起，敌机几乎每日临空，莆田遭受到严重破坏，成为重灾区。那年月，作为穷苦人的缩影，除了饥饿，还有病和灾。闵桂荣的养父病重，不久便与世长辞。养母闵阿妹带着年幼的桂荣，在生存线上苦苦地挣扎。

养母是一位明事理、善忍耐的贤惠之人。由于养父已不在世，养母便一人挑起了家庭重担。在闵桂荣眼里，母亲是一位能干好强的人，她并不因为自己不识字而推三阻四，影响各种事务的料理。她有着惊人的记忆力、强有力的好奇心和责任感。因她长期以挑担为生，早出晚归，对身边周围发生的事情，从来都了解得一清二楚，说得头头是道。养母这种隐忍倔强的性格、助人为乐的精神，无意中奠定了闵桂荣的性格基调。随着时间的推移、人世间的煎熬，闵桂荣有意无意地走向了倔强的人生道路。

在“文献名邦”的莆田，素有“家贫子读书”的遗风，历史上出现过不少文人墨客。因为教育事业比较发达，尽管闵家十分贫困，但养母还是咬紧牙关，辛勤劳作，早出晚归，为养家糊口多挣点钱，供闵桂荣读书、生活。7 岁没过几天，闵桂荣就背着书包迈进了小学的大门。上学后，他体会到母亲的辛苦劳累。为使母亲能多得到一点时间休息，他抢着多分担一些家务活儿。闵桂荣晚上放学回家，把书包一放，就主动做饭，打扫房屋，用最快的速度忙完家务，等待母亲晚上回来吃饭。每天晚上七八点钟过后，这才到属于他自己的时间，他赶紧做作业、温习功课，直到 10 点以后才能上床休息。清晨，闵桂荣一早起就去淘米煮饭，等饭煮熟后，他匆忙地往嘴里扒拉几口，便赶紧背起书包向学校奔去，怕迟到被老师扣分。就这样，天天如此。养母看在眼里，疼在心里，每天也是在完成挑担的活儿后，便急急忙忙地赶回家抢着干家务活儿，为的是让闵桂荣赶紧复习功课，做完作业，好早点休息。

几十年过去了，闵桂荣对自己小学时期的事情，仍记忆犹新。由于当时家中的条件非常困难，养母供他上学十分吃力，因此，他先后转了三所学校，7 岁进入磷峰小学，学习两年，随后转入英龙小学；初小毕业后，因学习成绩较好，他被推荐考取了公立城厢小学，一直读到高小毕业。对学习环境变化的适应，使闵桂荣能够吸取多种知识营养，为成长之路打下了良好的基础。

闵桂荣就读的这几所学校，大部分创建于 1900 年前后，由一批具有维新思想的进步知识分子创办，校址一般设在庙里或者祠堂内。学校聘请的教职员工，大多数是莆田早期的留日学生，他们目睹列强掀起瓜分中国的狂潮，国家内忧外患，民族危机深重，异常愤恨。他们认为国家积弱的原因在于清政府的腐败、民智的闭塞和文化科学的落后。出于强烈的民族自尊心和爱国心，他们积极捐资办学，启迪学生追求进步和革命，勉励他们为拯救国家而刻苦学习。闵桂荣深知自己求学的机会来之不易，因此，在严师的训导下，他对待学习是异常的刻苦用功，除课堂上专心听讲外，每天回家还挑灯夜读直至深夜，即使在烧火做饭、刷锅洗碗的片刻，也不忘背诵英文。他的记忆力很强、理解力很好，数学、历史、地理、国文等主要课程成绩均很优异。在 6 年小学生涯中，由于他刻苦学习，在全班 30 名同学中，成绩多数靠前。

对于童年闵桂荣来说，潜移默化影响他的，不仅有贫苦家庭的培养，还有传统文化的熏陶、现代思潮的感染以及时代风云的戟刺，它们沉淀在意识的深层里，在闵桂荣成长的过程中，发挥着潜在的作用。

2. 成长之路 勤奋踏实

1946年，闵桂荣从城厢小学毕业。在国民党腐败造成的那个物价飞涨的年代里，闵桂荣家里实在缴不起学费，因此养母曾一度考虑让他休学，到裁缝店里当学徒，学一门手艺，以便将来养家糊口。

少年时期的闵桂荣，一心只想着学习，还不能理解家中的难处，但他坚信天无绝人之路。由于闵桂荣小学毕业考试成绩很好，思维敏捷，初露锋芒，学校老师爱才，反复开导闵阿妹，不要误了闵桂荣的前程。闵阿妹的内心很是矛盾，看着闵桂荣这个孩子长得文秀，一天到晚很少开口，一有时间就钻在书里，转想他或许日后会有出息，将来家中也能有所依靠，于是改变决定，同意闵桂荣报考中学。恰好此时，闵桂荣看到莆田各中学的招生广告中写着省立莆田中学可以免费上学，便不失时机地去报了名。

战乱时期，僧多粥少。省立莆田中学招生考试的门槛太高，1000多人报名，才录取120人。经过努力，闵桂荣在莆田中学录取名单中榜上有名。

对闵桂荣来说，莆田中学是他小学时代心中最为向往的地方，是梦寐以求的学校。

中学时期的闵桂荣

省立莆田中学（现名莆田一中），是闽中地区很有名望的“最高学府”，早期设在兴化府的文庙里。学校南面是古城墙，城外有护城河，通向莆仙母亲河木兰溪。该校历史悠久，其初中部创建于1906年。自建校以来，虽曾经6次更改校名，但学校的优良学风一直没有变。学校的学生历来都是好样的，他们勤俭朴素，爱劳动，爱体育，学习勤奋。庙里的“大成宝殿”，占地面积大，除列有孔子塑像和“四配十哲”的神龛外，其余地方都是空着的，这便是全校师生开大会的“广场”。校舍虽说简陋，但教师队伍却很精干。校领导在教学与管理方面，要求甚严，对师生都提出了较高要求。例如，上课时间，绝对不允许学生走出校门；课外活动时，不许学生在教室或其他场所读书。这样一来，莆田中学的学生，个个都爱运动，这就为该校参加校外运动会夺标奠定了基础。与此同时，校领导对学校的环境卫生也有严格要求，不允许在校内乱丢垃圾，操场不可见到纸屑和小石子，任何时候都应该经得起校方检查……这些超越法规的“土政策”、严要求，使学校的校风大振，为教师勤教、学生好学、行政人员忠于职守，奠定了良好的基础。

闵桂荣在莆田中学初中部读书时的生活相当艰苦，虽说是公费上学，但也得自己花钱买书，可他无钱买书，所用的课本，只能设法去借，借不到的只能靠上课时做好笔记。衣服破了，缝缝补补再穿，也因此练就了闵桂荣的一手针线活儿。

闵桂荣觉得，自己最大的幸运，是学校里有不少志趣相投的同学。这些同学的家境大多不富裕，他时刻勉励自己，不要因生活贫困而分散读书的精力，不要因受他人的嘲笑而动摇自己的信念，他坚信人生的道路是靠自己的毅力和双脚走出来的。

莆田中学不仅有良好的校风，还有优良的爱国传统。1931年至1932年，日本侵略者先后发动了“九一八”事变和“一·二八”事变，全中国人民掀起

2002年6月12日，闵桂荣（左四）在福建莆田一中

热烈欢迎闵桂荣院士回母校暨高中十八届校友聚会留影

了轰轰烈烈的抗日救国运动的高潮，学校也立即组织了“抗日10人团”，即愿意参加抗日宣传活动的人，每10人编成一个团，利用课余时间到大街上去演活报剧，去商店检查日货，到码头募捐，用以支援东北义勇军和上海淞沪抗日军。1945年8月18日，学校组织同学参加莆仙各界人民热烈庆祝抗日胜利。1949年4月18日，莆仙各中学的学生先后罢课，并游行示威，发表《告全国人民书》，声援南京“四一”惨案事件中受迫害的学生。同年8月21日，莆田获得

解放，学校组织学生热烈欢迎解放军进城。为了铭记这个伟大的日子，学校领导开始组织铺天盖地的庆祝活动，场面蔚为壮观。闵桂荣也暂时放下了书本，投身于这一热潮中。他尽量发挥自己的强项，积极参加歌咏队，和同学们一起扯着嗓子，大声歌唱，兴奋至极。大家在街道上行走，脚步轻快，到处都是载歌载舞的景象。闵桂荣心里明白，这一次是迎来了真正的解放。

1949 年 10 月 1 日下午 3 点，首都北京 30 万人齐聚天安门广场，隆重举行开国大典。在庄严而隆重的国歌、礼炮和群众的欢呼声中，毛泽东主席亲手升起了第一面五星红旗。毛泽东宣读中央人民政府公告，向全世界庄严宣告：中华人民共和国中央人民政府成立了。晚间，莆田中学师生和全国人民一起，兴高采烈地庆祝民主革命的胜利和中华人民共和国的成立。

新中国成立后，闵桂荣直升到莆田中学高中部，在人民助学金的资助下，轻松而愉快地攻读课程。闵桂荣的中学生涯，终于变成了他理想中的模式：博学敦厚的老师，热情友爱的同学，宁静的校园里洋溢着务实严谨的学风。他很幸福地在课堂里聆听老师深入浅出的讲解，和同学一起切磋甚至争论问题，到图书馆潜心阅读所钟爱的图书，寻求着报效祖国的契合点。此时，列宁的一句名言，对他产生了至深的影响，人类追求理想社会，即“苏维埃政权加电气化”。闵桂荣认为，国家应该是劳动人民掌握政权，并且是高度现代化生产的社会。新中国成立后，劳动人民虽已掌握政权，但国家并不富裕，还在遭受列强的欺侮，因此，祖国需要千千万万的工程师和科学家。1950 年，闵桂荣参加福建省土改工作队，宣传党的方针政策，在党的阳光下，他开始人生新的征程。1951 年，闵桂荣经林力行介绍入团。7 月 1 日，是一个特殊的日子，这一天，闵桂荣作为进步青年，加入了中国新民主主义青年团。

1952 年，闵桂荣高中毕业，年迈的母亲十分高兴，凭着儿子的高中毕业文凭，完全可以找个称心如意的工作，让母子二人过上幸福的生活。然而为了培

1952年6月11日，福建省莆田中学高中部第十八届毕业同学留影

养人才，国家号召高中毕业生继续深造。闵桂荣再次说服年迈的母亲，就近考入了厦门大学机械工程系。

厦门大学，简称厦大，是中华人民共和国教育部直属的全国重点大学之一。该校是由著名爱国华侨领袖陈嘉庚先生于 1921 年创办，是中国近代史上第一所由华侨创办的大学。1937 年 7 月经陈嘉庚先生函请，将私立厦门大学改为国立，聘请著名物理学家、清华大学教授萨本栋博士担任厦门大学校长。同年 9 月 4 日，日军侵犯厦门，厦大校舍被日寇炸毁。1949 年 10 月 17 日厦门获得解放，该校由厦门市军管会接管。教育部任命经济学家王亚南教授担任厦门大学校长。厦门大学初步建成为一所多学科的综合性大学，拥有五个学院。“止于至善”是厦大校训，体现在两个方面，一是治学，二是生活。厦大治学风气之“朴实”，在

大学时期的闵桂荣

建校初期已初奠基础，整个学校朴实勤学，其校歌不断激励着年轻人求知奋进。在厦大学习期间，闵桂荣勤奋好学，积极追求真理，争当强者。他非常重视基础学科的学习，十分珍惜时间，无论上课还是节假日，无论在教室、图书馆还是在其他场所，他从不懈怠，不是温习功课，便是阅读参考书。

经过三年努力，国民经济得到了全面的恢复和发展。为了更快地适应大规模的经济建设对人才的需求，中央决定开展以东北、北京、华东为重点的全国规模的院系调整，将原有的英、美式高校体系，改造成苏联式的高校体系，加强了对高等学校的领导。这次院系调整的特点，除保留少数文理科性质的高校之外，还大力发展独立建制的工科院校，例如相继设置钢铁、地质、航空、矿业、水利等专门学院。厦门大学大规模的院系调整始于 1952 年。1953 年 7 月，厦门大学又奉命将工学院的土木、电机、机械三个系，以及木土专修科分别调整至浙江大学、南京工学院（今东南大学）以及华东水利学院。院系调整加强了工程、师范和农林等方面的专业人才的培养，使专科院校尤其是工科类院校有了相当可观的发展，为我国培养了一大批经济建设所急需的专业人才，改变了旧中国

1989年2月，闵桂荣（左四）在厦门大学

在工程科技、教育等领域过于薄弱、落后的状况。据一位老教授回忆，当时决定高校中的某系、某个专业，与谁合并，实施进度很快，而且要限期上课，因此，有不少学生是在某一所大学入学，却在另一所大学毕业。闵桂荣也不例外。伴随着院系的调整，他从厦门大学热力发电装置专业，转学到南京工学院热能动力装置专业，改变了方向，为他迈向新领域提供了契机。

南京工学院位于历史文化名城南京，是中央直管、教育部直属的全国重点院校。1949 年国立中央大学改名为国立南京大学，翌年去“国立”二字，直称南京大学。1952 年全国院系调整中，以南京大学工学院为主体，在并入金陵大学、江南大学等相关系科后，考虑到国家工业建设发展的需要，将南京大学的四牌楼本部作为校址，建立了南京工学院。其后又有武汉大学、厦门大学、浙江大学、交通大学、复旦大学等学校的部分专业并入其中。1954 年，电力系合并机械系的热能动力装置专业，更名为动力工程系。

闵桂荣在校学习期间，动力工程系初建时只设有发配电专业、工企电专业、热能动力专业，由于系主任吴大榕教授的远见卓识，顺应当时科技发展的趋势，随后又创建了工业热能专业、自动控制专业和计算机专业。热能动力专业成为全国该专业的领头单位，吴大榕教授虽然一直担任系主任、副院长等领导职务，但他从未脱离教学、科研第一线。他编写了《交流电机》《直流电机》两本教材，并亲自给学生们授课。闵桂荣印象最深的是，吴大榕教授讲课时，反复讲几遍难点，不平铺直叙，不平均使用力量，待重点讲透后，其余内容让学生自己去思考、自学，达到事半功倍的效果。吴教授在教学工作中经常提出指导性意见，多次做报告阐述自己的观点，他认为教与学是一个统一的过程，应该教学相长，师生之间的目的是一致的。就教、学的效果而言，学生应作为主体，但就教学过程的进行而言，教师则应作为主体。教师对学生既要爱护，又要严格，教师的责任在于指导、鼓励、督促学生，促使学生克服困难，完成学习任务。而学生则应该尊敬老师、信任老师。尊师最好的具体表现是：服从老师指导，遵守学习纪律，在学习中表现出高度的主动性、积极性，使学习不断进步，这样便能促进教师更加负责，更愉快地完成教学任务。

闵桂荣在大学学习期间，国家进入全面开展社会主义建设和社会主义改造的历史阶段。中共中央制定了从新民主主义向社会主义过渡的总路线。根据总路线的要求，中国开始执行发展国民经济的第一个五年计划，科学技术工作迅速步入为经济与国防建设服务的轨道。党和国家急需培养一批又红又专的人才。这一时期，加入中国共产党几乎是每个有为青年的政治理想。为了这个崇高的红色理想，大家都在自己的专业里努力学习，通过实际行动向党组织表忠诚，并展现自己对党的向往之心。

从 1951 年入团以来，闵桂荣就对党组织充满了向往。“苏维埃政权加电气化”，成为了他的座右铭。如今国家处于建设具有高度技术基础的社会主义时期，除了必须依靠工人阶级的积极劳动外，还必须依靠知识分子的努力工作，因此，闵桂荣开始了深层次的思考，回想自己从小到大的这些年，是谁将自己从颠沛流离的困境中解脱出来，是谁让自己过上梦想中的安定生活，是谁让自己上了大学，给了自己的发展机会……所有这一切，如果没有共产党的教育和培养，哪有现在的自己。当系里的党员找到他并和他谈入党问题时，他感受到党组织对自己的高度认可和充分信任，加入中国共产党，就必须忠于党，就要全心全意为人民服务，为建设社会主义祖国尽心尽力地作出贡献。1955 年 3 月，由林来兴、赵洁玉介绍，闵桂荣加入中国共产党，1956 年 3 月转正。闵桂荣在自传里写道：“在大学时，我政治生活中的一件大事，是 1955 年加入了中国共产党。我宣誓要按党员标准严格要求自己，为共产主义事业奋斗终生。这个崇高的誓

1992年，闵桂荣（左二）与大学同学在南京合影

言，一直成为我的座右铭。”

在四年大学的学习生涯中，闵桂荣经历了厦门大学、南京工学院两所名校的培育。有名师的指导，加上自己的刻苦勤奋，即使大学期间社会活动较多，闵桂荣的学习一点儿也没有受到影响，各门功课成绩都非常优秀，他已养成了一丝不苟、精益求精的良好习惯和求学态度。他认真地对待每一门功课，对每道题都力求做到解题思路清晰、求证方法简单，所交出去的每一项作业、每一份图纸都完美无缺，凡是能提高专业水平的工厂实习活动，他都踊跃参加。他的学习成绩一直在班上名列前茅，受到老师和同学们的赞赏。

1956 年夏，闵桂荣从南京工学院动力系热能动力装置专业毕业。

1956年9月1日，南京工学院热能动力装置专业首届毕业纪念（第三排右二为闵桂荣）

3. 留学生涯　开阔视野

1956年，我国编制了第一个科学技术发展规划《1956 ~ 1967年科学技术发展远景规划纲要》(简称“12年科学规划”)，提出了“向科学进军，迅速壮大我国的科技力量”的战略目标，这一规划成为新中国科技发展新的起点，进一步推动了我国技术事业的蓬勃发展。在制定“12年科学规划”时，中央以发展现代科技力量为重点，以便带动传统科技的发展，及时建立新的学科、补齐缺门作为指导思想，确定了57项重点任务，并在此基础上进一步选定了核技术、航天技术、半导体、计算机、电子学和自动化为主攻方向，使我国在短期内填补了科技领域的许多空白。

在制定“12年科学规划”的过程中，中央深切感受到某些新技术是现代科学技术发展的关键，为了更快、更好地发展新学科，使其在短期内赶上并接近国际水平，首先着手建立了一批研究机构。除了将中国科学院现有的初、高级研究人员集中之外，还从产业部门和高等学院调集了若干骨干，以及新毕业的大学生，特别是对近年来从国外归来并具有新学科实践经验的人员尤为重视。机缘巧合，由于闵桂荣在校期间的出色表现，在校方的推荐下，他被分配到新成立的中国科学院动力研究室，在吴仲华先生的领导下工作，参与创建工程热物理学。

吴仲华于 1954 年回国后，被聘任为清华大学教授、燃气轮机教研室主任、动力机械系副主任。随后，中国科学院为了学科发展的需要，决定请吴仲华组建动力室。1956 年，他在参加“12 年科学规划”期间，提出了组建动力室的具体方案。不久，国家高等教育部和中国科学院联名对 10 所院校下发通知，正式确定各个院校成立相应的科学研究机构。动力室由吴仲华主持工作，其地点充分利用清华大学校内原中科院数学研究所的地址，部分实验工作却在中关村进行。动力研究室也是中国科学院直属领导的科研机构，其科研计划仍要与清华大学协商，共同制定，而所需科研经费和科研人员由中科院提供和安排。经过多方努力，8 月底，动力研究室完成了筹建工作。

当闵桂荣走进中科院动力研究室时，研究室尚处于创建阶段，比如人员配备、所需设备配置以及办公室的基本条件，都还不够完善。研究室高级研究人员仅有吴仲华、吴文、王超群，而一般的研究人员来自长春机电研究所，有顾维藻、曹孝瑾、葛新石等 5 人，大部分是 1956 年秋分配来的大学毕业生。截至 1957 年年底，全室人员达 78 人。研究室开始成立时，确立的主要学科方向为热力工程与动力机械，研究内容包括能源利用、燃烧传热、蒸汽动力、燃气轮动力、内燃机动力等方面。为了贯彻科技为国民经济和生产服务的方针，研究室还强调以工作任务带动学科。具体工作可归纳为三个方面：能源的合理利用研究；动力科学和技术研究，其重点是燃气轮机和原子能动力等新技术研究；动力科学技术中基本热工问题研究，如气动热力学、传热及燃烧理论，亦涉及火箭技术研究。

此时，闵桂荣刚跨出校门，对于如何工作，怎样进一步学习，以提高自己的理论水平和实践能力，心里实在没有底；对要从事的研究工作也茫无头绪，一切都得从头开始。在吴仲华先生的教育和引导下，他将研究工作一点一点地做起来。更为庆幸的是，吴仲华先生安排他到清华大学与青年教师一起听研究生专业课，并参与相关的学术活动，这些讨论虽说都是纯学术性质的，但在心平气和、反复争辩的过程中，获得了相互补充和充分论证。尽管结论并不一定完全一致，但大家的相关知识都逐步得到了提升。这些讨论不仅使闵桂荣学到了知识，更为重要的是学会了学术研究的正确方法和优良学风，这是在书本上难以获得的。

闵桂荣参与了传热学方面的研究，运用边界层理论，分析了流体在管道内非定常湍流时定性温度的选择，以及蒸汽膜态冷凝放热的现象，并大量开展了管内放热、液体沸腾和工作介质的热力学性质的测定等实验工作。由于在工作中取得了良好成绩，又鉴于闵桂荣在党组织的培养下，刻苦好学、钻研科学技术，任劳任怨、勤奋工作，艰苦朴素、善于团结，1959 年，他获得了团中央颁发的全国优秀青年“五四”奖章。

在动力研究室起步阶段，大家主要学习苏联以及其他社会主义国家的科研经验，通过国际交流和国内培养相结合的途径，对青年人进行培养。吴仲华先生去苏联、捷克等国考察，并访问了他们的相关动力科学研究所，还参观了实验室和仪器设备等，在此基础上，进行经验交流，进一步探讨学科发展方向。中国科学院动力研究室与苏联科学院动力研究所之间建立了较为密切的联系。在研究室的研究人员中，除少数几位具有科研工作经历外，绝大多数人员是刚毕业不久的大学生，非常需要采取有力措施，以提高他们的科研工作能力。经吴仲华先生提出申请，并报中国科学院领导批准，研究室先后派出研究人员及研究生去苏联及其他国家学习、进修。根据中苏科学合作协议，1959 年，苏联科学院动力研究所副所长巴乌姆和叶轮机械专家斯维茨分别来到中国科学院动力研究室，进行一个月和两个月的合作研究。

与此同时，闵桂荣被选送到苏联科学院动力研究所，从事传热学研究。1959 年 11 月下旬，闵桂荣与留苏预备班的同学们正式离开中国前往苏联，踏上了留学之路。

专列由北京出发，一路向东，继而又转向北，沿途经过天津、沈阳、长春，最后从满洲里出境，开往苏联边境小城赤塔。在经过苏联边防海关检查后，列车穿过浓密的大森林，来到美丽的贝加尔湖，沿着湖边行驶了整整一个白天。太阳一落山，列车又钻进辽阔的西伯利亚林海之中。一路上，美丽的湖光山色和辽阔无边的欧亚大陆，令中国留学生们心旷神怡，不时发出惊叹声。列车向西每经过一个时区，手表的指针就得倒退一个小时。虽然旅途很漫长，闵桂荣与专列上的青年学生却一直沉浸在兴奋之中。他们说着理想，谈着未来，一路征程，一路欢歌，路途的疲劳被欢歌笑语所消融。从北京到莫斯科，漫长的 10000 多千米，列车整整行驶了 7 天 8 夜，旅途虽然很是漫长，但他们在欢声笑语中，不知不觉地到达了莫斯科。

莫斯科是一座历经沧桑、饱受苦难而仍然巍峨挺立、辉煌壮丽的英雄城市，她像一颗点缀在苍葱翠绿、碧波万顷的森林大海中的璀璨宝石，被誉为“森林中的首都”。大使馆前来迎接他们的汽车缓缓驶向市区。莫斯科城市布局恢弘，建筑古雅堂皇，高楼鳞次栉比，街道宽阔整洁，交通四通八达，车辆往来如织，闵桂荣与留学生们更加明显地感受到莫斯科浓郁的文化氛围、深厚的艺术积淀、凝重的宗教气息、领先的教育意识，以及先进的科学技术。全市有11个自然林区、80多个公园、400多个街心花园，整座城市就是一个绿树成荫、空气清新的大公园。

大使馆已做好了准备，由葛新石、马同泽前来迎接闵桂荣去苏联科学院动力研究所报到。按照中苏科学院协定，闵桂荣将在动力研究所攻读传热学副博士学位，其学术导师为国际著名学者米海耶夫院士。

所谓传热学，是专门研究不同温度的物体或同一物体的不同部分之间热量传递规律的学科。传热不仅是常见的自然现象，而且广泛存在于工程技术领域，其所要解决的问题是：热学传递的方式、多少和快慢，传递过程终了时物体内部的温度分布。20世纪以前，传热学是作为物理热学的一部分而逐步发展起来的。20世纪以后，传热学作为一门独立的技术学科获得了迅速发展，越来越多地与热力学、流体力学、燃烧学、电磁学以及机械学等系列学科相互渗透，形成了多相传热、非牛顿流体传热、燃烧传热、等离子传热以及数值计算等许多重要分支。

闵桂荣攻读的传热学是一门新型学科，当时尚处于创建、发展阶段，有许许多多的问题有待开发研究，要进行理论分析、模拟计算和试验。闵桂荣在导师米海耶夫院士的指导下，潜心攻读传热学专业。在苏联，要获得副博士学位有两个条件：一是必须通过三门专业必修课的考试，二是必须完成一篇具有新颖性、独创性和系统性的学术论文，并且通过由7人组成的答辩委员会的评审。

在莫斯科，突然换了一个新环境、新人群、新的风土人情，这对于第一次走出国门的闵桂荣来说，一切都是新鲜而美好的，充满了诱人的吸引力。这里的研究所，自由度更大，导师很民主，学术气氛相当开放，闵桂荣很喜欢这样民主开放的研究风气。然而沉甸甸的责任感和使命感，促使他既不敢也不能就此放松自己，好在他早已习惯了严格约束自己，即使纪律再宽松，他仍然对自

1959年，闵桂荣在苏联留学期间留影

己要求很苛刻，为的就是抑制住自己想到处走一走、看一看的好奇心，他迅速沉静下来，将所有的心思都放到学业上。闵桂荣在国内上大学以及工作期间并未接触过传热学方面的理论，因此，该专业的基础较为薄弱。好在他的俄语水平较高，能看懂俄文版的专业书籍，和导师间的交流也很顺畅，加之他异常刻苦，每天捧着专业书，早也念、晚也读，遇到不懂的内容，便立刻记下来，然后到图书馆查找资料，寻找依据。

为加强留学生之间的联系，中国留学生成立了留学生总会，在各大学、研究单位设立中国留学生学生会。同时，苏共中央给中共中央一个特殊待遇，即允许成立留学生党组织和组织政党活动。党支部和学生会直属驻苏大使馆党委和大使的领导。驻苏大使馆也专门设立了一个留学生部，指派专人负责全苏留学生的政治教育，规定中国留学生中的党员要定期参加党支部的政治学习。经使馆党委决定，由闵桂荣兼任科学院中国留学生党支部书记。作为党支部书记，闵桂荣对留学生中的党员的政治学习要求很高，抓得很紧，每个星期天上午都要将大家召集在一起学习，收听广播，读《人民日报》，及时传达国内的方针政策。20 世纪 60 年代初期，在中苏关系恶化的情况下，不仅要保证留学生完成学习任务，还要确保全体留学生的人身安全以及政治思想不出问题。

1960 年夏，周恩来、刘少奇等中央领导在北京接见了赴苏继续学习的留学生。周总理说："这次返回苏联学习的学生人数不多，你们要珍惜这难得的机会。现在中苏关系不同从前了，环境也改变了。但大家要注意两点：一是坚持原则，只要坚持正确的政治方向，他们给你们打 2 分，回来我们给你们打 5 分；二是要坚持团结，广大苏联同学是好的，广大苏联人民是好的，同他们要讲团结。"为了使在苏联学习的中国留学生能更好地完成学习任务，按照使馆党委要求，闵桂荣组织大家学习周恩来的讲话精神。通过大家的共同努力，他完成了组织交给的任务。

在国家经济困难时期，闵桂荣和中国留学生们一起自发地提出倡议："作为中国留学生，要始终心怀祖国，努力学习先进技术和先进经验；要发扬中国人民艰苦朴素的传统美德，绝不买如照相机、收音机、电唱机三大件高级消费品，要将节省下来的钱，全部捐献给国家。"

名师出高徒。名师的引导，对个人科研方向的形成、科学思维方式的养成，都有着重大的影响。在中苏两国关系破裂时期，米海耶夫院士主动向动力研究所提出继续带闵桂荣做毕业论文，并直接了当地对闵桂荣说："我们是搞科学技术的，我们之间的关系没有变，仍然是师生关系，你有什么问题尽管问，不要有任何顾虑，你一定要把论文做好。"在闵桂荣做论文期间，米海耶夫院士还主动挤出时间，给他增加辅导机会，尽心尽力地给予指导，对其理论分析计算和实验中出现的一点点不妥之处，都会很认真严肃地指出来，直到改至满意为止。

高徒也不辜负老师的厚望。闵桂荣打消了心中的疑虑，投入到紧张的毕业论文研究实验中。他从国家需要及科学技术发展的趋势出发，进行了不同流体在大空间中自然对流放热过程研究。他调研了已有文献进行分析，并从理论上及实验上同时着手给予解答，所研究的对象为不同尺寸的竖放平板及圆管，而采用的工质是水、空气、水银、铅铋合金四种，在所有实验中，都测定了局部放热系数。为了处理及分析所得实验结果，他还收集应用了大量的文献资料。经过多项研究实验，他所得的实验结果与理论计算完全一致，创造性地提出了较为通用的计算方式，可应用于工程技术计算。1963 年，闵桂荣在莫斯科动力研究所进行副博士学位答辩，答辩老师对闵桂荣的论文予以了

1963年，闵桂荣在莫斯科动力研究所副博士学位答辩中

闵桂荣答辩后接受鲜花

闵桂荣获苏联技术科学副博士学位证书

高度评价，并授予他苏联技术科学副博士学位证书。此时此刻，闵桂荣从内心深深地感谢米海耶夫院士对自己的培养。老师渊博的知识、丰富的理工结合的实践经验、严谨认真的治学态度和诲人不倦的精神，令闵桂荣终身受益，永不忘怀。

1964年，闵桂荣与夫人陈爱明合影

1963年5月间，闵桂荣从苏联回到阔别多年的祖国。留学归国人员回国后的第一件事，是参加短期集中学习班。在这一学习班里，归国人员要接受政治思想教育，了解并熟悉国家当前的形势，尽快适应国内的环境与氛围。接受再教育后，才能正式回到原来的工作岗位。政治学习一结束，闵桂荣就迫不及待地到力学所报到，这一别就是三四年时间。闵桂荣十分想念领导和同事们，大家亦热情地欢迎闵桂荣的归来。

培训与论文译稿结束后，1963年8月，闵桂荣与女友陈爱明在北京结婚。

结婚仪式极为简朴，陈爱明是莆田人，与闵桂荣同乡，1960年从浙江大学本科毕业，被分配到武汉水运工程学院任助教，为人忠厚，工作努力，作风朴实。婚后几十年，闵桂荣夫妇互敬互爱，相互支持，相濡以沫，白首不相离。陈爱明为了支持丈夫，也为了祖国的航天事业，作出了较大的牺牲，两个孩子都出生在夫妻两地分居时期，而且正值动乱年代，为了照顾好孩子，亦让丈夫能安心地工作，她克服了生活与工作中的种种困难与不便，独自承担起工作和生活的重担。后来，她调入北京工作，无论是孩子的生活、学习，还是琐碎的家务事，她都一人扛在肩上。同时，她还是一位从事卫星工作的科技工作者、高级工程师，要钻研业务，因此必须付出比男同志更多的代价。

闵桂荣

闵桂荣院士传记

Academician Min Guirong's Biography

第二章

太空奏乐 热控领先

闵桂荣是中国航天器热控制技术创始人之一，参与开创东方红卫星研制全过程。他负责领导卫星初样研制，自主开发，艰苦攻关，使卫星升天，响遍全球。

1. 名师指引 步入航天

1963 年 8 月，闵桂荣回到中国科学院力学研究所工作，他将全身心投入到祖国的科研事业中。

中华人民共和国成立以前，中国没有专门的力学研究单位。1953 年，在中国科学院数学研究所内组建了力学研究室，进行固体力学和流体力学研究，1955 年秋，钱学森回国，在他的主持下，经研究并确立了以应用力学为主，同时兼顾基础研究的基本方向。1956 年 1 月，中国科学院力学研究所在北京正式成立，钱学森任所长，以钱学森、郭永怀、钱伟长等为首的一代力学家，对该所建所思想和科研方向有着深远的影响，对其学科体系结构与学术风格，起到了奠基和引领作用。

1960 年，苏联停止了对中国的技术援助，撤走全部在华专家，使我国正在开展的尖端技术研究项目几乎处于瘫痪状态。聂荣臻元帅激愤地说：“逼上梁山，自己干吧！靠人家靠不住，党中央寄希望于中国自己的专家。”中国科学院之前并不直接介入武器研制，自从苏联专家停止对华技术援助后，中国科学界立即掀起了支持国家的国防建设和经济建设的热潮，激发了中国人民和中国专家自力更生、奋发图强、独立自主地发展我国国防科技和国防工业的热情与决心。在国家面临困难的时候，中国科学院理所当然地应在国防科研中发挥作用。聂荣臻元帅及时地提出“国防部五院、二机部、中国科学院三家要拧成一股绳，共同完成国防尖端任务”。从此，中国科学院全面参与“两弹一星”的研制工作。

为了加强国防科研力量，1960 年 10 月，中国科学院提出将动力室合并至力学所。1961 年 2 月，中国科学院正式下文，动力室并入力学所，成为第一研究室，吴仲华任副所长兼室主任。

1961 年 5 月 18 日，在钱学森领导主持下，召开了力学所与五院协作会议，梁守槃、庄逢甘、吴仲华、郭永怀、林同骥、李敏华、陆绶观等参会。经充分讨论，会上签订了关于液体火箭发动机燃烧、传热，高速空气动力学，弹性结构，冲压发动机，金属爆炸成型机理等五项直接为火箭、导弹服务的基础理论与探索性研究的协议。力学所随后调整了技术队伍，组建了相关研究室、课题组，专门从事上述研究工作。

1963 年，闵桂荣回所后，因科学技术的发展，以及研究人员的增加，所领导决定将第一研究室分为一、三、五室，由闵桂荣担任三室第一副主任，葛绍岩、马同泽任副主任。为了配合航空部门进行航空发动机设计和研制，研究室承担了国防部六院二所的协作任务，主要开展了发动机主燃烧室、加力燃烧室和叶片冷却等方面的传热研究。第一阶段主要是结合航空燃气轮机主燃烧室的冷却问题进行研究。先后取得了平板气膜冷却效果、局部换热系数的分布规律、三元流场以及湍流强度等数据，并提出了二元气膜冷却的计算方法以及计算程序，填补了中国气膜冷却研究的空白。

闵桂荣还积极参与工程热物理学的规划与学术活动。1964 年，在第一届工程热物理会议上，他作了《近似分析计算变物性自然对流放热》论文报告，用近似法计算了变黏性液体，沿竖放平板大空间自然对流的放热过程，为计算放热系数，提出了数学解析式，所得理论计算结果与实验数据互相吻合。他的这一开创性的近似计算法受到与会专家的好评。

关于创建前沿科学——工程热物理学，闵桂荣在《学习吴仲华先生创业精神》一文中指出：“上世纪 50 年代末，吴仲华先生全面分析了气动力学、燃烧学、热力学、传热学等学科之间的内在联系及未来发展趋势，提出工程热物理这一新学科的概念。当前世界上出现类似提法的只有苏联高温热物理研究所与美国 20 世纪 60 年代开始的宇航学会热物理会议，所以，吴仲华先生是最早提倡设立工程热物理学科的学者。早期对这一提法争议很多，但吴先生始终不厌其烦地进行理论和说服，以求得认识上的统一。对新学科，应该指出的是，吴先生特别强调‘工程’二字，他曾多次提到我们研究的是工程中的基础问题，而不是纯理论物理。这说明他非常重视学科研究内容与工程实际相结合。为此，在他创建的前动力研究室和以后的工程热物理研究所研究的内容，都有很强的工程应用背景，例如航空与航天、能源与动力工程等。为了加强各部门、各领域间热物理学的学术交流活动，在吴仲华先生等一批学术界元老的努力下，20 世纪 60 年代初成立了中国工程热物理学会，学会积极开展各类学术活动，对工程热物理学科的发展起到了推动作用。”

1964 年 6 月，闵桂荣在《中国科学》上发表了一篇论文，标题为《不同流体在大空间中自然对流放热过程的研究》。不久，闵桂荣收到了一封来自美国麻省理工学院（MIT）的信函，信上写道：

尊敬的闵桂荣先生：

我们荣幸地看到了您发表在《中国科学》杂志上的《不同流体在大空间中自然对流放热过程的研究》的论文，高度评价您这项研究，并希望得到您的详细研究成果和有关资料数据，盼望您的回信与合作……

美国麻省理工学院 ×××

读着来信，闵桂荣既兴奋又惊恐，一时不知如何是好。令他兴奋的是，没想到一篇小小的论文，竟引起了大洋彼岸美国麻省理工学院的重视。兴奋之余，又有些不安。那时的中美关系和国内的政治形势比较复杂微妙，这篇海外来信，可能会引起不必要的麻烦。闵桂荣回忆说："当时我的确有点儿顾虑，一时有些不知所措。"经过慎重考虑，闵桂荣向组织汇报了此事，得到的答复是"我们不理睬他"。闵桂荣二话没说，便没再与美国麻省理工学院方面继续联系。

不久，闵桂荣接到了领导交给的新任务，让他改行搞人造卫星研究。对于一位科技干部来说，这是一个重大的转折。闵桂荣永远不会忘记，正是这次转折，决定了他一生的命运。然而，面对这样重大的决策，闵桂荣头脑里不可能没有波动。回国两年来，他从事的航空发动机涡轮叶片传热研究才刚刚起步；这是一个很有分量的研究领域，而且已经取得了一些初步的研究成果；然而，眼下的成果尚未揭晓，却又要改行……不少同事劝闵桂荣不要去，他经再三考虑，决心服从组织上的决定，改行搞人造卫星研究。

发射人造卫星，在当时可算得上是我国的一件大事。早在 1958 年 5 月 17 日，毛泽东主席在中国共产党八大二次会议上，发出了"我们也要搞人造卫星"的号召，表达了我国人民发展航天技术、向宇宙进军的强烈愿望与决心。各有关部门在毛主席指示的鼓舞下做了许多工作。竺可桢、钱学森、赵九章等一批科学家，也都在积极地探索这个问题。三年调整时期，有的项目暂时放慢了步伐，有的紧缩了工作规模，还有的干脆停顿下来。1964 年，我国社会主义建设进入了一个新时期，在这一年里，我国尖端技术取得了重大突破。1964 年 6 月 29 日，在西北综合试验基地，进行了第一枚改进设计后的中近程地地导弹“东风二号”飞行试验，两个月内连续三次飞行试验，均获得圆满成功。“东风二号”研制发射成功，标志着我国已基本掌握了独立研制导弹的一整套复杂技术，也标志着 1956 年制定的“12 年科学规划”已提前完成。中国的国防工业已初具规模，下一步是制定我国航天事业的长远计划，须适时地研究人造卫星与洲际导弹配套发展，迫在眉睫。

鉴于我国导弹事业已有相当的基础，钱学森有了利用现成导弹改装成运载火箭的意图。他建议国防科委组织有关专家到试验基地考察参观，安排上海机电设计院总工程师王希季到北京，研究“东风四号”的有关资料，并安排力学研究所胡海昌、闵桂荣两人进行人造卫星总体、结构、温控方面的调查研究，至此，闵桂荣的科研工作重点也由此转移，他将从事人造卫星总体、结构及空间热物理的研究。闵桂荣多次到力学研究所资料室查阅星际航行座谈

1988年11月，闵桂荣在办公室查阅资料

会资料，了解星际航行发展规划设想。他研究中国卫星发展途径，寻找关键技术课题，探讨空间热物理学科发展等一系列问题。

20 世纪 60 年代初期，中国的导弹、探空火箭、空间技术等尖端技术任务，对外仍处于严格保密状态。然而，很多科学家承担着国防任务，却不能了解全面情况，往往造成空间技术任务与学科脱节的现象。为了探讨中国空间技术的发展途径，开辟新领域，交流学术成果，促进各学科之间的相互渗透，在钱学森等一些著名科学家的倡导下，中国科学院举办了星际航行座谈会。参加会议的有力学、物理、数学、天文、自动化、电子、地球物理、生物等学科的知名科学家以及中青年科学工作者。1961 年 6 月 3 日，在北京文津街 3 号中国科学院院部二楼会议室内，由裴丽生副院长主持召开第一次座谈会，钱学森在会上发表了题为“今天苏联及美国星际航行中的火箭动力及其展望”讲演，他对星际航行与洲际弹道式火箭、星际航行的动力学问题、人进入宇宙空间的问题等，做了全面深刻的阐述。星际航行座谈会的规模也在不断扩大，参加单位除中国科学院有关研究所外，还邀请了国防部五院、北京航空学院、军事医学科学院等有关单位的专家出席会议。星际航行座谈会历时3年共举办12次，就我国发展空间技术将涉及的众多学科中的重大理论与技术问题，进行了广泛的交流与讨论。报告内容很多是与人造卫星有关的预先研究成果，钱学森在会上经常启发性地提出许多新概念和新设想，引导大家不断地探索与思考，这样做的结果，不仅活跃了学术思想，开阔了视野，而且为后来的人造卫星工程上马，提供了技术储备，奠定了基础。

闵桂荣提到，星际航行座谈会资料对他早期从事空间技术研究有着较大的促进作用。在卫星工程起步阶段，中国科学院力学研究所还承担着非常繁重的国防任务，学科多，任务多，技术骨干力量需要保重点。为了确保卫星任务，钱学森、杨刚毅找闵桂荣谈话，要求他带领一些科技人员筹建卫星工程总体室。钱学森还对闵桂荣提出三项具体要求：一是组织第一颗人造卫星热设计研究；二是开展预先研究，为后续返回式卫星作准备；三是注意开展学术活动。

2. 专委立项 方案论证

1964年12月下旬，第三届全国人民代表大会在北京召开。会上，周恩来总理在《政府工作报告》中首次提出，我们要在不太长的历史时期内，把我国建设成一个具有现代农业、现代工业、现代国防和现代科学技术的社会主义强国，赶上和超过世界先进水平。赵九章听完周总理的报告后，心情激动，呈书总理，论述发射卫星与洲际导弹的关系、人造卫星直接用于国防或服务于国防的重要性、人造卫星和尖端科学及工业的关系。周总理看过建议书后，希望会后尽快拿出切实可行的实施报告，加快发展人造卫星事业。张劲夫、裴丽生认为，报告反映了广大科技工作者的愿望，很快就批给了星际航行委员会主任竺可桢审阅处理。竺可桢阅后，立即在报告上批示：刻不容缓。在此基础上，中国科学院组织力量草拟了发展卫星规划纲要，正式写成了一份中国科学院党组的建议报告，呈送中央专委。

与此同时，钱学森纵观全局，分析了中国研制人造卫星的有利形势和运载火箭发展趋势，深感中国发射人造卫星已经具备了较为可靠的基础。1965 年 1 月 8 日，钱学森向国防科委和国防工办提出将卫星及其运载火箭的研制列入国家计划，并及早开展研制工作的建议。他在报告中指出：

自苏联 1957 年 10 月 4 日发射第一颗人造卫星以来，中国科学院和国防部五院对这些新技术都有过考虑，但未作为研制任务。现在看来，人造卫星具有以下几种已经明确的用途：测地卫星、通信及广播卫星、预警卫星、气象卫星、导航卫星以及侦察卫星。重量更大的载人卫星在国际上的应用，现在虽然还不十分明确，但也得有所准备。现在我国弹道式导弹已有一定的基础，现有型号进一步发展，能发射 100 千克左右重量的仪器卫星。这些工作是复杂而艰巨的，必须及早开展有关的研究、研制工作，到时才能拿出东西来。因此，建议国家早日制定我国人造卫星的研究计划，以便列入国家任务，促进该项重大的国际科学技术发展。

主管科技工作的副总理聂荣臻对赵九章和钱学森的报告非常重视，1965 年 2 月，聂荣臻副总理明确指出：“只要力量上有可能，就要积极去搞。步骤上，还是先把中程导弹搞出来，作为运载工具。头部（指卫星）要与中国科学院结合起来，充分利用地球物理所及搞探空技术的力量。如何分工，请在座谈会上研究一下。可考虑卫星以中国科学院为主进行研制。”

中国科学院党组书记张劲夫根据周恩来总理于1965年1月的批示精神，提出了具体方案并进行部署，组织科学家讨论卫星发展规划。卫星上天是科技人员多年的迫切期望，虽说当时经济确实困难，但科技工作者为了这一共同目标，锲而不舍，孜孜不倦，埋头练兵，积聚力量，终于盼来了国家权威的决策，不禁群情激奋，热血沸腾。他们终于能在国家搭起的这样一个广阔舞台上，充分贡献自己的聪明才智和精湛技巧，竭诚报效祖国。

1965年3月11日，中国科学院召开研究人造卫星规划工作会议，力学所杨刚毅、闵桂荣、胡海昌等参加了会议。会议由秦力生副秘书长主持，赵九章在会上谈了我国卫星工作的设想。与会者一致认为，中国科学院启动第一颗人造卫星工作的时机已经成熟，要稳扎稳打，步步为营，逐步发动各研究所的专家投入这项工作，通过人造卫星带动各专业学科的发展。3月20日，中国科学院再次召开了人造卫星座谈会，由钱骥报告卫星本体设计及相关问题、自动化研究所屠善澄报告卫星控制问题、力学研究所闵桂荣报告卫星热控关键技术问题。这些报告都是建立在调查研究工作的基础上提出的初步设想方案，经过一系列座谈，集思广益，形成了中国科学院推动卫星研制工作的一套较为完整的设想，在此基础上形成了一份中国科学院党组建议报告，呈送中央专委。

1965年4月29日，国防科委根据各方面的讨论意见，形成了《关于研制发射人造卫星的方案报告》，正式上报中央专委，建议争取在1970年或1971年发射我国第一颗人造卫星。报告中明确指出：“卫星本体由中国科学院负责研制；运载火箭由七机部负责研制；地面观测跟踪、遥测系统以四机部为主，中国科学院配合研制；宇宙医学的研究由总后勤部军事医学科学院负责。”

1965 年 5 月 4 日，周恩来总理主持中央专委第十二次会议，批准了这个报告，指示将这项工作纳入国家计划，并要求各部门制订长远和年度计划，责成中国科学院在 7 月召开的专委会议上提出具体安排。从此我国人造卫星研制工作正式开始。

按照周总理的指示，在张劲夫的统一领导下，由裴丽生负责具体组织工作。地球物理研究所二部、力学研究所、自动化研究所、电子研究所等均派出专家，定期召开会议，交流情况，共同考虑卫星型号和发展规划。在 1965 年 5 月 31 日的会议上，中国科学院新技术局舒润达副处长代表院领导宣布正式成立卫星总体组，由解肇元、杨嘉墀、方俊任组长，成员包括力学研究所胡海昌、闵桂荣、沈以明，电子研究所陈芳允、魏钟铨，自动化研究所屠善澄、张翰英，“581”组钱骥、何正华、胡其正、潘厚任。另外，地面设备组由王大珩、陈芳允负责，生物组由贝时璋负责，轨道组已由数学研究所等单位组成。会议要求该年 6 月 10 日拿出第一颗人造卫星方案设想，以及卫星系列规划轮廓，并初步设想第一颗人造地球卫星应在 1970 年年初发射。根据国防科委的报告，卫星系列按照试验卫星和应用卫星两大系列考虑，明确了编制的六个要点：按型号编制；每种型号的目的、用途及测试项目；卫星本体内容（结构、仪表、质量、发射方式、轨道等）；关键技术；

闵桂荣在办公室工作

重大措施条件；院外协作要求。任务临时代号仍沿用“581”，定为绝密级。闵桂荣的科研工作重心也由此开始转移，根据力学研究所的统一部署，他将主要精力放在了人造卫星的研制方面。

翻开杨嘉墀保存的两个记录本，封面上写着，1965年5月581-1、582-2。在近200页的纸稿上，他用中、英文密密麻麻地记录着自己参加中国科学院规划座谈会的笔录和文献摘要。这也是中国卫星计划、创业的历史见证。其中的工作大事日程摘录如下：

5月10日，中国科学院裴丽生召开卫星系列规划预备会。

5月18日，在自动化所，屠善澄作姿态控制报告。

5月19日，中国科学院召开卫星系列规划预备会，电子所魏钟铨、力学所闵桂荣、地球物理所等共计作了五个专题报告。

5月24日，在地球物理所，何正华作国外人造卫星概括介绍。

5月26日，在自动化所，张翰英作遥测遥控报告。

5月27日，在地球物理所研究高空环境、电源。

5月28日，在电子所，由魏钟铨介绍地面跟踪站。

5 月 31 日，在力学所，胡海昌谈结构问题。

6 月 1 日，在自动化所，屠善澄谈姿态控制问题。

6 月 2 日，在电子所，研究系统总体设计。

6 月 3 日，在地球物理所，何正华谈卫星规划设想。

6 月 4 日，在电子所研究第一颗人造卫星方案。

这一期间，以王大珩、陈芳允为首的地面组，对卫星观测系统进行了大量的调研和认真分析，认识到地面系统应包括光学及无线电跟踪系统、遥测遥控系统、时间统一勤务系统、控制计算中心、发射安全系统，以及海上观测船等各系统。而卫星地面系统应具有高度的技术综合性，台站遍布全国，规模庞大，是全国大系统工程之一。

中国科学院副院长裴丽生召集地球物理所、力学所、自动化所、数学所、电子所、计算所、生物物理所，以及天文台等有关单位领导、专家参加会议。经过认真深入的讨论，科学院党组书记张劲夫最后审定，1965 年 7 月 1 日向中央专委呈报《中国科学院关于发展我国人造卫星工作的规划方案建议》，就发展人造卫星的主要目的、10 年奋斗目标和发展步骤、我国第一颗人造卫星可供选择的三个方案、卫星轨道选择和地面观测网的建立、重要建议和措施等五个问题作了论述。该建议还包含三个附件：国外空间活动及人造卫星发展概括、六种主要人造卫星本体设计方案设想、人造卫星轨道设计方案。报告中还建议我国10年内在着重发展应用卫星系列的同时，还要进行空间科学探测活动。方案提出：建议国防科委设立专门机构，以便于加强领导和组织协调；建议在中国科学院内设立一个卫星研究院，其主要任务是按照各种卫星型号的技术要求，根据已有的或将有的条件，制定包括卫星本体、发射方式、轨道选择、地面台站、回收方式等系统的总体方案，报请领导批准，同时负责本体结构设计工作，以及各种仪器技术规范的制定工作；建议在国内建立必要的地面观测网，并在今后具备条件时，在海外设立观测站。

1965年8月9日、10日，周恩来总理主持中央专委第十三次会议。会上讨论了二机部、六机部《关于研制核潜艇和核动力具体建议》，研究了建立海洋观测船的问题，确立了研制战略、战术导弹的规划，原则上同意中国科学院受国防科委委托提出的《关于发展我国人造卫星工作的规划方案建议》。会议确定，我国发展人造卫星的工作，采取由简到繁、由易到难、由低级到高级，循序渐进、逐步发展的方针。整个卫星工程由国防科委负责组织协调，卫星本体和地面系统由中国科学院负责，运载火箭由七机部负责，卫星发射场由国防科委试验基地负责建设。会议明确指出，我国发展人造卫星，以应用卫星为主。钱学森列席了会议，他对洲际导弹、人造卫星、测量船之间的相互关系，做了必要的说明。他提出：洲际导弹必须通过全程飞行试验，最终实地考核其战术技术性能；人造卫星及飞船，同样必须建相应的跟踪测量站，以保证其准确入轨和正常运行。会议期间，张劲夫与钱学森就卫星工程实施、总体队伍组织问题交换了意见，双方均感到事情很多，需要通盘考虑，第一颗科学试验卫星是工程重点，应用卫星很多地方不是一家能独立完成的，还需要发挥各方面的积极性。中央专委的这一批示，对于正式着手发展我国人造卫星事业起了很大的推动作用，对于从事卫星研制工作的同志给予了极大的鼓舞。

1965年8月17日，中国科学院裴丽生副院长主持召开会议，落实中央专委的批示。中国科学院在各部门尚未组织起来之前，为了及早开展人造卫星研制工作，决定在组织领导方面先行一步。其中，领导小组由谷羽、杨刚毅、赵九章、吕强、顾德欢、王大珩、解兆元、郭永怀、杨嘉墀、杨家德、陈芳允、陆绥观等12人组成，由谷羽担任组长，杨刚毅、赵九章担任副组长。总体设计组由赵九章、郭永怀、王大珩、杨嘉墀、陈芳允、钱骥、胡海昌、闵桂荣、张翰英、何正华、陆绥观等11人组成，由赵九章担任组长，郭永怀、王大珩、杨嘉墀担任副组长。办公室由陆绥观兼任主任，管理日常工作。为了保密起见，考虑到周恩来总理对赵九章的信的批示时间为1965年1月，中国科学院将此作为1965年第一号任务，故将代号定为“651”。裴丽生要求总体组和办公室在9月15日以前完成以下工作，提交领导小组研究后向院党组汇报。这些工作包括：草拟第一颗人造卫星总体设计方案，提出院内外有关单位协作分工方案，提出第一颗人造卫星发射及今后一系列卫星研制所必需的组织措施和条件保证，草拟卫星设计院组织方案。为了开好全国性方案论证会，总体组成员白天开会、晚上计算，对涉及第一颗卫星大总体和卫星本体方面的许多问题，做了深入而广泛的探讨。闵桂荣除参与总体方案讨论外，还对卫星温控系统进行了专题论证。经过两个月的工作，总体组提出了我国第一颗人造卫星总体方案设想。

研制人造卫星在中国是首创，没有前人经验可以借鉴。它所涉及的行业和技术，其广泛性和复杂性也是空前的。为了促进各有关部门尽快进入人造卫星研制的实际工作，国防科委决定组织军、民有关单位，对第一颗人造卫星的总体方案进行具体论证，集思广益，将方案确定下来，以便进入实际研制阶段。根据国防科委通知，委托中国科学院组织“651 会议”，主要任务是论证并落实第一颗人造卫星的设计方案，并完成国防科委规定的四项任务：论证研制人造卫星的目的、要求、总体方案；拟定研制计划和具体分工协作；起草技术工作管理制度或办法；提出研制人造卫星所需的保障条件和措施。为了搞好这次会议，按照中央专委对卫星工程分工的意见，在会前，钱学森安排七机部八院王希季组织建立运载工具总体室；张劲夫组织科学院赵九章、钱骥、王大珩、陈芳允、

2010年4月6日，闵桂荣（前排左五）和参与首颗人造卫星研制工作的科技人员合影

杨嘉墀，就卫星总体设计与地面测控等做了充分的技术准备，许多方面均备有书面资料，这些都是确保会议成功的关键因素。

论证会从 1965 年 10 月 20 日开始，由于内容庞杂，问题繁多，直至 11 月 30 日才宣告结束，历时 42 天。参加会议的有国防工办、国防科委、总参三部、七机部、四机部、一机部、空军、海军、炮兵、通信兵部、8120 部队、军事医学科学院以及中国科学院有关研究所，共计 120名代表。会议的组织领导，由参加会议各单位的负责同志组成领导小组。科学院副院长裴丽生任领导小组组长，副组长分别由国防工办赖坚、国防科委赵濂清、国家科委章敬三、科学院新技术局谷羽、651 设计院及力学所杨刚毅担任。其成员有国家科委戴中溶、四机部唐士吉、七机部耿青和于志、8120 部队张贻祥、通信兵部陈太一、空军魏坚、海军洪惠以及科学院相关研究所吕强、杨家德、赵九章、王耀华、边伯明、华寿俊、王大珩等。“651 会议”还将总体、运载工具、卫星本体、地面等分成四个组。

国防科委张震寰副主任到会作了重要讲话。他要求会议高举毛泽东思想红旗，突出政治，大力协同，充分发扬民主，贯彻领导、专家、群众三结合原则，发扬“三敢”“三严”和勤俭办科学的精神。科学院裴丽生副院长在会上就国内外政治形势和会议目的、任务，发射第一颗人造卫星的基础和条件，以及如何赶上和超过世界先进科学技术水平等问题作了报告。裴丽生在报告中强调指出，由于我们缺乏经验，发射的第一颗人造卫星是科学探测卫星，主要是进行空间环境参数和卫星本体工程参数的探测，从而为今后一系列的侦察、导弹预警、气象、通信等卫星以及载人飞船打好基础。之后，运载工具、地面观测网以及地面观测设备体系等组的成员广泛发表了意见。大家对总体方案中提出的第一颗人造卫星的设计原则“上得去、站得住、先进可靠”原则上同意，但对具体技术要求，不少同志感觉方案中过分强调采用先进技术，如采用硅太阳能电池、指令控制、姿态控制、固体组件等，而对如何保证可靠性却强调得不够。不少同志建议，要在可靠性的基础上，力争先进，确保任务完成。况且先进指标不一定那么多，保证一两项就行了，方案要留有余地。有的同志提出，样样都先进，势必分散研制力量，到头来恐怕连起码的可靠性都难以保证。还有的同志认为，第一颗卫星发射成功与否影响极大，因此，先进首先应体现在“上得去、站得住”，而且还要“抓得住”（能及时而准确地跟踪），故此应集中力量保证可靠性，比如，可加大信标机功率，以便及时跟踪；信标机应该有备份，万一出现损坏情况，另一个马上便能接替其工作。为便于及时跟踪，大家分组进行讨论。与会者普遍反映，国防科委决定组织这次会议是适时的，一定要按照张震寰副主任和裴丽生副院长的讲话精神，将会议开好，本着周到细致的精神，对各项方案要进行充分论证，对措施务求具体落实；任务虽然艰巨，但只要按照毛主席“大力协同”的指示去办，就有充分信心完成任务。然而，也有同志反映，虽说会议领导力量很强，但多数领导忙于其他工作，不能经常地具体指导方案论证工作，对能否开好会议表示怀疑。

从 10 月 21 日上午开始，与会者听取了大会报告。赵九章介绍了《关于我国第一颗人造卫星的总体设计方案初步意见》，钱骥介绍了《我国第一颗卫星设计方案提纲（草案）》，王大珩介绍了《我国第一批卫星观测网设计方案提纲（草案）》。由于保密关系，《我国第一颗人造卫星运载工具的方案设想（草案）》没有在大会上报告。随后三天，各组分头阅读技术文件，并对方案进行一般性讨论。在各组讨论中，大家对第一颗卫星的设计原则、总体指标、能源、运载三级火箭上应加装信标机等，畅所欲言，各抒己见。

11月1日，卫星总体组分结构、能源、温控、姿态控制四个分组进行讨论。在两天分组酝酿和讨论的基础上，11月3日，大会讨论总体第二方案。上午，胡海昌和闵桂荣分别介绍了卫星总体第二方案的本体结构和温度控制的设想方案。对卫星温控问题，闵桂荣做了新的方案介绍：（1）采用0.8米直径是适宜的，只要能满足功率就行。体积小，其寿命和仪器工作时间又长，这说明是先进的。（2）探测项目和工程参数测量数目不应减少，其功率要求可采用按长、短期工作分类进行的办法来满足。（3）对于发射时间、温度控制方面可以不提要求，服从其他项目，温度控制应当考虑最不利的情况。（4）表面积的分配意见为太阳电池40%，天线30%，热控制25%，机动5%。（5）温度控制方式为自然平衡加无源控制。闵桂荣还在会上就表面温度计算、功率估计、仪器舱温度等，进行了详细的介绍与分析。

11月9～10日，“651会议”领导小组分别听取卫星总体组、运载工具组和地面组对卫星论证情况的详细汇报，并讨论研究了下一阶段的论证工作。闵桂荣按照领导小组的要求，对温度控制的研究情况进行归纳整理，连夜起草了《关于温度控制问题》的报告，11月19日刊载在《我国第一颗人造卫星论证会议简报》第11号上。全文如下：

关于温度控制问题

人造卫星在高空运行，如果不采取适当的温度控制措施，那么，在太阳照射和地球反射作用下，其表面温度可高达200℃；当卫星处于阴影不被太阳和地球加热时，其表面温度可降至－200℃。在这样一会儿热、一会儿冷的状态下，卫星上的仪器、设备是无法正常工作的。因此，为了保持卫星表面和仪器舱内有一个正常工作的温度环境，使卫星的能源系统（太阳能电池系统）和内部仪器能正常和有效地工作，必须进行温度控制。

我国第一颗人造卫星的温度控制，采用了自然平衡加无源控制的办法来实现。所谓自然平衡，就是采用在卫星壳体的内外表面和仪器舱的外表面涂以温度控制的化学材料的办法，改变其吸收、辐射等热物理性质，借以实现控制卫星表面和仪器舱温度的目的。若仅仅用自然平衡的方法，便仍然不能避免长时间内的温度波动，这是因为卫星的轨道方位和受日照的情况随季节的变化而变化，还要在卫星仪器舱外加一温度热控机构，即所谓无源热控系统，来控制舱内的温度波动。比如：在仪器舱的柱体表面外加一转筒式的温度控制装置；当舱内的温度变化偏离所规定的范围时，利用物体冷缩热胀的特性，促使温度控制装置动作，并且改变仪器舱表面的热辐射性质，从而改变仪器舱和卫星壳体之间的热交换情况，使仪器舱的温度变化保持在一定的范围之内。

直径一米的卫星，如果它的表面积有百分之五十装太阳能电池，百分之二十五装天线，百分之二十五用作温度控制的表面涂层，那么，它的表面温度和舱内温度是怎样的呢？

根据计算，当卫星的自旋轴垂直于太阳光时，由于卫星表面各点周期性地受阳光照射，壳体表面温度分布均匀，因而仪器舱内的温度也比较均匀，其平均温度为30℃。当卫星的自旋轴平行于太阳光并出现全日照射时，卫星表面一半向阳，一半背阴，出现局部过热和局部过冷的现象，局部温度可以相差180℃。在这种情况下，为了保证仪器舱内温度正常，准备在仪器舱上、下各加数层铝箔隔板和绝热材料，以便于减少仪器舱和壳体表面的热交换，确保仪器舱的温度比较稳定。采取这样的措施之后，舱内的平均温度可以保持在11℃。

根据仪器对工作环境的要求和温度控制所能达到的水平，我国第一个卫星仪器舱在长时间内的温度变化，保持在10℃～40℃的范围内。这个温度变化的幅度，不是在卫星运行一圈之内的变化，也不是一天之内的变化，而是两三个月或半年的变化。

此外，仪器舱内有个别设备，例如晶体振荡器，它对于温度要求特别的严格，即要求在长时间内温度波动不允许超过 ±1℃。为了满足这一要求，还要用一个加热器主动地调节晶体管振荡器的温度。

为了充分地发扬技术民主，贯彻群众路线，使方案论证达到集思广益之效果，同时也是为把方案修订得更为完善，11 月 15 日至 27 日，会议对总体、卫星总体、运载工具、地面系统四个技术方案进行了综合论证。在此期间，获悉法国发射了第一颗卫星，大家一致表示，一定要同心协力，争取时间，使我国放卫星的名次除苏、美、法之外，能够排在其他国家的前面。

11 月 30 日上午，“651 会议”召开总结大会。国防科委罗舜初副主任作了总结发言，阐述了下一步的工作目标是 1970 年发射第一颗人造卫星，要“上得去、抓得住、看得见、听得到”。人造卫星的命名、结构外形、主要指标等都得到了大会的肯定。会议期间拟定了卫星总体方案、本体方案、运载工具方案和地面观测系统方案等四个文件初稿，还写出了《我国第一颗卫星的热平衡与温度控制》等 27 个专题论证材料，共 15 万字左右，并将在此基础上进一步完善，作为成功发射我国第一颗人造卫星的技术方案基础。

3. 艰苦攻关 卫星上天

在“651 会议”上，与会者建议将我国第一颗人造卫星命名为东方红一号卫星，之后得到了中央领导确认。这次会议除对卫星总体、运载工具、发射场、地面观测的总体方案进行论证之外，还对卫星总体各分系统的技术方案做了详细的探讨，并明确各个项目的研制分工。会后，各分系统的研制工作逐步展开。热控系统及热试验任务由 651 设计院闵桂荣、龚堡、郑炳钦等承担。闵桂荣除参加卫星发展规划、卫星总体技术协调外，还承担热控分系统的总体与试验，并配合杨刚毅落实热控研究室的组建。他特别重视热控系统技术方案论证，关心技术队伍的组织落实，强调加强研制力量配备，重视新生力量培养。他反复强调卫星要上天，试验设备要先行，并主动研究和提出实验室的建设方案。

卫星热控制系统的设计任务，是工程技术人员根据各种试验参数，如卫星

1999年11月22日，闵桂荣（中）与热控专家胡金刚（左）、沈琮（右）在一起

发射、升空、进入运行轨道所遇到的各种热环境参数，采取有效的技术手段，用以控制卫星内部和外部环境的热交换过程，使卫星温度处于所要求的范围内。在设计过程中，要进行各种必要的试验，并不断地加以修正，以完善和验证设计方案的准确性，从而求得可靠性最佳之效果。

闵桂荣深入研究了我国卫星热控关键技术问题。为了尽快开展工作，发挥年轻人的积极性，他围绕我国第一颗人造地球卫星研制，指出当前应解决的关键技术，由大家共同承担，才能确保预定任务的完成，以便达到事半功倍的效果。闵桂荣先后提出的课题有：人造卫星的空间热环境参数选择，其中包括太阳常数、太阳光谱、地球平均反照率、光谱；人造卫星轨道计算，日照和阴影时间计算；卫星外热流计算，包括太阳辐射、地球反照和地球红外辐射；卫星外壳与仪器的温度计算方法；辐射角系数的计算和图解方法；卫星的热控涂层，包括低吸收辐射比、高稳定性的涂层研制及涂层设计方法；卫星超级多层隔热材料的研制；卫星热设计工况选择原则和方法；卫星的内热源问题研究、处理方法；辐射式主动温控方法的研究、机械及敏感件的选择；卫星仪器舱内空气对流对温度的影响；卫星材料热稳定性能测定，包括材料的比热系数、导热系数等；卫星热平衡试验基本方法，包括热稳定；卫星温度的测量方法、测试技术、温度元件标定技术。热控试验星的技术状态，内热源的模拟；热真空试验设备的低温热沉设计、加工调试；热控由热平衡试验的工况选择确定；卫星热相似方法的研究以及热管技术研究等课题。

闵桂荣还给大家讲解了应该掌握的卫星热设计原则。他指出，热设计要求，主要来自于卫星总体的设计方案和分系统的要求与约束条件。比如，东方红一号卫星要求温度范围小，不消耗电能，卫星姿态不稳定，以及星上设备工作时间差别大等限制条件。技术人员要根据已掌握的设计技术、热控手段和试验条件，以及具体任务确定研究题目，尽可能满足其可靠性和任务进度的要求；尽量采用可靠性高、节省质量和电功耗小的被动热控制技术。闵桂荣还要求大家根据实际情况，利用已有的试验设备进行修改、调整和补充，以满足基本要求。在方法上采取简化、替代和创新的思路，较好地完成任务。

对于首次承担这项工作的科技人员来说，这无疑是一项艰巨的任务。经过大家的共同努力，东方红一号卫星采用自然平衡的被动式温度控制方法。卫星壳体外表面，通过电化学阳极氧化处理，内表面喷涂一种有机涂层绝热，在仪器舱的金属表面先进行镀金，然后喷涂部分条状白漆。经过这些处理，可改变其吸收、辐射等的热物理性能。仪器舱还采用由镀铝聚脂薄膜和棉纸间隔放置的多层绝热材料包覆起来。采取了这样的制热控制措施后，仪器舱内可长时间将温度保持在 5℃ ~ 40℃，使各种仪器有效地工作。对温度要求严格的星上晶体振荡器，除装有恒温槽外，还采用了电加热器，可主动调节晶体振荡器所需要的温度，以满足工作要求。

1965年年底，第一颗人造卫星各分系统开始了技术设计、试制和试验工作。在研制工作中，大家遇到了不少技术和工艺上的问题，但各研制单位团结协作，艰苦奋斗，群策群力，攻克了一个又一个难关。卫星地面热试验是热控制设计和检验的重要过程，为验证热控制设计的正确性，需进行卫星热真空模拟试验，但模拟太阳和地球对卫星加热是一项难度很大的技术。国外传统做法，是采用由氙灯及其光学系统组成的大型模拟器。研制这种设备不仅技术难度大、费用高，而且在我国短期内无法完成。为了解决这一技术难题，闵桂荣于1966年年初赴欧洲考察，在巴黎期间，他发现如果买一台国外生产的太阳模拟器，需要几千万法郎，而且由于政治上的原因，国外限制此类设备对中国出口。

此时，我国仅有KM-2空间环境模拟设备，其直径2米，而卫星直径1米，在这种条件下模拟试验，结果误差很大。为完成试验任务，只有采取简化、变通的办法。面对这一难题，闵桂荣提出模拟轨道积分平均热流理论，采用远红外电加热笼的模拟方法。对于空间热外流，地球的反照和红外热流，所需精确数据，采用周期积分值平均值的方法，针对直径仅有2米的KM-2空间环境模拟设备，设计了一个红外加热笼，由不锈钢电子加热带和支架组成，而不锈钢带朝向卫星的一面喷涂了黑漆，用以增强对卫星的热辐射。加热笼分为多个回路，调节通过各回路的电流，可以改变对卫星的辐射热流，其热量按照卫星每个表面吸收到的热流加以安排。在热控系统科技人员的共同努力下，利用闵桂荣的这一创新理论和方法，终于研制成功了热流模拟系统，并多次成功应用于卫星热平衡试验。

按照国防科委的分工原则，经张劲夫与钱学森协调，1966年1月，651设计院成立了由11人组成的东方红一号卫星总体设计组，卫星大系统由钱骥领导。卫星总体设计组对卫星总体方案进行了认真分析，将卫星播放《东方红》乐曲由功能较大的含载波双边带调幅发射改为功耗小、效率高的双等幅波调制发射，经过原理性试验，证明这种方式可使地面收到优美而动听的乐音。为使《东方红》乐音项目能够早上、快上，又将卫星的姿态控制从技术难度大、研制周期长的自转校正2轴稳定改为自旋稳定加章动阻尼器的方案。与此同时，651设计院发文要求卫星总体各分系统在2月中旬完成技术方案论证，2月底将通过论证后的技术方案同时报送中国科学院新技术局汇总。5月24日，中国科学院新技术局下发了《下达各所、厂承担“651”任务的分工及1966年任务》的文件，文件明确了卫星本体由北京科学仪器厂加工制造，卫星地面设备由上海科学仪器厂加工制造，遥测遥控星上及地面设备，包括超短波遥测发送负载波部分、短波遥测发射机、脉冲遥测、超短波锁相遥测接收机、超短波频分接收设备、遥测译码设备、多路数字显示设备、多路数字显示设备、快速显示数字化记录仪等，均由山西科学仪器厂加工制造。

正当人们满怀激情地投入到卫星研制工作时，席卷全国的“文革”开始了，宁静而有序的中国科学院被搅得到处是“炮轰”的大字报，以及揪斗“走资派”的大、小会场，全院顿时变成了无政府状态，科研工作被迫停顿。然而，发射人造卫星是毛主席、党中央的决定，是全国人民企盼的光荣政治任务，一定不能停顿下来。因此，在这样极度困难的环境下，广大科研人员凭着高度的政治热情和不屈不挠、勇往直前的精神，使卫星研制工作继续前行。东方红一号卫星科研人员在进行方案论证的同时，还开展了模样产品研制。卫星各分系统从制作试验线路到装出性能样机，皆证明技术方案是可行的，生产是能够实现的。651 设计院总体组设计出东方红一号卫星方框图、总体电路图。1967 年年初，研制人员对各分系统的仪器设备进行验收，装成了模样星，同时还解决了各分系统的仪器、设备在星上的布局与安装问题，以及电缆网的走向，从而确定了基本的协调参数。

1967 年 3 月，为了加强卫星研制方面的管理工作，中央决定对从事卫星研制工作的科研单位实行军管。于是，中国科学院新技术局管辖的研究所及工厂均由国防科委接管。由于当时正处于与“帝修反”的全面论战，国内“文化大革命”又需要强力支持，所以首要的目标是必须将“政治卫星”发射上天。国防科委指令要求在 1968 年年底发射卫星，并由赵濂清局长在新技术局 651 口召开的大会上正式宣布，他还同时传达了聂荣臻“尽量简单，尽快上天，达到基本目的，掌握技术”的有关指示。会后明确了闵桂荣为技术负责人，全面负责卫星总体技术协调工作。闵桂荣与卫星总体组成员一起做了反复研讨，限于进度上的需要和实现的可能性之间的差距过大，因此，对卫星方案做了局部简化，撤除了某些实在差距过大而无法上星的仪器项目。经过讨论，提出了《东方红一号卫星研制任务书（草案）》。在任务书中，卫星的质量从100千克变成130千克，卫星的轨道倾角由42度增大为70度，使卫星能飞经全世界主要人口居住地区，并使地面测控站的建设能兼顾返回卫星的要求，还明确了卫星要播送《东方红》乐音，让全世界人民都能听到来自中国卫星的声音。按照“保证《东方红》乐曲质量，且体现先进的前提下，尽量简单、可靠”的原则，闵桂荣他们对卫星本体做了若干修改、简化。修改简化的部分有：能源系统只采用银锌化学电池供电方案，去掉科学探测系统和遥测系统；去掉姿态控制部分，只保留姿态测量用的红外地平仪、太阳角计和保证自旋稳定的章动阻尼器。任务书规定：由《东方红》乐音装置和短波遥测、跟踪、天线、结构、热控以及能源系统外加姿态测量部分等组成的东方红一号卫星，在技术上要做到比苏联、美国的第一颗卫星先进；卫星入轨后，要具备抓得住、测得准、预报及时，并具备全球人民“看得见、听得到”等优势。1967年3月27日，中国科学院651设计院革命生产委员会正式下文，安排东方红卫星系列第一批研制任务书，并明确提出东方红一号是“政治卫星”，以及正式确定了第一颗星本体简化方案。

随后，闵桂荣又与卫星总体组成员一起对各分系统的仪器设备进行了验收，接着装出模样星以解决各分系统的仪器设备在星上的布局和安装方位，以及电缆网的走向，并确定基本协调参数。在此基础上确定了初样星的技术状态，拟定了各分系统的初样研制任务书。卫星总体组还制定出初样阶段整星和分系统进行各项试验的技术规范，以便作为各项试验工作的依据。在初样阶段，卫星各分系统根据初样研制任务书所要研制、生产的初样产品，根据试验技术规范所给出的条件进行各种环境模拟试验，以便考验设计的可靠性与实用性。2015

年，闵桂荣在《纪念东方红卫星发射45周年》一文中指出："卫星分四个阶段研制，我有幸参加卫星研制工作的全过程，初样研制这个阶段，全体人员分系统艰苦攻关，生产四颗星独立地进行攻关试验。工作量大而难，不仅试验星生产、试验，还建立了地面试验台。在建造各种实验室以及阶段试验过程中，广大技术人员团结协作，自力更生、艰苦奋斗，发扬航天精神。"

为考核卫星结构设计，他们总装出2颗作为模拟卫星的质量结构星，进行卫星结构的静态强度试验及动态强度试验，并测量出卫星各部分的载荷；为检验热控的设计方案，利用电加热器模拟各分系统功耗的热控星，在真空状态下（指在真空罐中）进行模拟卫星在轨道上冷、热环境下的热平衡试验；为简化试验过程和操作程序，根据东方红一号卫星的具体情况，在热控试验星中，采用模拟内热源方法，即在仪器模块内或外表面贴上加热片，其发热功率可调整，在试验中根据需要改变发热量，从而得到充分的数据；还可根据试验结果，局部地修改热控设计，此后再次进行试验，直至满足设计要求。在分系统和整星试验的基础上，他们对原设计进行修改，以便确定试样星的技术状态和试验技术规范。

1967年12月11日至16日，国防科委在白石桥国防科委651筹备处召开东方红一号卫星研制工

1988年1月，闵桂荣（左）与常勇（右）在一起

作落实会议。由于各方面的努力推进，已攻克了许多卫星工作的难关。东方红一号卫星初样星在会上做了展示，并在楼上实验室和楼下开会的会场之间，进行了《东方红》乐音发射和接收的实际演示。会场四周窗户被红、黑双层窗帘遮挡，室内灯火辉煌。大家走进会场时，都情不自禁地走近东方红一号卫星初样产品，仔细观看，非常振奋。罗舜初、钱学森、常勇、夏冰、孙家栋等为会议领导小组成员，钱学森主持会议，审定简化后的东方红一号卫星总体技术方案和卫星研制程序，并明确分工协作关系，研究解决关键技术办法以及落实全面研制计划。

1968 年 2 月，国防科委接管 651 设计院和中国科学院承担卫星工程任务的主要研究所及工厂，正式成立空间技术研究院，由钱学森兼任院长，组建总体设计部，孙家栋任总体设计负责人。周恩来总理明确指出:“‘651’任务抓总由国防科委负责，钱学森参加。”在东方红一号卫星工程（代号“651工程”）中，钱学森负责大总体，即“星—箭—地面”系统的技术协调和组织实施工作。在“文革”动乱的日子里，钱学森协助周恩来总理在领导人造卫星的研制工作中发挥了特殊作用。

为检测设计的正确性和合理性，在东方红一号卫星研制过程中，钱学森多次强调，要严格地进行地面试验。1968年4月16日，东方红一号卫星热控试样星总装与出厂，进行地面调温试验。由于卫星预定发射时期发射场正处于寒冬季节，1968年夏季，研制人员将热控试样星置于海军后勤部的一个冷库中，进行地面调温试验（模拟发射场的环境温度）。为了支持此项工作，海军下令关闭冷库3个月。试验中，研制人员利用电加热系统对卫星各分系统温度进行调节，使其达到设计要求。通过这次试验，确定了加热方式和加热功率的大小，为卫星发射的地面加温系统设计提供了参数。6月18日，完成电性试样星电性联试，6月20日，电性试样星返厂改装，以便进行动平衡试验。7月25日，动平衡试验完成。与此同时，7月24日完成串联试样星的总装及电性能测试，随后进行了振动试验、自旋试验及热控试验。在环境工程研究所北郊试验站进行东方红一号卫星试样热控试验期间，钱学森在郭天才副院长的陪同下到试验站现场检查工作，闵桂荣汇报了该项目的试验进展情况。通过7次红外加热试验和高低温碳弧灯加热试验，并经多次修改涂层设计和附加保温措施后，卫星壳体和仪器舱的温度水平及变化幅度已能满足总体设计要求。钱学森对闵桂荣提出的模拟轨道积分平均热流理论成功应用于各次卫星热平衡试验，给予了高度评价。

1970年3月26日，东方红一号卫星、长征一号运载火箭正式由国防科委代表国家验收合格，批准出厂，运往基地实施发射。此时国内正处于“文革”时期，社会秩序不好，国际形势对中国也不利，苏联在中蒙边界陈兵百万。在这种严峻的形势下，为确保星箭运输绝对安全，采取了严格的安全保卫措施，运载星箭专列，除武装押运外，在专列途经几个大站时，均有荷枪实弹的解放军战士实行戒严。专列运行中，北京、大同、兰州等铁路局党委主要领导干部亲临专列随车护送，直至顺利抵达发射场。

同年3～4月，星箭在技术阵地分别按照预先排定的程序进行检测，尔后星箭联合检测、模飞测试。全体参试人员怀着一颗为祖国争光、为航天事业争气的赤胆忠心，日夜备战，一丝不苟，不放过任何疑点，对发现的问题认真排除，举一反三，每进行一步，都要反复进行故障预想。

4月14日，周恩来总理主持专门会议，听取从发射场回京的钱学森、李福泽、杨国宇、任新民、杨南生、戚发轫等作汇报。4月16日22时后，周恩来总理亲自打电话给国防科委，告知中央同意发射卫星的安排，批准将卫星、运载火箭转往发射阵地，指示"到达发射阵地后，一定要认真、一丝不苟地、一个螺丝钉都不放过地进行测试"。总理的重要指示传达到发射现场，极大地鼓舞了全体参试人员。大家献计献策，自觉开展各种形式故障的预想活动，千方百计地让产品处于绝对安全可靠的状态。4月23日，卫星与火箭在发射场的最后总检查工作全部结束。4月24日15时50分，周恩来总理电话告知国防科委罗舜初副主任："毛主席已批准这次发射。希望大家鼓足干劲，过细地做工作，要一次成

纪念中国第一颗人造地球卫星发射成功30周年，闵桂荣（左）、孙家栋（中）、戚发轫（右）合影留念

功，为祖国争光。”

1970年4月24日21时35分，发射时刻终于到来，东方红一号卫星随长征一号运载火箭在发动机的轰鸣声中飞离了发射台。21时48分，从现场指挥所广播里传来“星箭分离，卫星入轨”的特大喜讯。在发射中心观看卫星发射壮举的人员欣喜若狂，他们尽情地欢呼雀跃，热泪盈眶。21时50分，地面收到了卫星播送的《东方红》乐音，声音清晰洪亮。此时此刻，地面上在唱，天空中也在唱，亘古未有的地面与天空中的交响乐，使全世界都为之陶醉！

卫星虽已升入太空，闵桂荣和同事们仍有些惴惴不安，应用红外加热系统试验结果是否可靠，终归此时还未得到实践的验证。入轨第一天，卫星温度为25℃，之后每天增加1℃～2℃，这样下去，倘若超过40℃，卫星中的元器件将会因承受不了而被烧毁，甚至发生爆炸。有人沉不住气地问闵桂荣：“会不会出事？”闵桂荣很有把握地回答：“放心吧！这颗星的温度最高不会超过35℃。”随后的事实果然证实了他的预料，卫星温度上升至33℃后便不再升高。

苏联第一颗卫星上天后，其温控代价很高，采用电源和风扇给卫星调温；美国第一颗卫星只有十几千克重，温控技术非常不完善；法国第一颗卫星上天

闵桂荣在哈尔滨太阳岛

后，电源结冰，停止工作；日本第一颗卫星上天后，只转了 6 圈，就因“发高烧”到 60℃而失效。而中国的东方红一号卫星质量 173 千克，比苏联、美国、法国、日本四个国家的第一颗卫星的质量总和还要大，在跟踪测轨技术、信号传送方式、热控制技术等方面，也都优于这四个国家的第一颗卫星。

“没有太阳模拟器，中国的卫星温度控制问题照样能够解决，真了不起！”了解内情的科技专家们都称赞闵桂荣的科技成就，然而他并不满足这些初步的成功，随后又开始为研制发射不同型号的卫星设计不同规格、形状的远红外加热模拟设备，并将

2005年4月20日，闵桂荣（左三）等出席东方红一号卫星诞生地纪念碑揭幕仪式

20世纪60年代中期发展起来的这种设备，定名为651型空间热模拟系统。至今，中国研制发射的各种卫星，都是在地面进行模拟试验之后，才被成功送入太空的。

中国第一颗人造卫星发射成功，在世界很多国家引起强烈反响，他们纷纷发表评论，指出中国第一颗人造卫星发射成功，“体现了中国一直在依靠自己的力量为人类的幸福和进步进行宇宙开发”“表明中国的科学技术突飞猛进达到新高度”“是中国在科学技术和工艺方面取得的突出成就，是中国二十年来在科学技术上前进的新高峰和里程碑”。

闵桂荣

闵桂荣院士**传记**

Academician Min Guirong's Biography

第三章

“实践”“返回” 热控创新

闵桂荣参与领导多颗返回式卫星研制工作，其技术难度和飞行成功率达到世界先进水平，在航天器热控制理论、方法和技术方面，取得了创新性成就。

1. 实践一号 卫星试验

空间科学技术试验卫星要先行，这是闵桂荣发展空间技术与空间热物理研究工作的一个重要组成部分。

在《中国大百科全书·航空航天》中，闵桂荣、何正华对人造地球卫星条目作了明确定义:“人造地球卫星，是环绕地球在空间轨道上运行（至少一圈）的无人航天器，简称人造卫星。”人们更多的是按照用途将人造卫星分为科学卫星、应用卫星和技术试验卫星。广义地讲，科学卫星是用于探测与研究的卫星，主要包括空间物理探测卫星和天文卫星，借助于光谱仪、盖革计数器、电离计、压力测量仪和磁强计等，研究高层大气、地球辐射带、地球磁层、宇宙线、太阳辐射和极光，观测太阳和其他天体。应用卫星是直接为国民经济和军事服务的卫星，而技术试验卫星是专门从事新技术试验或为应用卫星进行试验的卫星。而航天技术中的新原理、新技术、新方案、新仪器设备以及新材料，往往需要首先在轨道上进行试验，待试验成功之后才可投入应用。

早在中国航天事业开创时期，钱学森便对航天技术、“两弹一星”有着明确的方向和目标。他从国家的任务要求出发，在完成国家任务的同时，还带动了科学技术的发展，充分体现了任务带学科的原则，而学科发展了又反过来促进任务更好地完成，开阔思路，开创新学科领域，为日后接受更新、更艰巨的任务，奠定良好的基础。

“651 会议”审定的卫星方案，是一个较为先进的长寿命方案。卫星携带有探测卫星本体工程参数的舱内外各部分温度传感器和舱内气压计、探测空间环境参数的宇宙线强度计、太阳短波辐射计和高空磁强计、卫星姿态传感器。为突出政治，尽快发射卫星，国防科委于 1967 年 12 月召开了第一颗人造卫星研制工作会议，会上审定的卫星总体方案和各分系统方案，实际上是简化了的原卫星方案。由于卫星载荷有限，除测量卫星工程参数的仪器外，卫星未能携带空间环境参数探测仪器。

1968 年 2 月空间技术研究院成立后，钱学森将工作重心侧重于抓机构及规划问题上。他要求规划组必须按照新的形势，对以往的卫星规划进行审核与研究，并进一步明确空间技术研究院的卫星重点是为国防和国民经济服务，还要兼顾空间探索。钱学森多次给规划组成员讲解有关科学技术试验的重要性，指出:“空间科学探测，不仅对认识自然界，比如，研究发生在近地空间、日地空间的各种自然现象，以及这些现象与人类赖以生存的地球与大气环境的关系，均有重要意义，而且同人造卫星研制也有着十分密切的关系。”随后，钱学森院长给规划预研处的马礼晋、杨照德，交办了两项任务：一是调研太阳能电池片的生产状态及协作定点问题。他指出:“从卫星规划任务来看，太阳能供电系统将是长寿命卫星的关键项目。太阳能电池片每年的用量不是几千片，而是可能需要几十万片，研究院是否需要组建相应的配套厂。”二是新技术项目飞行试验问题。此时，东方红一号卫星正在研制，人们正忙于艰苦的攻关，也就是在那一时刻，钱学森提出了一个令人深思的问题:“科学、技术试验项目，除考虑发射卫星外，还应考虑到充分利用其他卫星（指备份）的飞行试验也能搭上‘公共汽车'。找一些人研究一下东方红一号卫星第一颗发射成功后，备份星与运载火箭如何利用。"

院机关有关人员随即进行了调查研究。孙家栋主持会议，召集闵桂荣、沈振金、陈宜元、胡其正、沈以明、孔庆恩等总体部有关人员一起研究。院机关杨照德、李沁生列席了会议。经讨论，与会人员一致认为，完全有可能将备份星改为试验卫星加以利用。考虑到卫星与飞船的发展需要，必须对长寿命应用卫星的关键技术，特别是要对太阳能电源技术系统以及热控系统进行试验。此外，还考虑到"651会议"所审定的卫星方案中的一些分系统，如太阳能电池、镍镉蓄电池、无源主动温控、姿态控制系统以及各种探测仪器等，虽然这些还尚未列入东方红一号卫星的方案中，但是各研制单位已开展了不少这方面的研制工作，只要齐心协力，就可能在短时间内成为正规飞行产品。随后，又提出了"东方红一号甲"可成为太阳能电池试验卫星、"东方红一号乙"可作为姿态控制试验卫星。此事亦向钱学森、常勇作了汇报。钱学森明确提出：为了不影响"东方红一号"的研制进度，先将"东方红一号甲"和"东方红一号乙"这两种型号卫星总体方案的研究任务作为预研项目，列入院预研计划，由规划预研处按照预研管理办法加强管理。

1968年8月，经钱学森会上研究审定的东方红一号甲卫星总体方案，是在东方红一号卫星的基础上，增加了太阳能电池镍镉蓄电池供电系统、长期工作遥测系统及共用短波天线网络、无源主动式热控制系统、宇宙线计、X 射线计、磁场计、场效应管存储器、外热流测量计等空间技术试验及科学探测项目。这些试验项目大致分为两类：第一类是短期工作项目，工作时间预计 15 天。该类试验项目主要是空间环境参数测量仪器、卫星姿态测量仪器（红外测量仪和太阳角计）、卫星跟踪测轨设备（5 厘米应答机和 10 厘米信标机以及超短波多普勒信标机）、场效应管存储器电路等。而空间环境参数、卫星姿态测量参数和卫星工程参数是由短期遥测系统传递，短期工作项目供电由银锌化学电池提供。第二类是长期工作项目。此类试验项目是对将要发展的长寿命应用卫星的基本系统进行长期在轨试验，其中包括由硅太阳电池加镍镉蓄电池组成的电源系统、无源主动式热控系统以及为其配套的新型遥测系统和电源电路。长期项目的设计寿命要求为 1 年。

“东方红一号甲”列入院预研项目之后，由各有关单位承担关键技术和预研课题，并组织队伍紧张而有序地开展工作。卫星热控制由闵桂荣全面负责，并组织实施。卫星壳体采用中国科学院上海硅酸盐研究所新研制的光亮阳极化涂层。该涂层性能稳定，其吸收率和辐射率之比能保证卫星壳体温度在一个较合适的范围之内。对于承担卫星蒙皮阳极化处理任务的北京科学仪器厂而言，这是一项新工艺，既无现成设备，又无此类专业技术人员。为了快上，他们本着自力更生、艰苦创业的精神，用自己的双手铸造出供阳极化处理用的铅槽。此后，该厂建立起正规的设备。为确保卫星长期工作系统的合适温度，研制人员采用较为先进的无源主动温度控制方案——百叶窗式，于 1968 年完成了百叶窗式主动热控机构的预先研究。总体部热控室技术人员在闵桂荣的率领下，对双金属弹簧这一关键部件进行了 1000 多次高、低温交变试验。百叶窗转动轴承也是很关键的部件，特别是要防止轴及轴承在低温、高真空环境下的冷焊或粘滞。兰州物理研究所科技人员采用了低导热系数材料，以偏氟乙烯做轴、银基合金做轴承，在真空度 10^{-9} 毫米汞柱条件下进行试验，其性能完全满足了要求。

东方红一号甲初样星分结构星、热控星、电性星三种不同状态，分别用于进行力学、热真空及电性能试验。热控星试验是对热控设计进行全面考验，其所采用的结构、外壳和热控系统是真实的初样状态，但电子仪器不是真实的，仅用电阻的发热量模拟电子设备的发热量。热控星试验在直径 2 米的真空罐中进行，真空度为 10^{-6} 毫米汞柱。由于尚无太阳灯模拟太阳热流，而采用了红外加热模拟器，其表面采用电阻丝片代替太阳电池片组合。试验结果表明，当模拟阳光照射卫星北极时，附舱 I 的温度变化范围为 -25℃ ~23℃，低温值比计算结果低了 15℃。之后根据此次试验结果，对热控系统设计进行修改，增添了面积为 50 毫米 ×100 毫米的镀金板，用以吸收太阳热量以补充舱内发热量的不足。修改后，舱温变化范围为 -15℃ ~30℃，达到了设计要求。但热控星用发热电阻代替各仪器发热，与实际情况仍有一定的差别，需对正样检验星予以最后检验。

鉴于东方红一号甲卫星总体及单项预研攻关取得了较快进展，钱学森适时地向国防科委提出申请，立项后转入型号研制阶段。1969 年 11 月 17 日，空间技术研究院在向国防科委报告《1970 年科研试验计划纲要（草案）》中建议，1970 年重点型号项目是：“东方红一号甲”太阳能电池试验卫星；“东方红一号乙”姿控试验卫星；返回式遥感卫星；通信卫星方案论证。1970 年 5 月，在“东方红一号”发射成功的鼓舞下，为落实周恩来总理关于“一次试验，全面收效”的指示，国防科委在空间技术研究院召开了由工人、干部、技术人员参加的三结合现场会，对“东方红一号甲”方案进行审查，确定了方案，落实了任务。钱学森在做会议总结时强调，长寿命是在卫星研制中，特别是对材料的选择以及地面试验等方面的问题，必须加以注意。要吸取“东方红一号”的经验，按照科学规律办事，制定整星研制程序，并上报审批。会后，国防科委决定将“东方红一号甲”正式命名为“实践一号”。

1970 年 8 月，正样星测试与试验开始。测试过程中发现了两个主要问题：一是正样星的热真空试验结果，其上限温度下降了 5℃，考虑到下限为 -15℃，低温对蓄电池不利，而上限温度还留有余地，为此可将镀金吸热板的面积再增大 50%，使附舱 I 的温度范围控制在 -10℃ ~35℃。二是在对正样星检测中发现应答机受干扰，当短波天线伸展时，由于天线阻抗不匹配，致使两台发射机互相干扰。1970 年 12 月底进行星箭出厂汇报和故障预想时，运载火箭研制人员得知卫星上发现遥测发射机对应答机干扰问题后，提出卫星遥测发射机是否会对运载火箭应答机产生干扰。钱学森当机立断安排进行星箭联合试验。1971 年元旦在运载火箭总装厂，进行了一、二、三级火箭与卫星对接状态下的测试。经过选用适当的应答机后，解决了卫星内部及卫星与运载火箭之间存在的电磁干扰问题。此后，卫星及运载火箭被批准出厂。

1971 年 1 月 19 日，实践一号卫星和长征一号运载火箭，由北京运到酒泉发射基地，发射前的技术阵地和发射阵地的测试进展都较顺利。

1971 年 3 月 3 日晚，实践一号卫星发射成功。卫星运行轨道近地点高度

闵桂荣在酒泉卫星发射中心

266千米、远地点高度1826千米，轨道平面倾角69.9度，卫星绕地球一圈的周期为106分钟。卫星入轨后，跟踪测轨系统工作良好，实现了及时预报轨道的要求。

然而，令闵桂荣焦虑的是，在实践一号卫星发射当晚，设在总体设计部的遥测接收站，未能像东方红一号卫星那样在卫星绕地球运行第一圈时就收到了信号，此次遥测信号强度远不如东方红一号卫星。当卫星第二圈通过我国西部新疆喀什上空时，设在那里的遥测地面站没有收到遥测信号，大家在分析等待中度过了第一个不眠之夜。第二天上午卫星再次进入我国上空，当卫星过顶时，设在山东莱阳的遥测地面站短暂地接收到极微弱的短期遥测信号，勉强可以解调出数据，而长期遥测信号则被淹没在噪声之中。3月11日，在卫星入轨后的第八天，全国各接收站都突然接收到了两种遥测信号，且信号强度很强，接收数据证明了卫星工作正常。科研人员据此分析原因，是卫星入轨后运载火箭末级与卫星未能及时分离，但连接二者的爆炸螺栓已实现爆炸。而卫星入轨后第八天，运载火箭与卫星分离，遥测天线伸展，遥测信号恢复正常，后来的光学观测也证实了科研人员的这一分析。

1977 年 9 月，总体设计部钱骥、闵桂荣等派技术人员到山东莱阳遥测站进行全面的连续接收和数据分析，均表明卫星上各系统工作正常，星上太阳能电源系统、长期热控系统以及遥测系统工作正常，遥测系统发射功率没有明显下降，遥测系统功耗和测量精度均保持不变。又在紫金山天文台观察实践一号卫星热控系统，卫星运行 4 年，其亮度未见明显下降。从卫星表面承受 8000 当量太阳（紫外）小时的照射看，卫星所采用的光亮阳极化涂层抗紫外线能力强，性能稳定；无源主动热控附舱 I 的温度一直处于较好的范围内，说明百叶窗式的结构设计是成功的，未发生超真空下的冷焊和失效；卫星电源系统在长期的轨道运行中，太阳电池在日照区和地球阴影区的温度交变数万次，蓄电池经受了数万次充放电循环、30 多次因全日照而造成的连续周期，中间线路性能稳定，稳压器输出电压保持恒定。

实践一号卫星自 1971 年 3 月 11 日遥测信号恢复正常后，在太空工作了 8 年，直至 1979 年 6 月 17 日卫星因轨道寿命结束，坠落于北美洲。不难看出，实践一号卫星的实际工作寿命，远远超越了设计寿命。实践一号卫星在当时缺乏空间使用的长寿命元器件可靠性数据和经验的情况下，通过研制人员严格把守元器件质量和可靠性关，合理选择方案，继承东方红一号卫星的成功经验，进行充分的地面试验，采用设计、研制、测试一体化的工作方法，充分利用预先研究成果，在长寿命、高可靠性方面取得了可喜的成果，为长寿命、高可靠性等提供了宝贵的经验。

1978 年，实践一号卫星长期电源系统、长期热控系统、长期遥测系统以及空间探测，获得了全国科学大会成果奖。

2. 自主研制 技术攻关

所谓返回式航天器，是指从地球上发射进入太空完成任务后，再入到地球大气层并在地球上着陆的航天器，其中包括返回式人造地球卫星、月球或行星取样探测器、载人飞船、航天飞机等。在已发射的人造卫星中，返回式卫星占有相当的比例。

根据有效载荷和任务、目的的不同，返回式卫星可以分成许多类。但无论哪类，都需要解决热控制技术问题。

闵桂荣在《中国大百科全书·航空航天》中，对航天器热控制条目作了明确定义："航天器是在十分严酷的温度条件下工作的，例如返回式航天器要经历 -200℃以下至 10000℃以上的这种环境变化。航天器的结构、仪器设备以及所载的生物，都无法承受如此剧烈的温度变化。人造地球卫星上的一些红外遥感器，还需要具备超低温工作环境；广播卫星的大功率行波管要求强化散热；一些航天器的电子设备舱要求具备均匀而恒定的温度环境；航天飞机则需要解决多次重复使用的防热问题。航天器热控制一般可分为空间运行段热控制和过渡段热控制，前者是各类航天器所共用的技术，是航天热控制的主要内容；后者除地面段热控制外，主要是返回型航天器和进入有大气行星的空间探测器需要采用的技术。"

1965 年 7 月，中国科学院起草了《关于发展我国人造卫星工作的规划建议》，在附录中列出了 10 年内拟发射 20 颗卫星及飞船，其中返回式卫星 6 颗，代号为“解放”。8 月，周恩来主持中央专委第 13 次会议，原则上批准了人造卫星规划建议，并明确指出，我国发射人造卫星以应用卫星为主，应用卫星又以返回式遥感卫星为主。

之后，在第一颗人造卫星方案论证会上，提出在开展中国第一颗人造卫星研制工作的同时，要积极地对返回式遥感卫星的诸多关键技术开展预先研究。此时我国对航天器热控设计、分析计算、热控技术、热控材料以及试验技术等方面的研究尚处于开创阶段，而研制任务却十分繁重。闵桂荣从发展战略的高度出发，尽可能抽出人力组成预研组，开展热控技术预先研究。

1966 年 5 月，中国科学院裴丽生副院长主持召开卫星系列规划会，参加会议的有中国科学院各有关所的领导和专家，651 设计院赵九章、钱骥、胡海昌、闵桂荣等有关人员也出席了会议。会上明确了返回式卫星是下一步的工作重点，任务重而复杂，技术难度大，涉及的学科面广，因此必须充分发挥新技术局及各研究所的作用，以此带动学科方向以及任务的发展，而且许多科研项目还可以辐射到计划局及相关的研究所。5 月 19 日，钱骥在会上作了《发展返回式遥感卫星的设想》报告。王希季也应邀在会上发言。国防科委副主任罗舜初在一份报告上做了批示：“卫星设计不是一个院所能承担的，应考虑发挥七机部八院的作用，请考虑两院分工意见。”根据这一精神，张劲夫、裴丽生、钱学森都明确表示按照“三家拧成一股绳”的精神，大力协作，合理分工，逐步组建队伍，积极开展研制工作。钱学森形象地说：“还是要一块招牌，两支队伍，大兵团协作。”

1966 年 6 月，王希季遵照钱学森提出的要求，迅速组织总体设计队伍，开始从事返回式卫星方案研究。在他的带领下，首先从调研工作入手，先后到中国科学院、七机部等有关单位了解火箭及返回式卫星单项预研课题的预先研究情况，查找国外文献有关资料，经过半年努力，于1966年年底完成了卫星总体方案设想。1967年3月，钱学森提出为适应国际形势需要，加速返回式卫星研制工作进程，邀请中国科学院有关研究所的科技人员参加方案论证，从国家事业出发，冲破种种阻力，终于提出了返回式卫星总体方案初稿。钱学森对返回式卫星的技术方案进行了深入细致的审查，建议将返回式卫星命名为“返回式遥感卫星”。

1967年9月11日，国防科委委托七机部和国防科委651筹备处，共同负责召开返回式遥感卫星总体方案论证会，代号“911会议”。参加会议的有国防科委、国防工办、总参谋部、空军、海军、四机部、七机部、物资部、邮电部、中国科学院、651筹备处等45个单位，共计158名代表。钱学森、常勇、王大珩、王希季、杨嘉墀、孙家栋、闵桂荣、林华宝等出席了会议。钱学森主持会议，并在开幕式上作了重要发言，传达了国家有关研制卫星的精神，再三强调中央决定自行研制各种应用卫星的决策是完全正确的；返回式遥感卫星具有机密性高、技术难度大两大特点；要发展自己的返回式遥感卫星，只能靠自己的力量，走自力更生、艰苦奋斗的道路。在报告中，他还提出了航天新概念：“人类在宇宙空间的飞行活动，在很长的时间内只限于太阳系内，将之称为宇宙航行未免有些夸大。”他建议：“人类在大气层以外的飞行活动，称为航天；而在大气层以内的活动，称为航空。”他解释说：“提出‘航天’这个名词，是受到毛主席的诗词‘巡天遥看一千河’的启发，是毛主席‘巡天’一词的延伸。”最后，他进一步强调，返回式遥感卫星的研制工作，既要充分利用国内现有的技术基础，又要解放思想，敢于走前人没有走过的道路，还要敢于攀登前人没有攀登过的高峰。大力发展新技术，以便带动后续型号卫星，要以只争朝夕的精神，多快好省地开展研制工作，努力实现“巡天遥看一千河”的宏伟奋斗目标。

闵桂荣（左）与任新民（右）在一起

七机部八院在大会上报告了总体方案设想，力学研究所作了卫星回收技术途径报告，651 设计院介绍了热控系统方案论证初步设想，自动化所介绍了姿态控制系统方案论证初步设想。会议讨论并审定了返回式遥感卫星的总体方案，确定了卫星研制分两步进行：第一步研制试验卫星，重点解决相机技术、三轴姿态控制技术、热控制和卫星返回技术，计划发射 3 ~ 4 颗试验卫星；第二步在基本技术过关后，再研制实用型卫星。有关研制分工问题，经会议确定：国防科委 651 筹备处负责卫星大系统协调工作，七机部八院负责卫星本体结构、电源与配电、遥测及返回系统的研制；中国科学院负责姿态控制、程序控制、热控制以及相机系统的研制；四机部十院负责星上遥控接收机和应答机的研制；运载火箭由七机部一院负责研制；发射场和控制系统由国防科委 20 基地负责；成果处理由总参会后确定一个单位负责。9 月 20 日，在会议结束时，由王希季总工程师代表会议领导小组做总结发言。会后各单位纷纷按照会议精神和分工状况加以贯彻执行，积极开展工作，即使处于“文革”这一特殊时期，返回式遥感卫星研制工作仍艰巨地向前推进。

1968 年 2 月 20 日，中国空间技术研究院正式成立。2 月 27 日接国防科委通知，中国科学院651设计院、自动化研究所、北京科学仪器厂正式调归中国空间技术研究院建制。1968年3月，由中国科学院651设计院和七机部八院、一院的部分技术力量，组建空间飞行器总体设计部。钱学森对总体、各分系统技术力量进行了统筹安排，在返回式遥感卫星方案的基础上，由孙家栋技术负责，并相继主持召开了各分系统方案协调会，使各系统方案基本确定，为全面开展研制工作打下了良好基础。钱学森十分关心这支年轻的总体技术队伍的成长，赞扬他们敢于挑重担，热情肯干，并告诫大家一定要吸取“东风二号”的经验教训，狠抓方案试验，群策群力，攻克难关。他还进一步指出，有关返回舱外形、热控制系统、姿控系统、相机系统等均要充分地做好理论分析，并安排好模拟试验。

中国空间技术研究院成立后，闵桂荣负责组织返回式遥感卫星热控制系统研制工作。他结合航天器工程特点，提出组建总体的指导思想、组织体制和管理方法。他按照任务带学科、学科促任务的理念，狠抓理论分析与实验室建设。参与该项工作的有张正纲、侯增祺、于显成、田文华、徐济万、陈大忠、胡金刚等人员。郭舜、张正纲等在《返回式卫星热控设计》一文中，回忆了当时的情景：第一颗人造卫星于1965年8月开始研制之后仅一年，我国就开始着手返回式遥感卫星的研制。这颗返回式遥感卫星是我国第一颗应用卫星，其质量为东方红一号卫星的10倍，体积也约大8倍。当时，国际上只有苏联和美国研制发射过此类卫星。对于刚刚起步从事航天技术研究、设计的人员来说，所面临的任务是极为艰巨的。以热控制系统为例，需要计算机完成复杂的热分析计算，而当时科研人员手中只有一两台小型机械式的手摇计算机；需要大型热真空试验容器、太阳模拟器，而此时我国大型设备KM-4正处于设备方案论证阶段，太阳模拟器也正处在寻找研制单位阶段，最乐观的设计也要等到十年之后才能完成。我国发射场主要是为研制导弹而装备的，塔架设计成敞开式的工作平台，无论是人还是卫星，都需要经历严寒酷暑。生产中需要的热控元件、材料无法从国外购买，只有在国内进行试制。凭着“我们也要搞人造卫星”的志气，科研人员实事求是，因地制宜，自力更生，埋头苦干，不断创新，创造了中国航天史上的奇迹。

闵桂荣和大家一起研究分析返回式遥感卫星热控设计特点，以及总体设计对热控系统的要求。返回式遥感卫星长3.14米，最大直径2.2米，重约1500千克。整星分为返回舱和仪器舱两个舱段。卫星在轨道上以三轴姿态控制、对地定向的姿态运行。在完成摄影任务后，其返回舱与仪器舱分离，返回地面。仪器舱内充气，舱内承载了相机、蓄电池等主要仪器设备。返回舱主要装载回收胶片盒和相关仪器。与其他卫星不同的是，返回式遥感卫星在发射时无整流罩保护，卫星外部裸露。在上升段，卫星外表面的热控涂层与材料全部暴露在大气中，要承受气流冲刷、升温的环境。返回舱在返回地面时又面临着高速气流的冲刷，舱外表面要承受高达几千摄氏度的气动热环境。因此，要保障卫星在轨时的仪器工作温度和舱内设备能完好无损地回到地面，对卫星热控制设计而言，是一个巨大的挑战。

闵桂荣组织大家研究返回式遥感卫星热设计，经过充分论证，决定按照返回式遥感卫星特点，在热设计上采用在地面待发阶段，预先将星体有关设备、部件温度，调节到某一值的办法。通过使用热控涂层、隔热材料、热管等控制手段，综合考虑和利用卫星的热惯性、气动加热和轨道热流，以保障卫星发射、上升入轨后各点的温度能控制在设计的范围之内。

由于返回式遥感卫星是对地定向的三轴稳定姿态，外热流变化大，引起舱内温度的变化也大，再加之卫星的尺寸大，仪器布置分散，在舱壁四周及井字梁上都装有仪器设备，它们的发热量差别较大，相互接触少，因此，温度有着较大的差别。例如，陀螺仪、程控交换机的温度在允许的上限，很容易超出范围，而银锌电池块则往往温度偏低。对此，闵桂荣考虑要有大型计算机，按程序进行计算、分析。然而，当时因没有较好的计算工具，一般的分析计算未能取得满意结果，这对于正确的热设计是十分不利的，同时还可能造成大型热试验次数增加，消耗大量的资金与时间，影响总体研制进度。为此，闵桂荣带领大家创造性地开发了热缩比模型技术。在卫星初步设计的基础上，依据相似理论，将卫星仪器舱合理简化，并采用温度保持技术的原则。对一些特殊材料经专门处理后，制作出 1∶3.5 的缩比模型。从 1969 年起，在 KM-1 热真空模拟容器内进行多次重复试验，不断修正热设计中的不合理部分，终于获得了满意的试验结果。热比例模型和原型热真空试验结果比较，仪器舱温度偏差在5℃以内，以最小的代价验证了设计的合理性，为大型试验的工况选定、减少大型试验次数、缩短试验时间，起到了十分重要的作用。

1970年5月29日，为加速返回式遥感卫星研制，国防科委在空间技术研究院召开动员大会，钱学森出席大会，并传达了周恩来总理和军委办事组将返回式遥感卫星（代号"705工程"）列入国家重点项目的决定。北京市也派代表参加了动员会，并表态支持"705工程"大会战，如需要北京市工厂帮助解决的，保证如愿。空间技术研究院将一时解决不了的生产项目提请北京市进行会战。6月5日，周恩来总理主持中央专委会，听取了钱学森等有关人员对返回式遥感卫星研制情况的汇报，宣布返回式遥感卫星、运载火箭为国家重点工程项目，批准在京津地区开展大会战。

返回式遥感卫星在发射、轨道运行和返回大地的全过程中，要经受振动、冲击、过载、噪声、高真空以及高、低温等各种恶劣环境的考验。为确保卫星在各阶段能正常地工作，在初样研制阶段，除各系统要做好各种环境模拟试验外，卫星整体也进行了多种地面试验，共研制和组装6颗初样星，总计进行了48项大型试验，解决了在方案设计中以及生产等诸多方面暴露出来的多个问题，为正样产品的研制工作打下了良好基础。被钱学森称赞为"真刀真枪的大兵团作战"的电性能联合配匹试验，在历时八个多月的试验过程中，来自七个单位的八十多位中、青年科技人员大协作，密切配合，连续作战，在试验过程中发现和解决了上百个存在的问题，其中较为严重的无线电干扰和相机卡片问题，终于在1972年1月得到解决，圆满完成了电性星的各项试验任务。再如，返回式遥感卫星热真空试验，定于1971年进行卫星试验，而KM-4热真空模拟试验设备尚处于方案论证阶段，还无法使用，卫星总体部热控室人员便设法先利用KM-3热真空模拟器进行试验。然而，KM-3容器的有效直径只有2.9米，长

1994年3月1日，闵桂荣在北京航空航天大学作航天专题学术报告

度也不过5米，而且缺少太阳模拟器，在此条件下要想使试验结果达到可信的程度，需要研制人员下功夫解决。研制人员利用闵桂荣卫星外热流模型理论与积分分析温度的研究成果，拟定了远红外加热模拟方法，研制出一种红外加热笼。即试验时，将加热笼罩在卫星外面，一起放到KM-3热真空模拟器内，以分区加热的方法模拟不同的受热因子。钱学森审定开展了这项试验。

返回式遥感卫星防热结构选材试验和防热结构热真空试验，是防热结构设计的先决条件。卫星返回舱防热结构要能经受高焓、低热流、总加热量大的热环境，通过对酚醛－尼龙、酚醛－涤纶、玻璃－酚醛等不同配分的多种材料进行几十种筛选试验，初步确定采用烧蚀性能好的酚醛－尼龙材料作为热结构防热材料。以酚醛－尼龙烧蚀材料制作的返回舱头部防热结构，在1971年8月用于热控星热真空试验。按照预定计划，试验结束时将邀请钱学森主持热控星现场会。一个星期天的上午，钱学森按时到达KM-3试验大厅，可卫星总体部热控与结构室的技术人员却迟迟未到。约两小时后，闵桂荣、杨照德等20多人才匆匆忙忙地赶到会场，原来他们乘坐的大卡车，在怀柔庙城粮店附近出了车祸，大卡车翻倒在地，幸运的是乘车人员均未受重伤。人员到齐后，钱学森带领大家重点讨论了此次试验所发现的头部防热结构材料出现的一些裂纹问题。该材料的烧蚀性能完全能承受返回时的热载荷，为什么在模拟运行轨道的环境中会出现问题？经过认真分析，研制人员终于明白了球头结构不但要耐热，而且还要抗冷。选择材料时，他们只考虑了烧蚀性能，却忽略了材料的物理特性，于是造成裂纹的出现。为了尽快解决这一问题，钱学森果断决策，作为特急任务，会后请北京工艺研究所协助解决。经协作单位千方百计的努力，终于找到了一种新型复合材料，而且在实际试验中经受了温度交变的热真空环境考验，满足了设计要求。

1974 年 9 月 8 日，返回式遥感卫星被运往酒泉发射基地，并于同年 11 月 5 日进行首次发射试验。当长征二号运载火箭带着卫星徐徐升起，全体参试人员热切盼望首次发射成功之际，火箭突然失控，并在空中自毁。卫星连同火箭，顷刻之间变成了一团火焰，被炸得粉碎，落在发射场附近。此时此刻，全体参试人员无不心情沉重。中央军委副主席叶剑英得知发射失败后，立即打电话给发射中心的全体参试人员，勉励大家："失败是成功之母，不要颓丧，要再接再厉，继续奋斗，一定要达到目的。"叶剑英副主席的指示，增添了全体研制人员排除万难、夺取胜利的信心。面对现实，闵桂荣坚定地表示："虽然事故是由火箭故障造成的，但也要认真总结经验教训，引以为戒，狠抓卫星质量，一定要将卫星送上天，收回来。"

11 月 28 日，国防科委和七机部召集了总结经验、吸收教训、整顿质量管理的动员大会。会议要求各研制单位和全体人员应从返回式遥感卫星首次发射失败事件中吸取教训，对产品质量进行一次全面的大检查。会后，闵桂荣按照研究院的统一部署，组织卫星热控系统研制人员，进行了一次产品质量和设计质量的复查工作，主要针对在发射基地测试和发射过程中出现的各种故障，进行全面、彻底的复查，对存在的各种问题和隐患，提出有效的改进措施，并制定和建立了一些有关质量控制和管理方面的规章制度。通过这次质量复查，“质量第一”的思想在全体研制人员心中深深扎下了根，对提高返回式遥感卫星的产品质量，起到了积极的推动作用。全体研制人员以更高的责任感和更认真的负责态度，投入到第二颗返回式遥感卫星的研制工作中。

3. 质量第一　获锦归来

1975 年闵桂荣任卫星总体部副主任，负责返回式遥感卫星总体技术工作。返回式遥感卫星不仅要准确入轨和正常运行，还要毫无差错地进行回收，舱里有大量的信息资料，对国家经济建设和国防建设均有重要价值，被回收的遥感照片提供给我国有关部门应用，其所创造出的经济价值难以用金钱来估算。

1975 年 3 月，张爱萍复出，担任国防科委主任，张爱萍一出山，就狠抓科研生产秩序以及产品质量；七机部也大张旗鼓地开展了质量大整顿、大检查。在卫星研制系统，钱学森要求“火箭生病，卫星也得吃药”，全体人员要接受长征二号运载火箭的教训，对每一台产品的质量都要进行全面大检查，对存在的各种问题和隐患，要提出切实有效的解决办法与措施。闵桂荣深感责任重大，他紧紧地依靠卫星总体部各部门和广大科技人员，团结一致，迎着困难上；他每天深入各科室、班组，狠抓技术协调和产品质量，晚上开会，加班研究技术方案，有时直至深夜还在查阅各种资料。

5 月下旬，第二颗返回式遥感卫星发射星产品齐套，各研制单位始终将“质量第一”牢记心中。“不带问题出厂，不带疑点上天”，是每一位工作人员的准则。所有分系统研制的产品都要求按时、保质地送交总装厂进行总装。卫星总装完成后，研制人员立即开展整星的各项测试，其中包括系统检测、整星综合模拟飞行状态测试。参加测试的有卫星总体部等十多个单位、上百名科技人员。测试过程中，他们严格遵守周恩来总理提出的“严肃认真，周到细致，稳妥可靠，万无一失”16 字方针，对待工作一丝不苟，哪怕对一闪而过的现象，也抓住不放。一次，研制人员发现姿态控制的水平陀螺测量精度瞬时下降，虽说其值还在允许的范围内，但大家仍以不放过任何一个疑点的负责态度，认真查找原因，最终发现是由于一根导线松动并与外环上的配重块相碰所致，这个问题不排除，有可能导致整个卫星试验失败。由于大家的共同努力，排除了一个又一个隐患，终于在 8 月完成了测试任务。闵桂荣对总体部参与测试的技术人员的要求极其

闵桂荣（左）与王光英（右）在一起

严格，要求他们在测试过程中要有详细的记录，试验后要写出总结报告，并整理成文字报告后作为技术资料存档。

10月13日，国务院、中央军委对第二颗返回式遥感卫星发射试验作出指示："第一，希望将卫星送上去；第二，希望把卫星收回来，要尽最大努力，打好这场硬仗。"10月15日，毛泽东主席批准第二颗返回式遥感卫星进行发射试验。10月16日，返回式遥感卫星第二颗发射星安全抵达酒泉发射基地，试验队亦到达基地，一路风尘仆仆顾不得休息，便开始全体动员，卸装备、产品，与基地同志一起将测试仪器就位，技术阵地测试工作旋即展开。试验队工作千头万绪，但目标只有一个，就是将大家凝聚起来，心往一处想，劲往一处使，把卫星送上天，还要使其安全返回。为了实现这个目标，国防科委钱学森、马捷副主任自始至终在基地亲自指挥这次试验。11月26日11时29分52秒，随着发射指挥员倒计时口令"……5、4、3、2、1，牵动、开拍、点火"，操作员旋即按下火箭点火按钮，发射台顿时发出震耳欲聋的巨响，长征二号运载火箭携带着返回式遥感卫星拔地而起，奔向浩瀚的天空。之后，各地面跟踪测控站不时传来报告：捕获目标，跟踪良好，飞行正常，星箭分离，卫星入轨，工作正常……，我国自行研发的返回式遥感卫星终于飞上了太空。

卫星入轨，研制火箭的人们可以举杯庆贺了，但承担卫星研制的孙家栋、钱骥、王希季、杨嘉墀、闵桂荣、林华宝、吴开林等一大批科研人员，还处于紧张状态，因为将卫星"送上去，收回来"才是返回式卫星飞行试验的总目标。卫星发射入轨不简单，卫星返回也很难。世界上第一种返回式照相侦察卫星——美国"发现者号"卫星7次入轨，7次回收失败，直到第八次轨道飞行才回收成功。中国能否突破卫星返回这一难点，是全体研制人员关注的焦点。卫星运行第十圈的遥测数据表明，卫星工作正常，没有出现任何异常现象。然而卫星继续运行下去会不会出现问题，能否按预定计划于1975年11月29日返回地面，还很难预测。为了完成“把卫星收回来”的任务，试验队开展了事故预想活动，就所提出的三种意见，发生了激烈的争论：第一种意见是主张卫星提前于11月27日返回，防止“夜长梦多”，担心卫星回不来；第二种意见是主张卫星提前至11月28日返回，因为尚未发现卫星存在异常现象，应避开11月27日回收着陆区条件不理想的困难；第三种意见是主张卫星按预定计划于11月29日返回，同时做好28日的回收准备。正在渭南卫星测控中心的钱学森和马捷两位国防科委副主任，在决策前再次听取了研制单位专家们的意见。研究院试验队领导小组最终达成了一致意见：根据遥测数据进行计算，卫星能按计划运行3天。

卫星升空后运行3天期间，卫星测控人员全神贯注地坚守各自岗位，密切监视、收集卫星运行情况，以便及时商讨对策。然而，在卫星过站的关键时刻，卫星遥控站却偏偏发生了遥控天线自动、手动操纵均失灵的状态。为了争取时间，抓住时机，副队长和3名操作人员冒着生命危险，爬上15米高的天线塔实施应急方案。面临大功率的高频辐射，他们临危不惧，沉着冷静，按照预报角度操纵天线跟踪卫星，终于圆满完成了任务。之后，卫星在运行过程中工作正

闵桂荣（左二）与王希季（左一）在酒泉发射基地工作现场

常，按预定计划于11月29日10时53分开始向地面返回，11时6分在贵州省六枝地区着陆，基本完成了“把卫星收回来”的任务。

返回式遥感卫星第二颗发射星成功入轨，并按照预定时间返回地面，我国成为世界上第三个掌握卫星返回技术的国家。中共中央、国务院、中央军委致电热烈祝贺这一成就。

卫星发射成功后，各系统工作正常，并收回对地摄影胶片，闵桂荣在感到高兴的同时，想的更多的是压力和动力。1975年12月，返回式遥感卫星试验总结大会召开，既总结了成功经验，也找出了返回技术存在的问题：卫星返回舱再入稠密大气的过程中裙部被烧毁；部分电缆和仪器被烧坏；返回舱落点偏差大等。通过广大科研人员集思广益，仔细地分析研究，最终找到了原因，并提出了改进措施。另外，从卫星摄影情况看，恒星相机摄取的恒星不明显，背景光线不亮。经分析认为，这是受地气光反照之影响而造成的，为此提出在星相机摄影窗口增加消杂光装置。

于庆田在《党建》杂志1991年第9期上刊发的《航天之星——记共产党员、卫星研制专家闵桂荣奋力拼搏的事迹》一文中写道：最初发射的返回式卫星，所拍摄的恒星很不理想，闵桂荣决心带领大家攻克这道难题。当时，国外解决这一难题的方法是建立一套大型“星光实验室”，先在地面上做试验，然后将光的干扰排除掉，然而，中国当时没有这样的实验室，又由于缺乏资金，短时间内也难以建立起来。闵桂荣经冥思苦想后，横下一条心，还是老办法，土法上马，自己去创造！作为总设计师，闵桂荣经过认真的分析研究，并总结以往飞行中的经验教训，发现了以前研制过程中的某些缺陷，并提出了一种理论分析与实验论证相结合的科学方法。他和同志们一道，首先要采用理论分析法定量计算出什光、地光对卫星相机的反射量，然后爬到研究室屋顶上临时搭建的简陋实验室内做模拟试验。多少个冬季不眠之夜，闵桂荣和7位科研人员，冒着零下十几摄氏度的严寒，站在屋顶上凛冽的寒风中，用冻得发麻的手指打开探照灯、测风云、试相机，模拟什光和地球反射的太阳光，进行没有星光实验室的“大自然星光试验”，不知有多少次，在闵桂荣身穿的大衣上落下了厚厚的一层霜，帽子也白了，双手冻得发抖、发麻……。

1976年5月18日，毛泽东主席批准了返回式遥感卫星第三颗发射星的飞行试验计划，全体研制人员受到巨大鼓舞，增强了完成任务的信心和决心。7月，第三颗发射星开始总装。7月28日，唐山地震波及北京，人们纷纷住进防震棚，但返回式遥感卫星研制工作并未因此而停顿下来。闵桂荣等领导深入卫星生产总装现场，与广大科研人员、工人、干部一起坚守岗位，冒着余震的危险，组织并参与卫星出厂前的综合测试。9月9日，毛泽东主席逝世，大家化悲痛为力量，坚守岗位，团结一心，做好各项工作，以实际行动悼念伟大领袖毛主席。钱骥在现场组织学习《院政治部做好返回式卫星第三颗进场试验中的思想政治工作的通知》，要求贯彻毛泽东主席关于“把质量提高到第一位”和周恩来总理关于“严肃认真，周到细致，稳妥可靠，万无一失”的指示，发扬“三老”“四严”作风，协同作战，搞好团结，做好保卫、保密和安全工作，确保试验任务完成。在全体人员的齐心协力下，10月初完成了总装测试工作，返回式遥感卫星和长征二号运载火箭运到了酒泉发射基地，完成了技术阵地的测试工作，随后被转往发射阵地。

12月7日中午，返回式遥感卫星第三颗发射星准确入轨，运行良好。12月10日，当卫星运行到第47圈时，遥控站发出姿态调整指令，卫星开始调整返回姿态。接着，遥控站准时发出两舱解锁指令，卫星两舱顺利解锁，同时返回舱内的两台回收时间控制器启动，依次发出起旋火箭点火、制动火箭点火、消旋火箭点火、回收信标机开机等指令，返回舱按预定轨道飞向地面。此后，由时间控制器依次发出弹射底盖及制动火箭壳体、弹引导伞、减速伞分离、拉出主伞等信号。这几个动作均工作正常，返回舱乘主伞以每秒14米左右的速度在四川省预定的回收区内安全着陆，返回舱以及舱内设备完好无损，连一个螺丝钉都没少。

1977年年初，研究院认真总结了返回式遥感卫星第三次飞行试验取得的成果。为确保返回式遥感卫星达到预定效果，研制人员从严要求，对凡可能造成故障的部位，均采取全面、综合的治理措施，提出改进意见，并在试验型第四颗发射星上付诸实施。

侯增琪回忆说："在科技领域，热管技术是十分年轻的，它于1963年问世，然而，其发展却十分迅速，1968年就开始在美国的卫星上试验应用。当时，刚组建不久的热控研究室的领导闵桂荣敏锐地感到：

空间热物理学科是一项极有发展前途的新技术。于是，他在 1969 年组织开展了热管理论和技术的预先研究，这在我国热管技术的历史上也是较早的。然而，仅凭星星点点的原理性资料是很难解决问题的，这是因为研制人员不仅要掌握热管内部的传热和流动理论，而且还需要掌握一整套独特的热管制造工艺。经过多年的努力，终于制成了适合在卫星上使用的铝 - 氨轴向槽道热管。从国外热管技术的发展来看，这正是当前国际空间应用最多的一种热管。科研成果在实际应用中才能显现出它的价值。为此，积极地将这项新技术应用于卫星热控系统中去，也成为发展这项技术的十分关键的一步。科学技术带头人必须有魄力，才能跨出这一步。经过慎重研究，1976 年首次在我国返回式遥感卫星回收舱上安装了两根热管，作为应用性试验。实际飞行数据证明，试验十分成功。于是，热管技术开始进入实际应用阶段。虽然之前的返回式遥感卫星热控系统十分成功，但为了使其技术更加先进，闵桂荣在相关人员的支持和配合下，为卫星仪器舱设计了一个由 20 多支热管组成的热管系统，更加有效地组织了舱内的换热过程，从而以 2 千克电池取代了原来用于电加热的 12 千克电池，其效果比原来的更佳。经过卫星轨道运行，证明了该系统的先进性和可靠性。”

1977 年 2 月 7 日，中央批准国防科委关于力争在 1977 年年底或 1978 年年初进行返回式遥感卫星第四颗发射星飞行试验计划。通过精心指挥、精心组织、精心测试，第四颗发射星于 1978 年 1 月 26 日准时入轨。当天，中央军委副主席叶剑英在听到卫星成功发射的消息后，高兴地说：“这是科研工作 1978 年的开门红，祝贺同志们取得的胜利。”这颗卫星在轨道上运行三天后，完成了卫星遥感试验等任务，获得了大量遥感信息，于 1 月 29 日按预定计划成功返回地面。

1978 年 3 月 18 日，来自全国各省市、自治区、中央直属单位和国家机关各部门，以及中国人民解放军和国防工业部门，共计 5586 名代表汇集北京，参加了全国科学大会。闵桂荣应邀参加了党中央主持召开的这次科学盛会。他抚

闵桂荣（右二）在军民联欢会上

1993年2月13日，闵桂荣（右）与孙家栋（左）在一起

今追昔，心潮澎湃，激动不已，既为自己受到信任与尊重而欣慰，也为空前盛大的科学大会的召开而高兴。这次大会表明了科学技术在中国重新受到重视，给所有从事科学事业的人以鼓舞与期望。中共中央副主席、国务院副总理邓小平在开幕词中明确肯定了“科学技术是生产力”是马克思主义的观点，

阐述了科技人员是工人阶级的一部分的道理，对被"文革"颠倒了的科学技术人员和知识分子在社会主义建设中的地位和作用，进行了拨乱反正，为航天事业制定发展方针和政策奠定了理论基础。郭沫若热情洋溢地指出："科学的春天到来了""这是革命的春天，人民的春天""让我们张开双臂，热情地拥抱这个春天吧。"这充分反映了老一辈科学家对即将来临的科学兴旺发达时代的衷心期待。

空间技术研究院副院长孙家栋在全国科学大会上发言，详细介绍了我国返回式遥感卫星的研制经过，在科学大会上掀起了波澜，这是中国"科学春天"里的一股暖风，它温暖了整个大会，并传播到全世界。

随着改革开放方针的确立，1979 年 5 月，闵桂荣率领中国第一个空间热物理代表团访问美国，参加美国航空航天学会（AIAA）热物理会议，并首次在国际上宣读中国航天论文。美国空间热物理包括空间飞行器热控制技术及宇航传热基础的研究。AIAA 热物理分会是比较活跃的学术团队之一，具有雄厚的社会技术力量，每年都有大量的研究论文公开发表。自 1966 年起，该分会每年召开一次热物理学术会议。1979 年 6 月 4 ～ 6 日，在美国佛罗里达州奥兰多市举行了第 14 届年会，这次会议除有美国热物理学专家参加外，还有中国、西德、日本、英国和加拿大代表团参加。应 AIAA 第 14 届热物理会议主席的邀请，我国空间热物理代表团第一次参加该会议。会上，中国代表团成员闵桂荣宣读了《中国空间飞行器热控制发展概况》论文、张贵庆讲解了《有加质和化学反应的热传导计算》、侯增祺作了《槽道式热管性能研究及应用》研究报告。代表中国的三篇论文被安排在大会上发言，引起了与会者极大的兴趣和高度评价。当闵桂荣用英语讲述中国在热控制方面的研究成果及应用范围时，各国科学家的注意力立即被吸引过来，听他作报告的人越来越多，以致附近两个学术交流厅的专家也中止了自己的报告，挤到了中国专家的讲坛下。他们惊异地发现，先进的热

闵桂荣在美国宇航中心考察

管、“百叶窗”等热控技术在中国卫星上的应用，原来比欧洲和日本早了10年！会议结束后，闵桂荣、姜贵庆、侯增祺、景肇骞，应邀参观访问了美国航空航天局的肯尼迪航天中心、兰利研究中心和戈达德航天飞行中心，格鲁曼宇航公司和美国科学基金会。当闵桂荣等踏入兰利研究中心的大门时，中心一位专家热情地告诉闵桂荣：“您是中国大陆第一位来这里的参观者。”通过这次年会活动，美国专家开始重新认识中国航天技术的实力。

1980 年，闵桂荣被评为七机部劳动模范。返回式遥感卫星和东方红一号卫星荣获 1985 年国家科学技术进步奖特等奖，闵桂荣为第五完成人。

闵桂荣

闵桂荣院士**传记**

Academician Min Guirong's Biography

第四章

返回卫星　开拓应用

闵桂荣参与领导开拓返回式遥感卫星应用领域，担任摄影定位卫星总设计师，在卫星平台、有效载荷方面上了一个新台阶。一星多用，一次发射，多方受益。

1. 国土普查 遥感卫星

闵桂荣在《在中国的返回式卫星》一文中指出："中国的返回式卫星是一种低轨道、三轴稳定、返回舱可安全回收的卫星，可用作遥感卫星、微重力试验平台和科学技术试验卫星。""中国的返回式卫星的用途之一是空间遥感。中国空间技术研究院研制了不同类型、不同用途的星载可见光相机，诸如对地摄影用的全景扫描式相机、节点式全景相机、画幅式大面积相机以及对星空摄影的星相机等，均可作为这种卫星的有效载荷。曾在历次飞行试验中，均取得了较好的效果。这类卫星用于国土资源普查，它所获得的卫星照片的特点是比例尺较大、图像清晰、灰度等级较高、速度快等，其地面分辨率远远超过陆地卫星和气象卫星的扫描图像。"

闵桂荣 1975 年任总体部副主任，在参与组织研制返回式卫星时，一直将不折不扣地满足用户要求，作为衡量任务完成的标准，同时遵照周恩来总理关于"一方试验，多方收效"和"一星多用，综合利用"的谆谆教导，开拓新的应用领域，并取得了丰硕成果。1976 年 12 月 10 日，返回式遥感卫星第三次飞行试验按期返回地面，并取得了令人满意的效果。几天之后，布加勒斯特附近发生强烈地震。对于这次地震，罗马尼亚在地震监视中未能监测到，因此也未作出预报。然而我国国家地震局通过返回式遥感卫星，获取到了布加勒斯特地区地质地震构造存在明显的断裂带。为了进一步掌握震前资料，国家地震局派代表团前往罗马尼亚，对该地区震前地质、地震构造进行了实际了解和考察，以帮助罗马尼亚了解震前地质结构和预报地震。闵桂荣等科技人员从返回式遥感卫星照片对研究地质构造有很大的应用价值，并可用于中、长期地震预报中受到很大启发，他又走访了有关遥感资料判读和解译方面有经验的单位和研究人员，其结果是大家一致公认返回式遥感卫星照片，可以在国民经济有关领域中获得有价值的应用。为此，闵桂荣与有关人员建议运用返回式遥感卫星第四颗卫星对京（北京）、津（天津）、唐（唐山）和其他如青海柴达木盆地冷湖等地区进行摄影，以便进一步研究开拓返回式遥感卫星照片的真正实用价值。

在1978年1月26日发射第四颗返回式遥感卫星任务中，上级专门安排并拍摄了京、津、唐、柴达木盆地冷湖地区以及沿海地区等总计约200万平方千米面积（含重叠部分）的国土照片，闵桂荣邀请石油工业部、地质矿产部、国

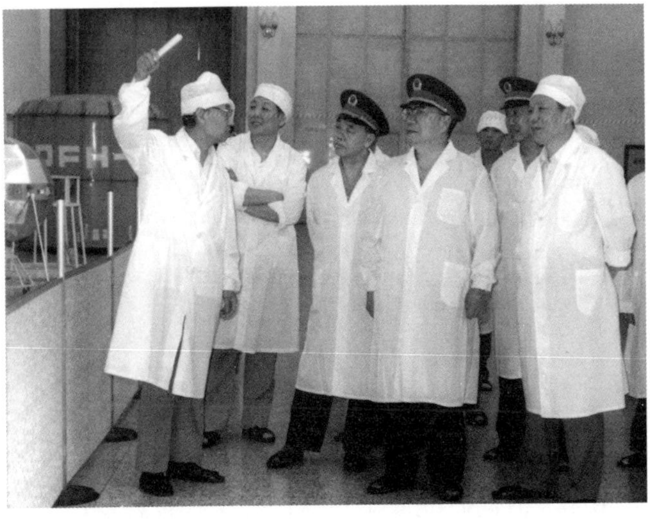

闵桂荣（前左一）等向军队领导汇报卫星研制情况

家地震局、国家海洋局、国土绘测局、冶金工业部等单位9位专家，对上述摄影区的卫星照片，进行初判、解译及应用方面的研究，取得了明显效果，从而显示了卫星照片用于国土普查的实际应用价值。在矿产勘探方面，一幅卫星照片覆盖的地面面积可达20000平方千米，相当于1∶200000比例尺地质图的3幅，只需一人用3天时间就可初步解译，但倘若实际调查则需30人用6年多的时间才能完成。卫星照片经过解译，可减少地面调查的盲目性，合理、有效地布置验证工作，从而使一个矿产区的调查、开发效率提高一倍以上，而时间却可缩短一半以上。首都钢铁公司所属地质勘探公司与长春地质系统遥感研究室合作，利用卫星照片先进行大面积普查，以便了解全局，然后再对重点地区进行地质详查。他们以卫星照片为主，再辅以航空照片，对西到官厅、东到密云、南到北京城、北到古北口，大约160000平方千米的地区开展地质勘察，共找到了7个成矿（主要是铜矿，还有钼、铝、锌等矿）预测区。

在石油勘探方面，1965年曾用两个地质队共计26人（不含服务保障人员）对柴达木盆地冷湖地区“伊克雅乌汝”石油构造进行4个半月的地面调查，仅获得了该地结构的地质图。而利用卫星照片只需1人用4天时间就完成了地质解译工作，且发现了一些过去调查中尚未发现的断层，为确定钻井方位、地下水有利的供水地段以及输油管道的走向等，提供了大量有用的资料。

在地震、地质调查方面，卫星照片比例尺适中，图像清晰、信息丰富，可用于进行大范围地质构造的分析和地震地质调查。例如，利用卫星照片发现山西大同某电厂工程恰好位于地层断裂部分，经钻探验证后决定搬迁，从而避免了几千万元投资的损失。再如，利用卫星照片发现京山铁路方案中滦河大桥原址选在青龙河的断裂带上，经钻探验证，河底确有 300 米宽的破碎带，由此决定迁移该桥。从卫星照片上还发现北京地区紫荆关和南口断裂分别属于两种不同构造体系，并有两条平行的断裂带穿过西山，且该地下还存在隐伏断裂和穹隆，这些地质情况可引起地震诱发和地质新构造运动。

在港口建设、海岸测量及海岸污染监测方面，渤海湾内有黄河、滦河、海河三个主要泥沙流，对港口建设与航道均造成了威胁。根据对卫星照片的判读，可以了解这些泥沙流的活动规律以及相互作用情况，从而为摸清渤海湾内的流系规律以及对天津新流沙回游等问题，提供有价值的资料。渤海海岸环境由岸向海，分别为盐碱区或盐田、潮间带、悬浮泥沙和水下浅滩。将卫星照片与以往的地形图作比较，可以清楚地看出海岸的变迁情况，不难发现 20 多年来在黄河入海口地区的陆地已经向海中延伸了 20 千米。国家海洋局利用两幅卫星照片，经几人用几天时间进行室内作业，就完成了福建省闽江口海岸带调查的绝大部分项目，清楚地看出陆地的松散积沉、海岸线走向和海滩组成。从卫星照片上还能清楚地发现渤海湾海域有多处羽状污染水域，在塘沽地区附近有一个废水区，胶州湾中存在青岛市流出的污水泥。在测绘方面，卫星照片勘测出的地形图清晰、分辨率高，能较好地反映地面地物、水系、道路、地貌，为修测和更新 1：200000、1：100000、1：50000 比例尺地图，提供了有用的资料。

在考古研究方面，内蒙古昭乌达盟克什克腾旗达里诺尔（湖）旁的古城址是元代应昌古城，当地居民称其为“鲁王城”，为元世祖忽必烈的女儿鲁国大长公主囊家真于1270年所建。根据卫星照片发现内蒙古文物工作队以往调查测定的古城南北长度以及城内中央小区的位置都有所误测。利用卫星照片还准确地实测出从达里诺尔向东北斜去的“成吉思汗寨土墙遗迹”，还能清晰地辨别出圆明园轮廓及园内建筑的废址。

1980年11月，闵桂荣被七机部任命为空间飞行器总体设计部主任，负责全面科技管理工作。他深感进行国土普查是国土开发整治的基础工作，中国的社会主义现代化建设迫切需要有更多可供开发利用的国土资源，因此，摸清中国的资源状况，并不断加深对其了解，具有十分重要的意义。他还明确提出应

1980年5月22日，闵桂荣（三排左三）等出席七机部五院科技委成立大会

用型返回式遥感卫星要充分利用已经取得的技术成果，应不折不扣地满足用户要求，以及提高整星的可靠性，是应用型返回式遥感卫星研制的指导思想。

1982 年 9 月 9 日，在中国共产党第十二次全国代表大会胜利召开之际，又一颗凝聚着航天战线广大科技人员、工人、干部和解放军指战员心血的返回式遥感卫星——第一颗应用型卫星成功地飞向太空，卫星准确入轨，正常运行，工作状态良好。5 天后，卫星按预定时间、预定地点安全返回地面。这充分说明应用型卫星的设计方案是合理的。在总结应用阶段第一颗卫星发射使用情况的基础上，研制人员又提出稳定技术状态、提高可靠性的设计原则。1983 年、1984 年，第二颗、第三颗应用型返回式遥感卫星又连续两次发射成功，并全部返回地面，它们获得了大量的遥感照片，电视摄像机也拍摄出清晰的照片，受到了中央领导同志的肯定和使用部门的好评。

1984 年 2 月，航天部召开全国范围内的用户座谈会，出席会议的有 26 个省、市、自治区的代表，与会人员对我国能发射自己的国土资源普查卫星感到高兴，热切期望返回式遥感卫星在为国民经济各部门服务方面能迈出新的步伐。空间技术研究院副院长闵桂荣听到国民经济各部门发出如此迫切的呼声，深感自己肩上责任的重大，决心使返回式遥感卫星为实现我国社会主义建设新时期总任务和宏伟目标作出更大的贡献，为返回式遥感卫星增添新的光彩。会后，闵桂荣安排空间飞行器总体设计部组织科技人员开展有关提高返回式遥感卫星经济效益的课题研究。他们根据国土普查卫星主要用于对国内摄影的这一特点，提出对相机的开机和关机时间采取主动式控制，并决定在国土普查卫星上采用适合可见光和近红外谱段的黑白全色胶片和彩色红外反转胶片，其中，黑白片具有颗粒细、反差适中、分辨率高等优点；彩色红外反转片具有信息量丰富，还可反映近红外信息，适宜目标特性的翻译，有助于进行国土资源调查、环境监测等领域的研究。

1985年，闵桂荣（右）在酒泉卫星发射中心工作现场

1985年12月，闵桂荣被航天工业部正式任命为空间技术研究院院长。1985年10月21～26日、1986年10月6～11日，2颗国土普查卫星相继成功完成了为进行国土调查、规划和系统地提供综合性资料的任务。这2颗卫星共计提供了可使用胶片约3800米。这些胶片经过开展应用研究后，取得了丰硕的成果。以京、津、唐地区为例，利用国土普查卫星照片取得了该地区地质基础和地表形态特征，制作了该地区的影像图片，评价了该地区的水资源状况，调查了该地区的土地利用和森林资源、矿产资源的分布情况，了解了该地区环境要素的变化等状况。

在地质基础和地表形态特征方面，京、津、唐地区地层发育比较完整，岩石种类齐全，地质构造复杂，新构造运动较为强烈，出现了不少活动断裂带，是中国地震活动较为频繁的地区之一，成矿面积 19899 平方千米，占全区总面积的 63.8%。

在制作 1∶50000 的影像图方面，完成了唐山市彩色红外影像地图、秦皇岛影像地图等的地图制作。实践表明，国土普查卫星照片一般可以制作 1∶50000 影像地图，几何位置精度能满足实际需要。在水资源评价方面，对影响制约水资源的形成、运移、贮存及水质条件的特定自然地理—地质单元进行了宏观分类，并结合京、津、唐地区的自然地理特征，提出了合理开发利用水资源的意见；在土地利用调查方面，开展了区域土地资源调查，并编制了土地利用现状图。实践表明，1∶250000 的国土普查卫星照片解译图可用于土地利用现状调查和量算土地面积。在森林资源调查方面，制作 1∶250000 森林植被资源分布图，量算了植被覆盖面积、森林覆盖面积、有林地面积和宜林地面积；在环境要素变化方面，观察到黄河古河道变迁的形迹、古海岸的贝壳堤遗迹、古湖沼的分布以及永定河的历史变迁、潮白河的历史变迁、滦河的历史变迁、平原区湖沼地变迁以及海岸带的历史变迁等情况；在铁路线及隧道施工方面，对这一工程建设起到了一定的指导作用。例如，在从兴隆至蓟县的铁路选线中，就应用了国土普查卫星照片对该地区的构造、岩性、水系等进行综合分析情况，提出了最佳线路方案；在固体矿产资源方面，通过对褶皱的解译，预测到京、津、唐地区的铁矿资源十分丰富，可满足大型钢铁企业对铁矿的需求；在城市区域规划与建设方面，为政府部门宏观决策编制了区域系列图片，为制定城市区域总体规划提供了基础资料。

闵桂荣回忆说：“上述这些应用范围和实例，表明返回式遥感卫星照片在国民经济中有广阔的应用前景。随着卫星拍摄国土范围的扩大，其应用领域将越来越广，用途愈来愈多，经济效益也会日益增大。”

2. 摄影定位 成效显著

第二种返回式遥感卫星为摄影测绘卫星，亦称摄影定位卫星，起飞质量为2100千克，轨道寿命8天，1987～1993年，我国共计发射了5颗该类卫星。

1983年6月，闵桂荣被航天工业部任命为摄影定位卫星总设计师；1984年8月，他又被国防科工委任命为卫星摄影定位工程第一副总设计师。研制摄影定位卫星，这是中国返回式遥感卫星跨越的又一个新台阶，沉重的担子再次落在了闵桂荣和他的同伴们的肩上。

利用卫星进行大地测量的必要性，早在1966年5月闵桂荣参加我国人造卫星规划预备会议上，就已进行了此方面的论证。当时的规划中就设想利用返回式卫星兼顾测地卫星任务。所谓测地卫星，是用于测定地面定位坐标、地球形体及地球引力场参数，属于卫星测地系统的空间部分，可作为地面观测设备的观测目标或定位基准。测地卫星可完成大地测量、地形测定、地图测绘、地球形状测量，以及重力和地磁场测定。卫星测地，在军事、科研和民用方面受到重视，许多国家研制和发射了测地卫星系统。中国空间技术研究院于1971年起对卫星测地任务进行了可行性分析，着手探索在国外不设地面测控站的条件下，如何解决洲际联测的方法。1974年

闵桂荣在酒泉卫星发射中心

5 月，闵桂荣出席七机部与使用部门联合召开的有关摄影定位问题研讨会。会议分析了返回式遥感卫星的定位方案，认为从原理上讲，可以利用星空相机对恒星照相和实测的卫星轨道参数计算出目标点的位置，但返回式遥感卫星定位方案有待飞行试验验证。1978 年返回式遥感卫星发射试验回收成功后，闵桂荣与有关人员参加了使用部门召开的卫星摄影定位任务会议。会议认为，研制摄影定位卫星不仅是必要的，而且是迫切需要的；利用返回式遥感卫星的已有成果，对有关系统进行相应的改动，使之成为摄影定位卫星，在技术途径上是可行的。

1980 年 7 月，闵桂荣接到研制摄影定位卫星任务后，立即组织空间飞行器总体设计部相关研究室人员开展工作。考虑到摄影定位卫星与返回式遥感卫星任务虽有所不同，但其技术上有很多共性之处。为了充分运用返回式遥感卫星已获得的技术成果，摄影定位卫星研制工作基本仍由从事返回式遥感卫星的研制单位和科技人员承担，以使技术队伍的建设具有内在的连续性、继承性、长远性和发展性的良好效果，并能充分吸取已成功的卫星在研制工作中的经验与教训，使摄影定位卫星工程少走弯路，有利于研制任务的顺利完成。

闵桂荣、林华宝在《中国返回式卫星的发展》一文中指出："摄影定位卫星充分继承了返回式遥感卫星的成熟技术，并在此基础上有很大的提高与创新。相对于返回式遥感卫星，摄影定位卫星无论是在卫星平台，还是在有效载荷方面，都上了一个新的台阶。"

摄影定位卫星包括有效载荷在内，由结构、热控制、舱压控制、姿态控制、程序控制、遥控、遥测、跟踪、测量、供配电、天线、返回和有效载荷等组成。卫星上首次采用了星上计算机控制的数字量三轴稳定控制系统，用新研制成功的单自由度液浮测速积分陀螺代替原来比较笨重的经典二自由度陀螺，新增加了数字式大视场太阳敏感器，运用了现代控制理论和卡尔曼滤波等方法，与原来的模拟量三轴稳定控制系统相比，控制精度大幅度提高，可靠性也明显增加，而重量却大大地降低。其控制精度为：俯仰和滚动优于 ±0.7 度，偏航优于 ±1 度。卫星上还开辟了遥控数据传输通道，增加了舱压控制系统等，因此，摄影定位卫星就返回式卫星技术方面，又前进了一大步。

相机系统是一个崭新的系统。在卫星上安装一台用于对地面景物摄影的画幅式大幅面相机，以及一台对星空摄影的星相机。在卫星初样阶段，科研人员攻克了 10 项设计难关、10 项试验难关以及 10 项工艺难关。为了解决这些关键问题，他们日夜奋战在办公室和实验室。在 10 项设计中，最突出的是测量相机高速多旋转快门设计，这是因为在快门控制上要求与星空相机快门实现同步曝光，还要求具有高可靠性。为使设计达到预期要求，科研人员经过反复试验、修改设计，终于达到了预期目的，例如快门经历了 5 次较大的设计修改与试验，又如根据快门的工作性能要求，快门叶片结构形状设计必须具有较小的惯量并能承受 4 万次以上的较大冲击力，原计划采用薄钛片与铝合金铆接而成，但在经过 5000 多次冲击后，薄钛片在铆接处发生了断裂现象，经改进断面结构才解决了此问题。为确保测量相机和星空相机能够同步摄影，科研人员采用了随动拖动控制系统，对其中应用的合成膜电位计做了200万次以上的寿命试验。为消除杂光对星空相机的影响，几家单位的有关研制人员通力合作，进行遮光罩的打开试验以及超黑漆实验。为确保抑制杂光的影响，首次建立了地面模拟试验系统，用以模拟在地面杂光干扰条件下拍摄恒星的效果。星相机设计要求的摄星能力为能拍摄到5等以上的恒星，实际结果是除了7等恒星全部出齐外，还摄取到部分8等恒星，每幅星相机照片摄影总数达到150 ~ 200颗恒星，大大超过了原定设计指标。

为了确保相机工作时的环境条件，热控制分系统在相机部位增设了局部主动式热控，使相机部位的温度保持在设计温度的±1℃偏差范围内。由于有些分系统的发热量也有变动，由此提出要不要以及如何进行初样热控星试验问题。大家对热控星试验的必要性认识并不一致，然而如果不搞初样，一旦正样热控试验不能满足要求，就会拖延整星研制进度，但如果搞初样，相应地就要增加一套卫星初样结构（热控星），需增加经费，还影响正样生产。为此，经卫星总设计师闵桂荣和有关研制人员慎重研究后决定，按正样状态生产卫星结构，在做完热控试验后，仍然做正样使用。这样做的结果，既节省了部分经费，还解决了研制进度问题。

热控星的总装从1985年7月10日开始、9月24日完成。总装过程中共发现了95个问题，例如，在返回舱总装中发现电池经倒置24小时后存在泄漏；在仪器舱总装中发现相机的光度计外罩与测量相机窗口玻璃相碰，以及相机大机架耳板和电池相碰。对于这些问题，研制人员采取有效措施并认真地加以解决。为了检验热控系统设计的正确性，9月24日至11月20日在北京环境试验工程研究所的KM-4热真空设备中，进行了热控星的热真空试验。这次试验采用一次试验、多方收效的办法，使温度控制、压力控制、整星密封、相机窗口结霜、卫星返回前放气等5项试验结合在一起，从而节省了时间、人力、物力以及财力。为确保试验能安全可靠地进行，以及缩短试验周期、节省试验经费，北京环境试验工程研究所参试人员做了大量有效的工作。例如，他们与北京空间飞行器总体设计部的参试人员一起，认真分析了返回式遥感卫星飞行时的温度数据。闵桂荣果断决策，将试验温度调节到返回式遥感卫星运行到第4天的温度，然后进行5天试验，这样就得到了可以反映卫星8天飞行结果的数据。对试验中发现的仪器舱整舱温度水平偏低这一问题，他们通过改变仪器舱高吸热率与低吸热率涂层的面积比，来提高原低吸热率涂层部位吸收的能量等措施。修改热控涂层后的热真空试验表明，这些措施是行之有效的。

在摄影定位卫星初样研制阶段，为了检验测量相机在飞行状态下的照相性能，闵桂荣还安排研制单位进行相机飞行照相试验。1985年12月利用安30飞机对唐山地区进行了照相试验。由于天气寒冷，在进行飞行试验的准备工作中，科研人员发现相机的电器控制盒在气温低于0℃时就不能正常工作，为此，对影响成像质量的镜头和影响开机的电气控制盒，均采用电加热片进行温度控制，使相机温度达到10℃，从而解决了相机因温度过低而不能正常工作的局面。一个问题解决了，又出现了新的问题，相机在开机时，其快门出现了该开时不开、不该开时又误开的情况。经检查发现，其中一部分原因是由于导线虚焊造成的，也有是因为外界干扰产生了快门该开时却不开的现象，这就为改进相机的工作提供了依据。通过测量相机机载照相试验，证明了相机成像质量符合指标要求，但同时也暴露出框标灯亮度不够、网格看不见、记数器不记数等一些有待解决的问题。

为加强管理，缩短研制周期，闵桂荣与有关人员一起研究了相机的研制程序。摄影定位卫星正样阶段和初样阶段研制工作交错进行，大多数系统的初样和正样零部件一批投产，只有少数针对初样试验中发现的问题做了修改，之后便转为正样。从整体来说，由于 1986 年 1 月正式确定了各系统的正样状态，因此正样阶段由此正式开始。在正样阶段将研制检验星，星上各系统为正样状态。检验星基本利用了桌面电性能联试所用的仪器，并且根据联试中出现的问题加以修改，之后各系统仪器经验收后交付总装形成完整的检验星进行电性能综合测试，然后将卫星放在振动台上进行振动试验，再将卫星放在真空罐内进行热真空试验，用以模拟飞行时的振动环境和卫星在轨道上的温度及真空环境。此外，星上仪器还要与运载火箭仪器进行匹配，进行无线电干扰试验，并将星上仪器放在飞机上与地面观测台站的测量控制设备进行星—地对接试验。通过这些试验，用以校验卫星与运载火箭、卫星与地面站之间的协调性。待完成检验与试验后，再进行发射星的总装与电性能综合测试工作，最后赴发射场进行发射试验。

1987 年 5 月 4 日，闵桂荣主持召开摄影定位卫星第一颗发射星综合测试动员大会。会上，他要求抓住质量和安全两大环节，继承和发扬已经取得的经验和成绩，在测试工作中认真执行操作规程，排除干扰，搞好团结与协作，出色地完成任务。自 6 月 23 日起，闵桂荣等组织有关领导及质量管理部门人员，对摄影定位卫星进行质量全面复查，解决了暴露出的所有问题。卫星技术指标满足总体要求，星上仪器间以及卫星与运载火箭间的关系协调，星上各分系统性

闵桂荣（前排左二）参观哈尔滨工业大学

闵桂荣（右二）在振动实验室检查工作

能稳定，产品质量良好，达到出厂标准。7月1日，由空间技术研究院请示、经航天工业部批准，摄影定位卫星第一颗发射星出厂运往发射场。

7月18日，闵桂荣等14位中青年科技专家应邀前往北戴河休养。党和国家领导人邓小平、胡启立、田纪云、李鹏等，在北戴河海滨区接见了包括闵桂荣在内的 14 位全国有突出贡献的中青年科技专家，对我国各科技领域及航天事业取得的成绩给予了充分肯定，希望大家再接再厉，重视人才培养，稳定并扩大科技队伍，依靠自己的力量，培育出具有中国特色的科技人才队伍。闵桂荣回忆道：“1987 年在北戴河，我们受到了邓小平等中央领导同志的亲切接见已过去多年。在以后的岁月中，我又在不同的场合，集体受到他老人家和中央领导同志的多次接见。所有这些活动，都使我深受教育，进而思考了许多问题，特别是有关航天事业发展的一些问题。”闵桂荣在《小平同志说“人造卫星好”》一文中这样写道：

1987年7月，党中央邀请全国科技界各领域14位中青年科技专家偕夫人到北戴河休息两星期，其中也包括我在内。过去，由于工作忙碌，我从未去过旅游疗养胜地休息。在收到中办请柬后，我意识到此非个人之事，而是党中央对我国航天界科技人员的关怀。我与夫人陈爱明同志安排好工作后，决定同往。7月18日，我们和其他专家在北京站上了前往北戴河的列车。王兆国同志上车看望大家并陪同前往目的地。在北戴河，我们被安排住进中办休养所。这期间中央领导人分别接见了14位专家及家属，并共进晚餐，举行座谈会，听取专家对科技工作的建议，当时先后接见我们的党中央及国务院领导有邓小平、赵紫阳、万里、杨尚昆、李鹏、胡启立、王震、田纪云、方毅、薄一波、张爱萍、宋健等同志。7月24日上午，邓小平同志接见14位专家及家属。当邓小平同志出现在大家眼前时，大家热烈鼓掌欢迎。80多岁的小平同志身体十分健康，走路步履稳健，说话声音宏亮，思维敏捷。小平同志与我们一一亲切握手，大家祝小平同志健康长寿。当时国防科工委丁衡高主任介绍我是研制人造卫星的专家时，小平同志听了显得很高兴，并说：“人造卫星，好！好！”这简练的语言，表达了小平同志对我国发展航天事业，研制和发射人造卫星的高度赞扬和极大关怀。随后，他与我亲切握手并合影留念。当一一介绍之后，小平同志在大家热烈的掌声中作了重要讲话。他高度评价了科技界的成就，他说："对你们在各自领域中作出的卓越贡献，国家感谢你们，党感谢你们，人民感谢你们。对今天不在场的许许多多在科学技术领域里作出重要贡献的人，国家感谢他们，党感谢他们，人民感谢他们。"小平同志的指示，极大地鼓舞了全国科技人员，增强了他们为国家社会主义现代化建设而努力工作的信心。

由于1987年我们有2颗返回式卫星的发射任务，我只好提前一周离开北戴河赶往酒泉卫星发射中心。在离开时，中共中央办公厅温家宝同志热情地到北戴河火车站送行。

回顾历史，由中共中央邀请我国科技界专家代表偕爱人到北戴河休息，在建国以来尚属首次。这说明党中央对广大知识分子、科技工作者的高度重视与关怀。我本人直接参加了这次光荣的活动。但是，光荣应属于全体航天科技人员，属于全国科技界。回京后，我向部里递交了受邓小平等中央领导同志接见情况的书面报告。到发射基地后，我向全体参试人员传达了在北戴河中央领导同志讲话及座谈会等活动情况，大家都深受鼓舞，并以实际行动完成了2颗卫星发射、运行及回收任务。

1987年7月下旬，赵紫阳总理在酒泉卫星发射中心接见参加返回式遥感卫星、摄影定位卫星发射试验的全体参试人员。8月5日，返回式遥感卫星发

1988年2月，闵桂荣（前排左）、戚发轫（二排左一）等陪同丁衡高（前排右）参观529厂

射成功，该星除完成预定任务外，还承担了包括法国马特拉公司搭载在内的微重力试验任务，在轨运行 5 天后顺利回收。

1987 年 9 月 9 日酒泉卫星发射中心，第一颗摄影定位卫星由长征二号丙运载火箭成功地送入轨道。卫星完成了高精度定位任务，还进行了多项微重力试验。卫星在轨道运行 8 天后，于 9 月 17 日按预定计划在四川省遂宁市成功回收。国务院、中央军委发来贺电，表示祝贺。12 月 7 日，闵桂荣主持摄影定位卫星首次飞行试验技术总结，卫星准确入轨，正常运行，并安全准确地返回。地物相机获得了图像清晰、分辨率高、照度均匀的优质照片。每一幅卫星照片所覆盖的面积是航空摄影的 140 倍。卫星照片广泛应用于铁路和公路勘测，研究测量冰雪覆盖和沙丘移动，江河入海口三角洲动态演变，土地、森林、草场、湖泊调查以及地质、资源勘测等领域。摄影定位卫星的研制成功，为我国提供了高效现代化的测绘手段。

3. 一星多用　多方受益

世界航天技术发展日新月异，空间资源开发市场竞争日益加剧。1969 年，苏联联盟6号飞船进入宇宙空间，首次完成空间焊接和合金熔化、结晶实验，揭开了空间材料加工的序幕。许多国家先后利用卫星、载人飞船、航天飞机、空间实验室、空间站进行微重力下的资源开发与应用实践，获得了可喜成果。在微重力环境下观察到的物理现象，许多采用现有的理论不能充分地加以解释，所制造的半导体材料、金属合金、光学材料、生物制品以及药物等，比在地面上生产的性能好，而且有许多产品在地面上无法制取。

1984年我国通信卫星发射成功，返回式卫星也已按期返回，但直到1986年，我国利用航天器进行空间微重力科学研究方面仍处于空白，与先进国家的差距越来越大。面对开发空间资源的竞争，倘若一个国家高技术不发展、不强盛，就没有现代的国际地位，我们在参加一些国家空间微重力学术会议上，只能听，没有发言权，更谈不上平等合作。

1986年，在国家发展高技术方针的指引下，中国空间技术研究院在闵桂荣的领导下安排了一批院管预研课题，开展载人航天空间科学技术探索研究。中国返回式卫星在完成各项主任务的同时，还以搭载形式进行了一系列空间技术和空间科学实验，达到了一星多用、一次发射、多方受益的目的。

鉴于联邦德国在太空进行过半导体材料单晶生长研究，取得了一定的研究成果，根据中国与联邦德国科学技术合作协议，1986年6月，中国科学院院士林兰英在北京会见来访的联邦德国科技当局的主管时，建议中、西德两国科学家共同合作开展在太空生长砷化镓单晶研究。西德官员听了这一建议后非常高兴，当即表示希望合作愉快。建议受到了联邦德国方面的重视。8月，联邦德国方面来函，邀请林兰英、达道安、郑立中参加国际空间科学讨论会，同时推荐缪勒教授与林兰英院士具体讨论研究空间材料合作事宜。不料，缪勒教授与联邦德国科技当局主管的态度却大相径庭，他完全没有合作的诚意。缪勒完成了一次空间生长锑化镓单晶实验，此后在此方面再未进行过什么工作，而且在砷化镓材料的地面研究工作方面也缺乏经验。虽然我国在空间生长砷化镓单晶方面尚未开展研究，但在砷化镓单晶材料的地面研究工作却有着较为丰富的实践经验。在此情况下，双方理应坐下来诚心诚意地讨论空间生长砷化镓单晶合作的工作想法，缪勒却说："我们对合作对象的要求是很高的，你们在空间材料方面做过哪些工作、发表过多少这方面的论文，请将这些材料拿来，我们必须在了解之后，才能考虑是否合作的问题，因为我们知道中国在此领域的地位……"

在探讨中、西德空间科学合作时，对方的态度亦十分傲慢，认为桌子与板凳不一般齐，很难平等合作。对方这个态度，只能激发起我们的民族自尊心与自强精神，只有下决心以我为主、开拓创新、迎头赶上，尽快缩小与发达国家的差距，才是唯一的选择。林兰英院士在想如何利用我国现有的返回式卫星进行空间材料科学开拓问题。她下定决心，一定要从事这一研究工作，自力更生地发展我国的空间材料科学，为祖国争气，为民族争光。她发誓："一定要干出个样子来，让西方人看一看。"在回国的飞机上，她与同行的另一成员、兰州物理研究所所长达道安商量后，开始有了利用中国返回式卫星在微重力下生长砷化镓单晶的构想。回国后，林兰英的倡议立即得到了多方面的响应。国家科委、中国科学院和航天工业部都非常支持这位半导体材料专家的想法。空间技术研究院院长闵桂荣听了林兰英在联邦德国的感受，颇有同感，两人一拍即合。闵桂荣激动地对林兰英说："我与总设计师王希季商定，我们一起用自己的返回式卫星来做，不分你我，只要为国家争得荣誉！"

随后，闵桂荣组织有关单位研究分工合作事宜，承担起了这一在中国乃至世界科技史上都具有重要意义的项目。空间技术研究院兰州物理研究所依据卫星所能给予的有限空间，设计、制造出一只重量为 11 千克的单晶生长炉，并提供该实验中所需的其他技术支持；中国科学院半导体研究所负责设计具体的单晶生长方案。这是一项必须慎之又慎、缜密无误的设计。该项目获准在卫星上使用的时间只有90分钟，供电也只有120瓦，而熔点达到1238℃的砷化镓，至少要加温至1250℃，并且既要小巧，又要保温，还不能让炉体的外壳温度超过40℃，这对炉子的制造水平，提出了相当苛刻的要求。

在国家跟踪世界高技术发展重大决策的指引下，闵桂荣又策划组织利用摄影定位卫星搭载，从事开展微重力科学实验。调研过程中，得到了各单位专家的拥护与支持，纷纷提出空间材料实验、空间微生物生长研究、空间环境对植物种子遗传变异的影响等200多个项目的建议。按照卫星总体任务安排，只能进行搭载实验，对体积、重量、功耗及进度的安排都有严格限制。倘若按照返回式卫星主任务发射计划安排，就要在1987年8、9月连续发射2颗卫星，参试项目必须在6月送交总装厂装配。时间相当紧迫，算起来只有7个月，需要解决项目确定，空间加工炉设计、试验，落实科研经费等一系列问题。许多专家表示，无论遇到什么样的问题都好商量，但一定要齐心协力赶上搭载这两趟班车，必须实现中国空间微重力实验零的突破。

根据国外发展趋势，再结合我国返回式卫星状况，首次卫星搭载究竟应选择什么材料类型来做实验呢？砷化镓半导体材料是空间加工晶体材料中最具发展前途的项目之一，在实验室的研究中已有一定基础，某些项目已达世界先进水平，但有些性能改善还有待继续进行。综合各种因素，闵桂荣最后确定了首次搭载项目以砷化镓单晶生长为主，兼顾碲镉汞、锑化铟和其他金属材料。

在 1987 年 8 月 5 日、9 月 9 日发射的两颗返回式卫星上，共有 80 项微重力搭载项目，其中包括法国马特拉公司的藻类培植和微加速度测量两项，国内材料加工半导体砷化镓单晶生长等 10 项，其他还有植物种子、微生物、昆虫等 68 项。所有的搭载项目，经过 6 天、8 天的空间飞行，全部完好无损地返回地面。许多科学家的项目都是第一次参加卫星搭载实验，深知从天外归来的实验样品的价值，他们积极而认真地在实验室内进行分析、测试，在温室内浇灌每一粒种子，使其发芽、成长。实验获得了许多重要结果，也验证了不少具有特色的科学思想。经过搭载的石刁柏种子，拿到实验室和田间种植，其种子萌发速度均加快，发芽率也都提高，耐盐性与药用性能也有所改善。1987 年 8 ~ 10 月，林兰英院士亲自组织力量对空间生长砷化镓单晶进行分析研究，并制定了详细的研究方案。研究表明，空间生长砷化镓单晶的掺杂均匀性好，深能级大大地减少，这说明空间生长砷化镓的化学配比更加精确。国际同行认为这些结果充分说明了空间生长砷化镓的优越性，从而促使他们下决心开展对此方面的研究，中国也因此赢得了国际同行的尊敬。美国国家航空航天局（NASA）著名微重力专家李杰信博士高度赞扬说：“这是以中国人民勤劳节俭的精神创造出的杰出科学成果。”

为推进我国空间微重力科学向前发展，1987 年 11 月 11 ~ 14 日，中国首届微重力科学及空间实验学术讨论会在北京召开，出席会议的有朱光亚、孙家栋、杨嘉墀、王希季、屠善澄、张履谦、林兰英、闵桂荣、达道安、陈信、于庆田、王和忠、林华宝、孔祥才等 100 多位科学家与学者。大会期间，林兰英作了《在微重力下从熔体中生长砷化镓单晶及共性研究的总结》报告，达道安、姜万顺、张彦伟作了《钇钡铜氧化物超导体在微重力条件下的热处理试验研究》《微重力下锌－铅合金的加工和研究》《空间微重力条件下低于临界温度的铅－铝和铅合金的行为研究》报告，刘存德作了《空间环境对干种子的生物效应》报告，蒋兴村作了《空间条件下植物种子的变异》报告，阮继生作了《微生物搭载返回式卫星试验的初报》，熊延岭提供了《空间材料加工的发展及其分析》《空间生命科学实验系统工程》研究报告。会上总结交流了我国近年来通过国际交流合作，以及首次利用我国返回式卫星，开展微重力科学及空间实验等工作成果，并对今后工作提出了意见与建议。

会议期间，闵桂荣参加了会议领导小组活动，并在大会上作了报告，他指出：“我国返回式卫星的研制成功，为我国国土普查及测绘工作的现代化作

1987年，闵桂荣（右）、林兰英（中）出席中国首届微重力科学及空间实验学术讨论会

出了积极的贡献。利用返回式卫星的飞行机会，以搭载的方式进行各种空间科学实验，同样取得了很好的成绩。当前世界上只有少数几个国家具有发射返回式卫星的能力，中国是其中的一个。返回式卫星的研制成功，是广大科技人员在上级主管部门的领导与支持下，在众多协作单位的大力协同下，经多年艰苦劳动的结果，已成为我国空间技术的主要优势项目之一。今后除了在我国国防建设、国土普查等领域发挥作用之外，还可以进行空间微重力科学研究，包括新材料、药物的制备以及农业上的空间育种等。”

1987 年 12 月，中国与联邦德国开展有关空间科学合作会议在北京召开。会上，我国代表出示的一份份实验报告、一张张图片，许多成果为世界首创。返回式卫星搭载实验，受到联邦德国专家的称赞，他们主动提出与中国进行空间科学合作。1988 年 8 月 5 日，第二颗摄影定位卫星发射成功，卫星在轨经过 8 天共运行 128 圈后，于 8 月 13 日顺利返回地面。地物相机与恒星相机拍摄情况良好，为联邦德国 MBB 公司搭载的微重力实验项目获得了成功。

1990 年 10 月，搭载两只小白鼠和其他生物的返回式卫星升上太空，开始了中国首次携带高等动物的空间轨道飞行实验，其目的是考核中国航天医学工

1988年12月，闵桂荣在波恩卫星专家国际会议上作报告

程研究所研制的搭载舱，特别是生命保障系统的可靠性，亦为实现我国载人航天探索积累宝贵的经验。同时，也研究太空环境对生物的影响，为我国载人航天因恶劣太空环境对航天员身体的影响，摸索出一条切实可行的道路。经过对搭载返回后的动物进行研究，证明了我国科学家设计的空间生命保障系统经受住了考验，试验获得了圆满成功，从而为我国载人航天器生命保障系统设计以及长期载人太空飞行获得了许多宝贵的数据。1996 年 10 月，在我国发射的第 17 颗返回式卫星上，科学家搭载了一个多功能生物实验舱，舱内设计了许多小盒子，其中一个小盒子内放置了一只小乌龟，用以进行心肌观察实验和失重状态下的病理反应实验。经过 15 天的太空飞行返回地面后，科学家对小乌龟进行解剖，获得了一些宝贵的空间效应结果。此次太空生物实验的另一个项目是将老鼠送入太空，用以进行神经细胞元生长发育实验并获得成功。这些实验活动，为进一步了解太空环境，实施中国载人航天工程铺平了道路。闵桂荣、林华宝在《中国返回式卫星的发展》一文中写道："我国的返回式卫星在完成各项主要任务的同时，还以搭载的形式进行了一系列空间技术和空间科学实验，达到了一星多用、一次发射多方受益的目的。 在 1975 年至 1986 年期间，只进行了少量的搭载实验。从 1987 年起，逐步有计划、有组织地开展搭载服务，从而有效地开拓了我国空间微重力科学领域。搭载质量从最初的数千克逐渐增加，到 1996 年的一次飞行总搭载质量已达到 264.9 千克（不含遥测、遥控等服务系统质量），相当于发射了一颗不太小的科学技术试验卫星，已进行的搭载实验项目达 1165 项，提出实验项目的单位涉及 26 个省、市、自治区的 135 个科研单位。按照搭载装置所需能源情况，将其分为有源和无源搭载两类。有源搭载项目要求星上电源供应，多数情况应有遥测、遥控等服务系统的支持。无源系统搭载则是被动式，是较为细小的实验装置，无需能源供应，例如植物种子，一般将它装在试管内并以捆扎形式，以便于见缝插针地固定在返回舱内。”

闵桂荣

闵桂荣院士传记

Academician Min Guirong's Biography

第五章

以天为本　多星并举

闵桂荣在担任院长期间，领导完成了广播通信、返回遥感、气象、资源等4种12颗应用卫星的研制工作，安排了“新四星”的预研攻关，开拓了新局面。

1. 通信广播 效益显著

20 世纪 80 年代，随着国民经济的结构调整，国家逐年缩减指令性的研制任务。闵桂荣上任院长之时，科研经费不足的矛盾日渐突出。同时出于保密原因，航天技术在当时还鲜为人知，社会大众对航天产品研发经费投入较多存在不少误解，即使在空间技术研究院内，也存在众说纷纭的情况，部分干部、职工认为搞航天产品风险太大，还不如搞民品来得实惠。

议论众生，人心浮动。很显然，我国空间技术还要不要继续向前发展，空间技术研究院还要不要花主要精力研制卫星，已逐渐成为矛盾的焦点之一。闵桂荣强烈地意识到，倘若这个问题不解决，空间技术研究院的所有工作都无从谈起。因此，他要求全院职工，特别是干部和技术骨干，统一思想，统一认识。他在几乎所有会议、各种场合上不厌其烦地宣传我国航天事业的巨大成就，宣传发展航天事业对整个民族的紧迫性。闵桂荣提出："航天技术是带头学科，国民经济发展需要它，国防建设需要它，它关系到我国的国际地位和民族的长远利益。经费再少，利润再小，困难再大，我们也要花主要精力搞航天科技，这是空间技术研究院的立院之'本'，失去了这个'本'，空间技术研究院就失去了存在的意义！”

1986 年 1 月，空间技术研究院召开工作会议，传达贯彻部工作会议精神，总结 1985 年工作，安排 1986 年工作与任务。会上，闵桂荣指出：“我国的空间技术和发达国家相比有不少差距，我们稍有懈怠，差距就会加大，要想赶上就更加困难了，这种愧对子孙的事，我们绝对不能干！”“我国空间事业十多年的成就有目共睹，我们不能因为有人说三道四就底气不足，也不能因经费一时紧张就打退堂鼓！”会议研究了《空间技术研究院“七五”计划纲要和后十年研制型号设想》，提出了规划目标是“七五”计划期间开展 4 个卫星系列（返回遥感、广播通信、气象、资源）12 颗卫星型号的研制，发射 10 颗卫星；后十年开展风云一号甲、资源二号、导航定位、数据中继卫星与空间站的预研与研制。会议结束时，闵桂荣再次强调：“空间技术已从试验阶段转入应用阶段，如何运用国家的有限投资，创造较高的经济效益和社会效益，加快空间技术的发展速度，需要找一条新途径。要服从大局，一手抓当前，一手抓后劲。抓当前就是要全力确保‘东方红二号’实用通信卫星发射成功，还要将 1986 年任务完成好；抓后劲，就是要加强预研工作，搞好技术改造，重视基础工作，要尽快地着手研究内部运行机制的改革方案。”

闵桂荣在《我国空间技术的成就、特点和未来》一文中指出：“在空间技术发展过程中，由于我国处于社会主义初级阶段，国家经济力量有限，在空间技术方面不可能有很大投资。在有限的资金条件下，紧紧围绕经济建设这个中心，有选择、有重点地发展了与国防建设和经济建设紧密相关的应用卫星，它包括三个基本类型：近地轨道返回式卫星、静止轨道通信广播卫星以及极地轨道遥感卫星。实践证明，这是符合我国国情和国力的。而这些应用卫星有着巨大的经济与社会效益。而目前国际上同时能够具有这三种类型卫星的国家只有美国、苏联和中国。”

20世纪70年代中期，我国开始向高轨道进军——研制地球静止轨道通信卫星。1984年4月8日，我国首次成功发射了东方红二号试验通信卫星，准确定点在东经125度赤道上空，完成了各种通信试验。这是我国空间技术的重大突破，标志着我国成为世界上第五个能够独立研制和发射地球静止轨道卫星的国家。

受当时科技水平等诸多因素的制约，东方红二号通信卫星上只安装了两台通信转发器。在确定“东方红二号”总体技术方案时，由于当时的政治环境，因而采用了喇叭形的全球波束天线。该天线波束覆盖范围大，而国内覆盖区的天线增益相对要小，研制“东方红二号”时，时任总体部主任的闵桂荣意识到，必须充分挖掘该卫星的潜能，以提高其总体性能，才能满足通信要求。根据国内用户的需求，以及受租星的影响，对改进型“东方红二号甲”国内波束通信卫星是否安排，认识尚未统一。为了不失时机，经闵桂荣等人的研究，建议将其列入院管型号预研，以便重点开展三项预研任务，即：总体方案、国内波束天线及转发器。在总体方案预研阶段，对改进型“东方红二号甲”方案，考虑到设计中应遵循的原则：充分挖掘“东方红二号”的潜力，提高卫星通信能力，延长卫星工作寿命；进一步提高整星可靠性，使卫星满足实用要求；尽量保持“东

闵桂荣（中）、李祖洪（右）等在西安

方红二号”的技术状态，改动的部分要经过充分论证，同时辅以必要的试验。这些原则后来成为卫星公用平台设计思想的基础。

经过两年的预先研究和协作攻关，在经费不足的情况下，科研人员完成了国内波束通信卫星总体方案可行性论证，特别是国内波束天线和微波一次变频四路转发器的研制成功，使“东方红二号甲”于1985年1月顺利地转入型号研制阶段。此时，“331工程”是打2备3，即投产3枚长征三号运载火箭和3颗东方红二号通信卫星，并要求一次性发射成功。第二颗“东方红二号”定点并投入试用后，还剩下1枚“长征三号”和1颗“东方红二号”。工程总师任新民及空间技术研究院开始考虑第三颗“东方红二号”的用场。闵桂荣等领导组织有关部门进行了技术经济可行性论证。之后经领导批准，决定对第三颗“东方红二号”进行修改设计，即：将全球波束的喇叭天线改成国内波束的抛物面天线，用以提高等效全向辐射功率；将星上的两台通信转发器改为4台，以便增加通信容量。为配合这两项修改，还要进行一些适应性与完善性方面的修改，比如，提高太阳能电池阵效率，从而提高供电能力；提高卫星姿态控制精度和定点精度，以减小服务区内辐射功率的损失；改变远地点固体发动机结构，从而加大推进剂的储量；遥测分系统增加备份设备；二次电源减轻负荷等。与此同时，还要针对第二颗“东方红二号”定点、在轨测试以及运行过程中暴露出的问题，进行一些有针对性和完善性的改进，如解决镉镍电池热失控问题、解决电磁兼容方面所暴露的问题。总而言之，改进的工作量还是比较大的，也有一定的技术难度。1986 年年初，在空间技术研究院召开工作会议期间，闵桂荣再次强调，总师系统、各有关部门要齐心协力，严格把关，提高卫星的质量与可靠性，确保任务完成，从而实现空间技术研究院“七五”计划开门红。

经改进设计的通信卫星，被正式命名为东方红二号甲实用通信广播卫星。1986 年 2 月 1 日，长征三号运载火箭准确地将东方红二号甲卫星送入大椭圆转移轨道。2 月 20 日，卫星准确定点于东经 103 度赤道上空，星上仪器设备工作正常，通信、广播和电视传输质量良好。中共中央、国务院、中央军委电贺卫星定点成功，指出这标志着我国已全面掌握运载火箭研制、发射和测控技术，航天技术和电子技术均取得了新的进展，卫星通信也由试验阶段进入实用阶段。

1985 年，中央电视台通过东方红二号卫星向各地面站传送电视节目。1986 年，“东方红二号甲”

20世纪80年代，闵桂荣在西昌卫星发射中心运载火箭总装厂指导工作

发射成功后，国务院批准新疆维吾尔自治区的电视节目，通过卫星向全自治区转发，从此解决了这一地广人稀边远省份电视节目传送难的问题。

1988年4月，有关部门按照在轨测试要求，对“东方红二号甲”进行了各项测试，测试结果均符合任务书要求。在轨测试后，又组织了5个地区（北京、上海、西安、重庆和遵义）中的9个单位、19个电视单收站，进行电视传输试验，同时对定点在东经66度的外星进行测试，并与我国“东方红二号甲”进行比较。经测验、分析，确认“东方红二号甲”电视传输性能优于外星。

为促进我国卫星应用工作的发展，闵桂荣重视安排开展卫星经济效益分析研究项目。经在轨测试和运行使用检验，证明“东方红二号甲”的技术性能指标，已经达到并超过了设计要求，在轨寿命超过了5年。先后成功投入运行使用的4颗卫星，广泛地用于电视、广播、长途电话、远程教育、金融、电力、水利、新闻出版等部门，承担着中央电视台一、二套节目和30路对外广播节目，以及8000多部卫星电话的传输业务。由于这4颗卫星的发射和使用，使我国电视人口覆盖率由原来的30%增加到约84%，基本改变了西藏、新疆、青海、四川、云南、贵州等边远地区及边防收视难、通信难的状况。

实用通信广播卫星为全国500多个大中城市开通了长途电话自动拨号业务；军用通信通过卫星开通了北京至拉萨、乌鲁木齐、昆明三个方向的数字电话；利用“东方红二号甲”向各地传送报纸整版版面，实现了全球数据通信和计算机通信；水利、电力、石油、煤炭、地震、交通运输、银行、新闻等中央部门连续建成一批通信专用网，极大地提高了工作效率，促进了相关行业的发展，其中，中国人民银行建立的金融卫星通信网，每日划汇和结转的资金就达20亿美元以上，缩短了资金在线时间，这些都为国民经济建设、国防建设、社会发展和科技进步作出了显著贡献，取得了巨大的社会效益和经济效益。

1990年4月24日，闵桂荣主持召开了我国应用卫星经济效益研讨会。会上，杨嘉墀、杨照德分析了通信卫星的经济效益：“东方红二号甲”3颗通信卫星共有12台转发器已全部投入使用。而租用国际通信卫星1台转发器，每年需要支付150万美元，若按5年计算，12台转发器则需9000万美元，折合人民币为4.68亿元。按照国外有些咨询公司的估算，国际通信卫星公司收入与其远程电信部门创收益之比为1∶16。由于我国卫星用于国内通信，距离较短，该收益可按1∶5估算，则该项收益为23.4亿元人民币。

1989年7月23日，闵桂荣（中）在中国科技大学

随着应用卫星的投入运营，我国邮电、广播、电报、电视、农林、国土资源、文化教育等部门，通过试用国内实用通信广播卫星，对应用卫星可以加快本部门现代化进程、提高工作效率增强了信心，对我国卫星的发展表现出极大的热情与支持，并提出了更多、更高的需求。中国以较短的时间研制出具有竞争力的通信卫星，不仅占领了国内通信卫星市场，而且打入了国际通信卫星市场。

2. 应用卫星　科学管理

自 1986 年以来，深化改革的形势和国家决定对空间技术的发展采取适度加大支持力度的政策，为空间技术研究院的发展提供了有利的时机。与此同时，如何尽快地满足各部门对应用卫星的迫切需求，如何占领和保持卫星市场的正常运营，日益成为闵桂荣所虑所思和必须解决的重大课题。

闵桂荣认为，应用卫星系统是我国航天的主要发展方向。我国是发展中国家，资金有限，应让这些投资相对集中于国家急需的实用航天系统。首先应努力完成国家下达的多种实用卫星计划，其中包括大容量的通信广播卫星、不同类型的气象卫星、多用途的地球资源卫星，以及其他卫星系统。这些实用卫星系统的广泛应用，直接为国民经济各有关部门的迅速发展作出了重大贡献，与此同时，也可为国际提供各种服务。实践证明，卫星系统研制周期长、投资大，在完成既定专用任务后，若再推广应用于其他更多领域，可以起到事半功倍的作用，例如，静止通信卫星经改造、推广，可应用于铁路列车的调度系统，气象卫星可推广用作数据采集平台，返回式卫星可用于微重力实验平台，都非常有前途。

根据国防和国民经济发展的不同时期，中国航天从需要与可能出发，按照有所为、有所不为，有所取、有所舍，集中力量，突出重点的原则，及时制定了各个阶段的发展战略。1957 年苏联第一颗人造卫星上天后，毛主席及时发出了

"我们也要搞人造卫星"的号召。从此，中国航天的卫星事业有了突飞猛进的发展。自1970年4月东方红一号卫星上天，到1986年10月返回式遥感卫星成功地返回地面，我国共计发射成功17颗卫星，其中用长征二号运载火箭连续8次成功地发射返回式遥感卫星，并成功回收。改革开放时期，我国政府对外宣布"长征"系列运载火箭投放国际市场，将承揽国际商业发射服务。1986年3月31日，国务院在批转航天工业部《关于加速发展航天技术报告》中指出：航天技术是我国跻身于世界先进行列的综合技术之一，已具有比较雄厚的基础，现正处在发

闵桂荣与返回式遥感卫星

展的关键时期。为加快高技术、尖端技术的发展，更好地为“四化”建设服务，国务院决定在“七五”计划期间给予必要的支持，并原则上同意研制长征三号甲运载火箭和东方红三号、风云二号、资源一号卫星，以及开展载人航天技术的论证工作。

1986 年 6 月 9 日，空间技术研究院召开预研工作会，闵桂荣主持会议，王希季、杨嘉墀、屠善澄以及各厂、所有关领导等出席了会议。会上，预研处汇报了空间技术研究院“六五”期间预研工作的情况总结，同时作了《打基础、攻关键，开创空间技术新局面》的报告。根据空间技术十年发展规划设想，空间技术研究院在国防科工委、部党组的直接领导下，从 1981 年至 1985 年加强了空间技术预先研究工作，先后安排了“六星一箭”型号预研。此外，平均每年还安排部管单项预研课题 10 项、院管单项预研课题 30 项、所管单项预研课题 50 项。经过几年的努力，3 项型号预研任务完成。其中，长征一号丙运载火箭完成了关键技术攻关及总体方案可行性论证，于 1983 年 12 月结束了预研阶段研制；东方红二号甲卫星完成了总体方案可行性论证，特别是国内波束天线和微波一次变频四路转发器的研制成功，使“东方红二号甲”于 1985 年 1 月顺利转入型号研制阶段。实践三号科学实验卫星完成了 CCD 相机多种型号研制，并于 1982 ~ 1984 年在返回式遥感卫星上进行了 4 次搭载试验，并取得了成功，于 1984 年年底结束了型号预研阶段。单项预研课题的研制周期一般为 3 ~ 4 年，因此，“六五”计划后期是单项课题见效的“黄金”时期。经过鉴定，评审出单项预研课题，1984 年 33 项、1985 年 22 项。“六五”期间，预先研究每年投入的经费约占部下达科研经费的 15% ~ 25%，预研经济效益显著，大部分研究成果均投入型号研制，促进了应用卫星技术的发展。尤其是一些先进技术，促使了民品新产品的开发，从而扩大了市场。此外，部分理论研究报告在国内外学术会议上进行交流，获得了好评。预研管理方面，在总结经验的基础上，制定了

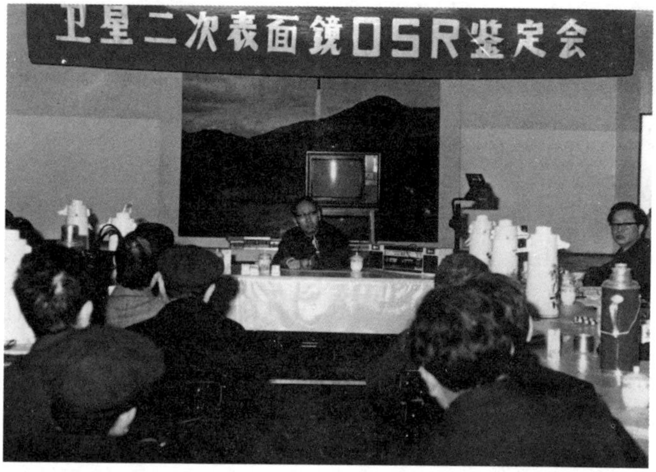

1989年4月，闵桂荣（报告者）在五院卫星二次表面镜 OSR 鉴定会上

预研工作管理条例，严格按照程序办事，即进行立题、审查、成果鉴定、资料归档等系列工作。坚持应用卫星在预研阶段，完成总体方案的可行性论证，以及关键技术攻关完毕后，才能转入卫星型号研制阶段，从而缩短了卫星研制周期，提高了质量与可靠性。此外，在课题的安排上，按照系统工程管理模式以及轻重缓急，逐步安排课题，做到有条不紊，并注意重大关键技术的配套，使力量相对集中，从而减少了不必要的重复，有助于向通用化、系列化、标准化的方向发展。此外，还进行了技术经济效益分析，严格执行专款专用的原则，促使经济效益得到明显的提高。

根据国家“七五”规划及航天工业部的规划安排，闵桂荣深感空间技术研究院在此期间所面临的预研任务相当繁重，因此，必须继续加强预研工作，开发新的技术领域，打好坚实基础，不断提高卫星实用型的研制水平，从而提高竞争能力，使我国的卫星产品和技术逐步地进入国际市场。闵桂荣提出，要抓好预研技术队伍的组织工作，保持一定的技术骨干力量从事预先研究工作；要抓好预研项目的选择和可行性论证工作，要保证预研经费的落实和研制条件，更要抓好卫星总体方案研究，重点是抓好卫星公用平台技术、三轴稳定技术、大功率帆板对日定向技术以及遥感相机系统。

会议结束时，闵桂荣特别指出，“七五”期间要抓好各类卫星公用技术和公用分系统预研，以便提高分系统水平，缩短卫星研制周期，提高研制效率。还要在国家的统一安排下，抓好空间站及运输系统的高技术研究，为 2000 年奋斗目标打好基础。

在空间技术发展过程中，预先研究是创新、再创新的一种任务，因此，其管理方法的特点亦不同于型号工程及学科研究的管理方式，也不同于单纯的计划、技术管理，而是应按照系统工程的方法，进行单项课题管理，像型号一样，应加强预研工作的调度，并按照学科的管理方式立题论证，技术上严格要求。只有做到加强技术管理、计划管理，并进行综合平衡，才能确保预研任务的完成。随着应用卫星的发展，提出了更多的预研新课题，其工作量翻了几番，然而预研管理力量却极不相适应，很多单位无人专管，厂、所领导的分工也不明确，没有专人负责管理预研任务的技术、计划协调工作。会后，闵桂荣与有关领导研究后，决定采取几个方面的措施：其一，涉及预研工作重大问题、系列发展、型号预研的方向任务、分工定点等，由院长主持办公会议研究解决，并指定一位副院长协助负责预研任务的技术协调工作，另一位副院长协助预研任务的计划与调度工作。其二，对涉及型号预研、系列发展问题，由主管总师主持，会同有关副院长进行研究，统一步调，协调出现的问题。其三，充实基层的预研管理队伍，加强部、所、厂的领导力量，各单位都有负责预研工作的领导同志，重点型号预研也有领导分工专管。其四，院预研处统一管理全院的型号预研及单项预研的技术、经费、计划以及调度工作，并参与型号规划工作；负责研究院预先研究立题论证、方案论证、研究试验、成果鉴定等工作。空间技术研究院通过颁布一系列管理条例和管理办法，使预先研究管理向科学化方向发展，使预研与型号研制紧密衔接，大大促进了型号研制进程。闵桂荣在预先研究管理方面不断创新，开拓新领域，培养科技人才，促进了空间技术的持续发展。

“七五”计划期间，经闵桂荣审定，空间技术研究院除安排东方红三号通信广播卫星、资源一号卫星、风云二号气象卫星、返回式第二代国土普查卫星为背景的预先研究项目外，还安排了几十项重点单项预研课题。这些课题在技术上代表了20世纪80年代初期的国际水平。

东方红三号卫星方案比较复杂，技术难度较大，要解决的关键技术难度亦较大，需解决的关键技术共有47项，且要求在短时间内取得突破。闵桂荣根据国务院电子振兴办、国防科工委关于东方红三号卫星要“以我为主、自行研制与国际技术合作道路”的指示精神，亦使研究院在原有的预研基础上，加速了东方红三号卫星总体方案论证以及单项技术攻关，确定了15项关键技术采取与国外合作或引进方式解决，并着手对国内攻关项目拟定了初步研制方案及解决重大技术关键的途径。

1986 年 5 月 20 日，航天工业部要求空间技术研究院尽快完成东方红三号卫星总体和分系统的可行性论证报告。为了加强领导，8 月，组成了以闵桂荣为行政总指挥、戚发轫为总设计师的“两条指挥线”系统。随着国家改革开放形势的发展，东方红三号卫星与以往卫星任务的经费来源不同，该星研制采用合同制。卫星用户总代表为中国广播卫星公司（以下简称卫星公司），研制经费由卫星公司向国家贷款，卫星公司向空间技术研究院提出研制要求，并签订合同。闵桂荣思索，不仅要考虑科学技术问题，还涉及国内外的经济及国际合作等问题。他感到应抓住有利时机，迎接新挑战，无论从生产调度、总指挥，还是从总设计师的角度讲，老的那一套虽说是好的，但也不能照搬，时代不同了，有许多新的内容要学习，否则，新时代的任务是完成不好的。

1986 年 11 月，卫星公司提出了东方红三号卫星的技术要求，经与空间技术研究院多次讨论修改，形成了正式文件，其中包括东方红三号卫星是国内卫星，每颗卫星有 24 个 C 频段转发器（6 个中功率转发器主要用于传输电视信号，18 个低功率转发器主要用来传输电话、电报、传真、数据等信号）；发射两颗卫星，第一颗卫星定点于东经 125 度（正负 10 度范围内）；卫星采用三轴姿态稳定，具有一次改变卫星轨道位置的能力，其工作寿命不低于 8 年，卫星 8 年末的可靠性大于 0.65。

1986 年年底，闵桂荣、戚发轫主持召开了东方红三号卫星方案讨论会。与会专家认为卫星总体方案可行，方案基础比较扎实，满足了卫星公司提出的技术要求。卫星的技术方案达到 20 世纪 80 年代初期国际先进水平。它的研制和发射成功，将使中国在地球静止通信卫星领域跻身于世界先进行列。1987 年 9 月下旬，空间技术研究院在闵桂荣的主持下，召开了东方红三号卫星工作会议。

会议协调了总体和分系统、分系统与分系统之间的接口关系，明确了方案阶段各分系统性能样机（模样）的设计要求，确定了方案阶段的计划流程，以及经费管理、技术改造的办法，提出了产品质量保证大纲的各项要求。会后，空间技术研究院下发了《“东方红三号”通信广播卫星质量保证大纲》，该大纲建立在院颁布的质量管理办法的基础上，针对东方三号通信广播卫星长寿命、高可靠、大容量的要求而制定的，是确保卫星质量的法规性文件。

东方红三号通信广播卫星技术方案基础扎实、可行，在以后多年的研制过程中没有出现过大的变动，只做过 3 次小规模的修改和完善。此后，东方红三号卫星在初样阶段完成了关键技术攻关和初样鉴定试验。初样星主要性能指标符合技术要求，各分系统性能匹配、协调，所出现的问题已得到及时解决。正样设计继承了初样成果，其性能指标、可靠性和安全性设计，均符合任务书和技术指标要求。此后，东方红三号卫星全面进入正样研制阶段，并且进行了两次发射。

风云二号气象卫星是业务型地球静止轨道气象卫星。处于地球静止轨道的气象卫星（简称静止气象卫星），可以提供几乎连续、重复不间断的实时气象观测，对预报、发现和跟踪灾害性天气十分必要。一颗静止气象卫星可对全球近三分之一的地区连续

闵桂荣（右一）在东方红三号卫星研制动员会上讲话

进行气象观测，在每 30 分钟或更短的时间内获取一幅全景圆盘图，并实时地将资料送回地面。用 4 颗卫星均匀地分布于赤道上空，就能够对全球中、低纬度地区天气系统的形成与发展连续地进行监测。

根据国家气象局提出的使用要求，1982 年 8 月，上海卫星工程研究所开始进行风云二号气象卫星可行性研究，突破了多通道扫描辐射计、细长体卫星控制、3 波段天线及旋转关节、数据收集系统、S 波段传输和云图广播转发器系统关键技术。1986 年 3 月，国务院批准《风云二号气象卫星研制任务书》。经闵桂荣与上海卫星工程研究所有关领导研究，确定以继承、攻关、创新、提高为指导思想，充分利用并继承东方红二号通信卫星的成功技术。在总体方案设计初期，科研人员对采用三轴稳定和自旋稳定两种姿态控制方案进行了反复的论证比较，此时对长寿命三轴稳定静止气象卫星的多项关键技术尚未认识和掌握，但却拥有自旋通信卫星上天运行的成功经验，在姿态、轨道、转速控制和机械消旋、肼推进系统方面，都获得了成功。风云二号气象卫星对这些技术均可以借鉴和改进应用，而其余的一些关键技术也可以通过国内的技术条件和必要的国际合作加以解决，由此决定风云二号气象卫星采用自旋稳定方案。

1986 年 11 月，风云二号气象卫星总体方案可行性论证完成。闵桂荣等领导与有关部门研究，最终确定卫星的基本任务是利用星载多通道扫描辐射计获取可见光、红外和水汽波段的数字遥感图像资料；利用数据收集系统收集和转发气象、海洋、水文和其他环境数据；向国内外卫星资料利用站广播遥感云图、遥感产品和天气传真图信息；利用空间环境监测器获取空间环境资料。风云二号气象卫星在研制过程中，采用了多项中国卫星首次使用的新技术，完成了大量关键技术的攻关和设计工作，改进和移植了成熟技术，进行了天地一体化设计，从而使卫星达到了 20 世纪 90 年代初期国际同类气象卫星的主要性能和技术水平。

1988 年，闵桂荣在《团结奋斗再展宏图》一文中指出："二十年来，通过研制卫星工程，我院建立了一套科学的研究生产管理体系。卫星是大系统工程，各单位研究的分系统、部件之间存在着密切的联系，其技术指标和研制进度要严格协调。航天产品另一个特点是必须有很高的质量和可靠性。我院各单位的原有体制和管理办法不能适应这些要求，必须改用先进的管理体系和方法，去组织卫星的研制和飞行试验工作。经过多年的努力，现在基本形成了一套比较

20 世纪 90 年代，闵桂荣（左）与王启恭（右）在一起

先进的管理体系和相适应的规章制度。同时，多年来还建立了一系列的技术标准和规范，编写了大量技术报告和情报资料。”

3. 把握机遇　推进发展

1987 年 10 月，闵桂荣当选为中国共产党第十三次全国代表大会代表。他在《发展航天技术促进国家现代化》一文中指出：“最近我们党召开了具有历史意义的第十三次代表大会，明确了我国正处于社会主义初级阶段，中心工作是发展生产力，要把发展科学技术放到首要位置。航天属于高技术，它与国家现代化有着密切的关系，我们航天工作者要努力发展航天技术，为促进我国社会主义现代化建设作出贡献。”

“登天布星九重外，含辛茹苦二十载”。1988 年 2 月 13 日下午，龙年到来前夕，空间技术研究院在卫星总装厂房，隆重召开庆祝建院 20 周年座谈会。会前，聂荣臻、张劲夫、宋健、李绪鄂分别题词祝贺。参加会议的有中顾委常委张爱萍，航天工业部部长李绪鄂，航天工业部副部长程连昌、刘纪原、鲍克明、孙家栋，部纪检组长王福庆，部政治部主任郭国正，原部长张钧等领导以及先进工作者、劳动模范代表共计 150 人，闵桂荣主持会议。他指出，20 年来，空间技术研究院从小到大，不断成长，已经建成了基本配套的研究、设计、生产和试验基地；有 14 个实力雄厚的研究所和工厂；有包括 2000 多名工程师和 700 多名高级工程师在内的技术队伍；发射了返回式遥感、通信、科学技术试验 3 个系列的 21 颗卫星，同时还取得了 1300 多项科研成果和技术革新成果。

张爱萍在会上讲话，并挥笔题词“历尽艰辛登太空，再创奇迹腾巨龙”，以此勉励研究院再接再厉，夺取更大的胜利。航天工业部部长李绪鄂、原部长张钧等也在会上讲话。

最后，闵桂荣在会上表示：“今后 20 年，空间技术研究院面临着三项重要任务，第一项是在90年代建成一个大的应用卫星网络系统，这套系统包括通信、广播、资源、气象、微重力实验平台等国家建设需要的10多种卫星；第二项是跟踪国际航天高技术，开展包括永久性空间站、先进的天地往返运输系统等航天器的预先研究工作；第三项是将大量航天技术转移到国民经济有关部门、动员更多的力量投入民品开发工作和国家的现代化建设，为祖国的繁荣昌盛、为中华腾飞作出更大的贡献。”

建院20周年期间，空间技术研究院出版了反映建院20周年历程和成果的《飞翔太空》征文集和《中国空间技术研究院20周年》纪念册。闵桂荣在征文集中指出，成绩只能说明过去，我们务必谦虚谨慎，认真总结经验，加强团结，继续奋斗，为祖国的航天事业立新功，争取在宇宙空间出现更多更好的中

闵桂荣（中立者）向中央党校学员介绍卫星研制情况

国研究、设计、制造的航天器，努力完成祖国交给的各项任务。

深化改革的形势和国家决定对空间技术的发展采取适度加大支持力度的政策，为空间技术研究院的发展提供了有利的机遇。与此同时，如何尽快地满足各部门对应用卫星的迫切需求、如何占领和保持卫星市场的正常运转，日益成为研究院面临和必须解决的重大课题。

1988 年是空间技术研究院执行“七五”计划关键的一年，需要完成 4 颗应用卫星的发射任务。春节期间，闵桂荣深入总体部、总装厂以及发射场，看望加班的同志，检查指导工作。他要求大家牢固树立“质量第一，一次成功，预防为主，系统管理”的思想，确保型号产品的高质量，加强全过程的质量控制工作。东方红二号甲通信广播卫星的研制过程基本顺利，但也有曲折。在发射星总装测试时，星上遥测数据突然出现混乱，随之遥控指令也无法正常接收，许多分系统亦相继报告出现故障，即使换上代用仪器，故障仍未解除。经拆下仪器，逐台单检，发现多台仪器被烧坏。而这些仪器都与星上二次电源有关，但电源本身却又未检查出故障点。闵桂荣与大家一起研究故障原因，一致认为要清查问题究竟出现在哪里，首先要复现问题，于是采取增加监测点，并接入保险丝及记忆示波器等。一切准备就绪，关注问题复现。一个月后，问题终于复现了，原来是其中一个器件存在质量问题，导致二次电源瞬时失效，造成一次电源直接接通，从而将仪器烧坏。如此“狡猾”隐蔽的故障终于被查出，进而被排除，为发射成功清除了隐患。

1988 年 3 月 7 日，“东方红二号甲”发射成功。国务院代总理李鹏在国防科工委指挥中心观看了卫星发射实况。3 月 22 日，卫星准确定点于东经 87.5 度赤道上空，用于通信、广播、电视传播。5 月 24 日，闵桂荣等出席了航空航天工业部召开的“东方红二号甲”技术总结会。林宗棠部长、孙家栋副部长到会讲话，强调要继续抓好质量，以质量为中心，保证当年后续 3 颗卫星发射成功。

经航空航天工业部批准，空间技术研究院试行院长负责制，以推行实体化改革、促进科研生产经营机制、适应社会主义初级阶段商品经济发展的需要。闵桂荣肩上的担子更重了。他一贯对技术精益求精，对部属要求极为严格。在摄影定位卫星运往发射场前夕，闵桂荣在检查工作时，发现星上一个重要设备上的螺丝钉松动，便下令取下来全面复查，有人说时间来不及了，卫星马上就要出厂，就别大动了，但闵桂荣坚定地说，事关重大，不能马虎。经过连夜加班查找，果然查出了好几处螺钉有松动，从而消除了事故隐患。1988 年 8 月 5 日，由闵桂荣担任总设计师的摄影定位卫星发射成功，卫星经过 8 天共计运行 128 圈后，于 8 月 13 日顺利返回地面。地物相机和恒星相机拍摄情况良好。恒星相机首次拍摄到 7 等星。此外，星上还进行了国内外多项微重力实验，国外搭载的是联邦德国的蛋白晶体生长实验和微重力测量，国内搭载的是为兰州物理所和中国科学院半导体所合作研制用于砷化镓等材料实验的晶体炉、中国科学院的 52 件种子和微生物实验，均取得良好的成果。

太阳同步轨道地球遥感卫星在国防和科技发展中具有重要的使用价值。1988 年 9 月 7 日，长征四号甲运载火箭将风云一号气象卫星送入预定轨道，这是一颗具有先进水平的极地轨道气象卫星。早在

1969年年底，气象部门便提出了气象卫星任务。在此基础上，科研人员对气象卫星进行了大量的研究和探索性工作。随后根据国家气象局组织召开的气象卫星使用要求和规划讨论会，进一步开展了“风云一号”总体方案的预先研究和气象遥感仪器原理样机研制。1985年12月下旬，闵桂荣主持召开了“风云一号”初样研制阶段转入正样阶段方案审定会，确定了正样技术方案和正样阶段的研制流程。1986年8月，国务院、中央军委批准了风云一号气象卫星研制任务书，明确了“风云一号”的主要任务是获取全球云图和海洋资料，用于天气预报、气象和海洋研究，为国民经济建设服务。同时，卫星每天定时两次向世界各地气象卫星数据接收台站发送甚高分辨率的数字量云图，为全世界提供图像和环境监测资料。

风云一号气象卫星采用5通道可见光和红外扫描辐射计的性能，相当于国外的多光谱成像遥感器，在研制过程中，研制人员攻克了多项关键技术，研制成功多个关键部件，其中包括：高性能的碲镉汞红外探测器件，采取特殊的制造工艺，研制成功与其相匹配的低噪声前置放大器，45度扫描反射镜选用金属铍，采用特殊的加工工艺，使反射镜的平面度、光洁度和镜面不变形，均达到设计要求；对二极辐射致冷器，采用加温、放气小孔和净化措施，以克服水气污染，从而确保防污染装置的可靠工作；对于扫描反射镜驱动装置，则采用校正方法和简化传动机构等措施，以确保图像不会产生歪斜和抖动；研制成功双重柱形腔结构标准面源黑体，保证了飞行中红外通道辐射校正。此外，卫星还采用了许多先进技术，如三轴稳定系统、展开式太阳帆板、大容量磁记录装置等。风云一号气象卫星发射入轨后，首先建立了稳定的对地定向姿态，接着太阳能电池阵由地面遥控指令控制顺利伸展并到位锁定。卫星获取了清晰的可见光云图资料，并且不断地向地面发送；延时云图传输系统按照预先设计要求，记录国外选定区域图像，并回送到国内接收站。

1988年9月13日，江泽民、杨堤等上海市党政领导接见了长征四号甲运载火箭、风云一号气象卫星试验队领导及有关人员，对我国首次用长征四号甲运载火箭发射风云一号气象卫星获得圆满成功，表示热烈祝贺和亲切慰问，勉励大家巩固成绩，再接再厉，为我国航天事业的进一步发展作出更大的贡献。闵桂荣深有体会地表示："通过发射和飞行试验所取得的宝贵经验，不仅说明我国空间技术的进步，而且表明我国开拓了一个新的空间应用领域。"国家气象局局长邹竞蒙指出："1988年9月7日，我国成功地将自己研制的第一颗'风云一号'实验试用型气象卫星送入太阳同步轨道，标志着中国气象事业进入到从空间探测地球大气的历史新阶段，是我国气象现代化建设中的一项重大突破性进展，它具有划时代的意义。"

气象卫星是人造卫星中社会经济效益十分显著的应用卫星，由气象卫星获取的云图，是监测和预报灾害天气的重要手段；对洪涝、森林及草原火灾等大范围自然灾害的监测能力，已被近几年的实践所证实；对植被生长状况和作物估产、冰雪覆盖以及水资源等地表特征的有效监测，是安排农业生产和作物管理的重要依据；对海冰、海温和海洋环境的监测给予渔业生产、港口建设和远洋运输等方面的工作，有着重要的意义，并将为我国的气候研究与监测气候变化，作出应有的贡献。卫星气象中心将风云一号气象卫星在有效运行期间所探测、接收和处理的部分图像，按气象现象、天气系统、表面特征、环境监测分类，编集成《风云一号气象卫星图集》，图像清晰，地貌鲜明，具有广阔的应用前景。邹竞蒙局长在图集前言中指出："图集是辛勤耕耘的见证人，所有为风云一号气象卫星付出劳动的人们都会从中得到鼓舞和力量。谨以这本图集献给从事卫星、运载、发射、测控、应用五大系统的同志们。"

"风云一号"在轨测量、控制和试验工作告一段落后，闵桂荣组织大家进行了总结，并以院名义向航空航天工业部领导报告了"风云一号"首次飞行试验工作总结。林宗棠部长阅后批示：风云一号气象卫星首次试验成功，大长了中国人民的志气，应予热烈祝贺，对出现的温度偏高、遥测不稳、红外衰减三个问题，请认真总结经验，找出解决办法，将第二颗气象卫星搞得更好。随后，经过对第一颗"风云一号"发射星出现的遥感信号不正常、星内温度偏高、扫描辐射计红外信号迅速衰减、偏航飞轮高温停转和姿态失控等故障，经过试验验证，在第二颗发射星上均采取了相应的改进措施，比如姿态控制系统，在原有主控系统的基础上，增加一个完整的备份系统，并采取一系列冗余措施，还

1993年2月13日，五院建院二十五周年庆祝大会前，闵桂荣（右）与林宗棠（左）在贵宾室合影

设计了全方位姿态重新捕获的故障对策。

1990 年 7 月，风云一号气象卫星第二颗发射星、长征四号甲运载火箭按预定计划进入太原卫星发射中心。为确保任务完成，闵桂荣亲临现场，检查并指导工作，以便适时地果断决策、解决问题。9 月 3 日，卫星发射入轨后，由于俯仰红外地平仪在运载火箭动力飞行段出现故障，按照预先设计的对策方案，姿控切换至备份系统工作，此后进入备份系统反作用轮的工作模式，并开通卫星姿态磁控系统。经过姿态调整，卫星由反作用飞轮和磁控保持对地定向姿态。在卫星第三圈和第八圈的飞行中，地面先后接收到了由卫星发送的图像信息。“风云一号”第二颗发射星在轨运行一个月后，经使用单位国家气象局、国家海洋局以及有关单位组织进行在轨测试，进入运行管理阶段，卫星工作正常，性能稳定，连续不断地向地面发送 5 个通道高质量的气象和海洋水色图像与资料。在卫星每天 6 次通过国内时，发回国外选定区域的图像资料。此外，数据收集系统的搭载试验，也取得了较好效果。

1990 年 10 月 5 日，第三颗摄影定位卫星发射成功，进入预定轨道。卫星各分系统工作正常，除摄影任务外，还搭载了 71 项（件）微重力试验项目。10

1990年7月，闵桂荣（左）与孙敬良（中）、孟执中（右）在太原卫星发射中心

月 13 日，卫星按预定计划返回地面。经过第一期冲洗，摄影胶片图像清晰、分辨率高，满足用户提出的技术要求；卫星上搭载的动物（小白鼠）实验也为我国航天生命保障系统设计提供了经验。第三颗摄影定位卫星为实现航空航天工业部“五星高照”目标作出了重大贡献。这些卫星的发射成功，是我国卫星技术从试验走向应用、进入到业务运行的开端，极大地提高了我国卫星在国际市场上的威望，取得了良好的社会和经济效益。闵桂荣对此深感欣慰。

由于成绩优异、贡献突出，1986 年，闵桂荣被评为国家级有突出贡献的中青年专家。因所任卫星总设计师贡献突出，1988 年 10 月，闵桂荣获国防科工委颁发的荣誉状、1989 年被评为航空航天工业部劳动模范。1990 年，闵桂荣主持的摄影定位卫星获国家科学技术进步奖特等奖，为第一完成人。1991 年，闵桂荣当选为中国科学院学部委员（1993 年改称院士）。

闵桂荣

闵桂荣院士传记

Academician Min Guirong's Biography

第六章

天地一体　统筹规划

深化科技改革，闵桂荣抓住有利时机，统筹规划，突出重点，增强研制综合能力，以天为本，天地结合，开发民品；推进国际合作，中巴地球资源卫星科技创新。

1. 科技改革 二次创业

作为空间技术研究院院长，闵桂荣深知要领导好这万人规模的国家重要研究机构绝非易事。“七五”计划期间，要研制发射多种应用卫星，同时要实行科技改革，任务重，困难多。历史证明，闵桂荣不仅是卫星设计专家、我国卫星热控制创始人，还是一位卓有成效的管理型专家及改革者。

改革是一项复杂的系统工程，在贯彻十一届三中全会提出的治理经济环境、整顿经济秩序、全面深化改革方针的过程中，更需要抓紧企业改革，加强经营管理，推进科技进步，努力提高企业的经济效益。改革实践证明，企事业要建立起适应商品经济和现代化建设要求的经营机制和管理体制，是一件十分艰巨而又复杂的工作。如何运用国家的有限投资，创造出较高的经济效益和社会效益，加快空间技术的发展速度，闵桂荣积极着手于空间技术研究院内部运行机制改革。然而，和那些大刀阔斧、新招迭起的改革者有所不同，闵桂荣的工作看似做得更谨慎、更细微、更周密。他深知，改革是一项复杂的系统工程，一着不慎，满盘皆输，可能招致无法挽回的损失。每项改革方案出台，闵桂荣和他的助手们都会对改革方案和改革措施，反复加以讨论、广泛征求意见，然后才付诸实施。在实施过程中，他还会不断地根据实际情况加以补充、修改，乃至完善。因此，空间技术研究院的改革，取得了很大的发展。

“七五”期间，空间技术研究院以“经济技术承包责任制”为龙头，进行了配套改革：实行所、厂长负责制，任期目标责任制和任期终结审计制，同时理顺党、政、工之间的关系；下放权力，所、厂有经营自主权、机构设置权和工资分配形式决定权；开发性科研事业单位试行企业管理，收益上缴包干；推行从所、厂到科室乃至班组的单位内部经济技术承包责任制，明确责任、权利关系，实行全面承包；行政后勤部门向经济实体过渡，实行有偿服务。走向社会，走向市场，空间技术研究院干部、职工，在军工行业第二次创业的路上开始起步，搞军品的人，思想也在变化，他们开始珍惜每一粒“皇粮”。闵桂荣一再强调的“质量第一”的思想，变成了各级领导和科技人员的自觉行动；缩短研制周期，降低成本，成为了大家共同努力的目标。一批青年技术力量加入军品队伍，其中的一部分已成为骨干分子，一支精悍的军品队伍逐渐形成。他们尽最大的努力，使每一粒“皇粮”都放出最大的热量，因此，“七五”期间研制并成功发射了 11 颗卫星，达到并超过计划指标，其中，东方红二号甲实用通信广播卫星 4 颗、返回式遥感卫星 2 颗、摄影定位卫星 3 颗、风云一号气象卫星 2 颗，所创造的经济和社会效益约达上百亿元，同时还有政治、军事、科学等方面的重大意义。

改革开放以来，以国民经济建设为中心，对航天工业的效益，乃至发展航天工业与国民经济建设的关系，越来越引起人们的关注。中国的航天技术已从试验阶段进入应用阶段，如何提高并发挥航天技术的社会与经济效益，满足国民经济建设对航天技术日益增长的需求，是迫切需要解决的问题。1988 ~ 1990 年，中国宇航学会在有关方面的支持下，先后就加速发展中国航天事业、应用卫星与卫星应用、航天技术与国民经济建设等问题，召开了三次研讨会。闵桂

闵桂荣（前左）向国家计委、财政部汇报工作

荣作为会议领导小组成员，与数百名立志于航天事业的专家、学者、管理工作者汇聚一堂，对中国发展航天事业的战略方针、政策措施，以及若干重大问题，进行了认真的讨论，与会者畅所欲言，各抒己见，发表了许多中肯的意见。

航天技术及其产品集中了当代科学技术的前沿成果，是一个国家综合国力的重要体现，具有重大的战略意义。发展战略研究，涉及长远和全局，为了开好这些会议，闵桂荣和刘海涛、张汝范、于世贵等有关同志一起进行航天发展政策研究，向大会提交了题为《制定合理政策加速航天事业发展》的论文，并在会上作了报告。报告中指出，中国的航天事业遵循自力更生、大力协同的方针，已经走出一条符合中国国情，并具有自己特色的道路，取得了举世瞩目的成就，至1988年10月，已成功发射

24 颗各种类型的卫星，卫星技术从试验阶段转入正式应用阶段，掌握了卫星返回技术及液氢液氧运载火箭技术，并已开始进入国际商业市场为国外用户服务，成为世界上少数几个空间大国之一，但与世界主要空间大国相比，无论在发展规模、水平，还是在应用能力以及获得效益上，都还存在较大的差距。诚然，这与中国每年对航天投资不足密切相关。由于经费不足，许多国民经济急需的应用卫星不能上马，一些已发射成功的卫星，因设备不配套，难以发挥应有的效能，由于经费短缺，许多研制部门设备老化难以更新，出现吃老本、拼设备的状况。报告强调，国家应从长远发展战略的角度考虑航天技术发展规划，在国力允许的范围内，适当增加投资比例，顺应世界各国大力发展航天技术的趋势，使中国在航天技术的应用和获取效益方面，大大前进一步，并不失时机地利用目前在航天技术上的某些优势打入国际市场。同时还应加强航天技术基础的投入与研究，为航天技术进一步发展、提高，以及建立良性循环打下基础。报告中还建议，以三分之二的投资用于主战场，重点发展各种急需的应用卫星系统，如通信、气象、海洋、资源、数据中继以及导航定位卫星系统；以三分之一的投资用于发展载人航天以及空间站系统的先期工作，开始探索和开发空间微重力和其他空间资源，为 21 世纪的航天技术本身的发展做准备。这样不仅有利于中国航天技术本身的发展，也能加速高技术向民用转移，带动国民经济总体的发展。

1989 年 8 月 21 ~ 26 日，中国宇航学会在北京召开了“首届应用卫星与卫星应用研讨会”。8 月 30 日，李鹏总理等领导同志听取了应用卫星与卫星应用研讨会代表的汇报，和大家一起共商发展航天技术大计，并发表了重要讲话。会上，闵桂荣就发展应用卫星的规划设想及当前存在的问题作了介绍。他强调，应用卫星的使用可以创造巨大的军事、经济和社会效益，当前世界各国都十分重视应用卫星技术。当前中国的航天技术正处在技术成熟与扩大应用的关键时期，面临着进一步提高卫星技术水平，以适应社会和国民经济各部门的需求，因此，摆在面前的重要任务是认真总结中国应用卫星和卫星应用发展的经验与教训，尽快地制定出符合国情的应用卫星发展战略和政策。闵桂荣指出，中国是一个发展中国家，经济基础薄弱，但若能将航天技术及早地应用在国民经济各个领域，必将对促进国家现代化建设起到至关重要的作用。闵桂荣还特别强调，发展应用卫星在科学、军事和政治上同样具有重要的意义，特别是在加强国防建设、抵制外来入侵，多种军事应用卫星将会发挥及其重要的作用。

最后，闵桂荣在提出发展我国应用卫星几点建议时，重点讲述了增大国家投资，扩大资金来源。为了增加发展应用卫星的资金来源，在坚持以国家投资为主的同时，还应该鼓励应用部门集资，应尽快地制定出鼓励应用部门、地方工业部门甚至国外公司或宇航机构参与集资，以便发展应用卫星的各种政策；加强航天技术和卫星应用的预先研究工作，只有加强预先研究，才能保证应用卫星在高起点上的发展。只有预研早起步，研制周期才能缩短。因此，建议增加预研经费，制定并落实预研政策，充分调动预研人员的积极性。

东方红三号通信广播卫星等新一代航天型号转入工程研制阶段后，由于受到内外环境及条件的影响，研制工作一再受挫。然而这一时期，恰逢国民经济和国家现代化建设对应用卫星的需求日益紧迫，特别是对通信卫星的需求急剧增大，“东方红三号”倘若不能按计划进行，将直接影响通信广播的需求，同时国外通信卫星占领国内市场的局面将不可避免。为此，闵桂荣根据卫星型号研制中遇到的技术、资金、条件保障、外协以及管理等方面的问题，多次向上级有关部门反映并提交报告，呼吁领导机关对此应引起足够重视。在上级机关对应用卫星采取适度倾斜给予重视、外部环境相对好转的情况下，闵桂荣立即将研究院解决自身问题放到扭转被动局面的落脚点上，抓住有利时机，迎接挑战；将加速新一代航天型号研制、确保应用卫星上水平以及满足国内用户需求这些目标的实现，作为研究院自身生存发展的关键以及主要任务。

1989 年 1 月 28 日，闵桂荣、戚发轫主持召开加速东方红三号通信广播卫星研制进程动员大会，号召全院职工深刻认识卫星任务的重大意义以及研究院面临的严峻形势，下定决心，奋力拼搏，确保卫星按计划完成。为了确保第二代应用卫星任务的顺利进行，闵桂荣、张浩等领导在管理、组织、政策等方面，制定了一系列措施。1990 年 5 月，研究院作出了加速新一代航天型号研制工作的决定，提出了为确保新一代航天型号任务完成的 14 条具体措施。在针对多型号管理薄弱这一问题上，研究院调整了院领导班子成员分工，加强了主管科研领导的管理力量以及型号间的综合平衡，初步解决了院、所领导兼职型号总师和行政指挥问题，进一步明确了两总职责，建立了型号计划流程、综合型号调度会制度，并就军品计划的严肃性、加强卫星研制能力和卫星发展战略研究以及型号关键技术攻关和预先研究，同时还对加速卫星技术进入国际市场，确保电子原器件和原材料的质量与供应等做了安排。

研制、设计、试制、测试以及试验条件的保障，是完成卫星研制任务与保证空间事业发展势头的物质基础。空间技术研究院早期的技术基础建设薄弱、技术改造进展缓慢。国家从“七五”计划期间开始，加大了对研究院固定资产的投入。闵桂荣在充分发挥现有技术装备潜力的前提下，统筹规划，突出重点，分期分批更新设备，改善研制环境，开展整星与分系统的计算机辅助设计工作，提高了研制的综合能力与水平。东方红三号通信广播卫星专项技改工程于1987年正式开始组织实施，至1991年年底基本结束，完成了卫星电磁兼容系统、控制推进系统、卫星无线电测试系统、卫星部件长寿命实验室、精密测试计量、总装工艺、力学热控环境试验及仿真工程等技术改造项目。此外，通过第二代应用卫星专项工程的投入，研究院已初步形成了薄壁高精度波纹管加工线、高压容器和贮箱生产线、非金属加工制造线、大型卫星结构整体加工、薄壁相机筒体及机构、精密零部件、钣金件加工、微波部件加工等条件，从而提高了综合加工能力。

“七五”计划期间，在国家实行“三保三压”“双增双节”，以及紧缩银根并进一步压缩基建规模的方针下，空间技术研究院的基本建设面临资金少、项目多、投资缺口大、基建材料短缺、地皮紧张等问题。面对如此严峻形势，闵桂荣多次组织有关方面的人员进行研究，坚持确保重点工程建设、严格控制投资规模、清理在建项目、调整投资结构、加强资金协调与平衡、提高投资效益等原则。在设计、施工等单位的密切配合下，东方红三号通信广播卫星专项技改工程基建任务基本完成，其中，仿真实验室用于从事卫星和卫星控制系统的数字仿真、半物理和全物理仿真；电子设备调联大厅用于星上电子设备（含天线、转发器、应答机）的总装联调和星上天线测试以及整星总装联调；可靠性试验中心的建成为卫星器件进行高可靠长寿命试验创造了条件。为了保证多型号研制，夺取中国空间技术的新成就，闵桂荣在院党委的领导与支持下，率领全院广大科技人员、工人、干部，以高度的事业心与政治责任感，开拓进取，不怕困难，勇担重任，始终勤勤恳恳、兢兢业业、默默无闻地奋斗拼搏在自己的岗位上，为科技改革二次创业及中国空间技术事业的可持续发展，打下了良好基础。

2. 天地结合 走向市场

20 世纪 80 年代初，中央为军工部门制定了“军民结合，平战结合，军品优先，以民养军”的方针。一时间，在国民经济建设中具有人才、技术、设备优势的国防军工单位，开始将工作重点转入国民经济主战场，开发民品，发展商品经济，在国防科技工业战线叫得越来越响。在此形势下，空间技术研究院的民品开发经过“找米下锅”，了解市场的“上马”阶段后，逐渐步入稳步的发展阶段，使研究院初步形成了军民结合的新体制。

闵桂荣曾多次指出：“空间高技术转入民用领域应当坚持的一个指导思想，就是利用技术优势发展相关的民用产品，走横向联合的道路，加速卫星的单项技术向民用转移。”他还谈道：“我们院建院二十年来，先后获得过 700 多项科研成果奖以及 600 多项技术革新奖。其中包括自动控制技术、遥感技术、热控技术、计算机技术、精密加工技术、特种工艺技术以及新型材料技术等方面的成果，这些如能推广应用于民用部门，将会给研究院创造巨大的经济效益。”

闵桂荣在航天器热控制方面，负责完成了多种人造卫星的热控制任务，并在航天器热控制理论、方法以及技术方面，取得了系统性和创造性的成就。他率领的团队将热管技术成功地应用于返回式遥感卫星，新技术的应用，提高了热控系统的能力与性能，热管技术已成为卫星设计中的一项重要技术。低温热管及低温热管换热器获得部级科学技术奖一等奖。科学技术的迅速发展，使热管研究组感到不能只满足于已取得的成绩，还应开拓新的领域。在“军民结合”思想的指导下，他们将这些研究成果推广应用到民用工业中去，从两个方面开展研制和推广应用工作：一是热管在工业节能方面的研究，主要侧重研制各种类型的热管换热器，用于各种工业余热的回收。这是一项工作量极大、应用极广的事业，他们在完成军品任务的同时，还研制出适用于工业应用的性能好、成本低、易于生产的各种热管以及热管换热器，并在各个工业部门作典型的应用示范，先后在纺织工业的各种设备、建筑空调系统、化工设备、各种工业锅炉、炉窑以及热电厂等方面，进行了大量的推广应用工作，取得了较好的经济效益，如锅炉烟道气的余热回收，可使锅炉效益提高约 5%；纺织厂浆纱机应用热管换热气后，节能率可达 15%；空调系统的节能效果更为显著。利用热管极好的均温性研制成的热管黑体、热管等温槽，已逐渐成为计量部门用于标定各种温度计的新型设备，它将逐渐取代传统的黑体和等温槽，成为计量领域中新一代的设备。此外，还开辟了电子元器件散热、太阳能利用以及机械设备等方面的热管应用领域，通过实践又发现了各种各样的新课题，需要去研究探索，这对研究工作是一种新的推动力。

闵桂荣上任院长后发现，虽然大家口头上都在强调发展民品的重要性，但许多人宁可扒住军品这一“金饭碗”不放，也不愿意靠自己的能力到民品市场去闯一闯。调查发现，影响科技人员开发民品积极性的一个重要因素，是一些人担心搞民品会影响个人的职称评定、级别晋升等。为此，研究院制定了军民队伍在技术职称评定中一视同仁，民品开发中贡献突出者可破格提拔的政策，并规定了有利于调动开发人员积极性的分配与奖励政策。经过大家的共同努力，逐渐形成了一批以本单位技术为依托的骨干项目，例如洗衣机定时器、盔式对讲机和收音机、STD 总线工业控制机、医用 X 射线电视系统、电视单收站。承接了多项技术改造、技术服务或技术咨询项目，如罐头杀菌生产线技术改造工程、沙田冷库工程、超短波统一测控系统、金山石油化工厂油罐区测控管理工程等。1986 年，空间技术研究院列入国家计划的民品项目有开路电视传输系统和电视单收站；列入航天工业部计划的民品项目有医用 X 线电视系统、洗衣机定时器、磁力传动器、高温杜瓦、工业控制机、豆制品生产线、系列微量泵等。

闵桂荣组织调查时还发现，一些领导干部由于思想观念仍停留在产品经济的框框里，影响了一些单位的民品开发工作。1987 年 8 月，在闵桂荣的支持下，空间技术研究院组织所（厂）领导干部和院中心组成员学习社会主义商品经济理论，历时两个月，旨在为提高领导干部的马列主义水平，特别是加强对社会主义商品经济基本理论的了解，以适应改革深化的需要。因此，要求干部与职工应从传统式研究和产品经济的老套路中摆脱出来，摒弃重研究轻实际、重理论轻应用的旧观念，面向国民经济主战场，加速科技成果商品化，学会在商品经济的海洋中游泳。在有关部门组织的商品经济理论讲座上，闵桂荣每次都坐在前排，聚精会神地听着和记着讲座内容。

学习期间，闵桂荣大力推广北京机电研究所10室的经验。该室利用研制卫星的时控技术，研制开发成功应用于千家万户洗衣机上的雄鸡牌定时器系列产品以及定时钟系列产品。他们针对国内引进的13条洗衣机生产线所用的定时器不能通用、国内配套却十分困难的这一情况，果断地与有关洗衣机厂家达成横向联合，采用军工优化设计的齿轮传动系统，即生产加工精密的小模数塑料齿轮，从而满足了不同的洗衣厂家对通用系列化定时器的需要。经过几年的艰苦创业，终于走出一条开展横向技术合作开发民品的成功之路，形成了以该所科研设计为龙头，联合全国十多家企业共同开发生产洗衣机定时器的专业生产集团，其年产值由1984年年底的20万元猛增到1987年的2000万元，产品获得了国家科技成果二等奖。

1988年1月25 ~ 28日，空间技术研究院在北京召开了1988年工作会议，重点讨论了推行经济实体化及有关科研生产、民品、质量、审计、纪检、教育及政治工作等方面的安排。闵桂荣作了会议总结，强调要积极而有步骤地推进改革，重视政治思想工作，加强领导，以便确保科研生产任务的顺利完成。研究院在总结10年“军转民”工作的基础上，提出了发展民品要坚持“一高(发展高技术产业)

1988年1月，闵桂荣（右二）主持空间技术研究院工作会议，王希季（左一）、李绪鄂（左二）、于庆田（右一）参加会议

两独立（独立队伍，独立核算）”的方针。

研究院的民品开发是从1988年开始组织经营实体，在全面推向市场后，便开始进入稳步发展时期。西安空间无线电技术研究所以产品为龙头，组建了两个民品研究室，以“中心”（委托法人）的名义进入市场开展经营活动。“中心”实行企业化管理，自主经营、独立核算、利润上交（所）、比例分成。所机关设立民品处，负责组织协调所内的民品工作。1988年5月，研究院六个所、厂驻在地的中关村地区，建立了全国第一个新技术产业开发试验区。兴旺的科技市场、民营企业勃勃生机，对他们形成了前所未有的冲击。这些院管所、厂根据军民结合、发展民品的需求与市场效益的驱动，纷纷酝酿着要让高新技术更顺畅地走出大楼，迅速地走向市场。同年6月，北京控制工程研究所康拓科技开发公司作为新技术企业在开发区正式注册，其对外是具有实体性、经营性和独立法人的单位，对内是全所民品的组织管理机构。他们凭着一大批具有丰富的理论研究和工程实践经验的科技人才，拥有国内一流的试验检测、生产加工设备和完善的工艺控制以及质量保障体系，一举开发成功中华STD 5000系列工业控制机、红外热轴探测系统、智能控制机等一系列实用的高新技术产品，其

多项产品被评为国家级重大产品，列入国家科委重点推广项目，公司也发展成为开发区内前15家骨干企业之一。随后，研究院和京区各所、厂陆续在中关村新技术产业开发试验区注册了新技术企业（公司）。这一时期兴办的公司基本是以产品和项目为龙头的实体性经营公司，是为发展本单位民品而进行的自觉而有组织、有领导的行为，是由单位出资经办、按照民品方式组织管理的经营实体。民品公司在市场经济的大潮中艰苦创业、拼搏前进，从而走出了一条科技与市场相结合发展民品的有效途径。空间技术的很多成果在国民经济各部门获得了二次开发应用，带动了这些部门的技术改造，改善了劳动环境，提高了产品质量以及劳动生产率。

如果说大力加速卫星单项技术商品化，是闵桂荣关于“天地结合”的指导方针之一，那么大力开发与应用卫星相配套的地面设备，便是他关于“天地结合”的指导方针之二。闵桂荣认为，由于空间技术研究院对卫星性能、技术指标了解得最清楚，从而在开发与卫星配套的地面设备等方面具有得天独厚的优势。因此，他反复宣传“天地结合”应为空间技术研究院的主要方向。1988年，风云二号气象卫星进入初样研制阶段，闵桂荣得知有关部门正在为建立气象卫星地面接收站进行招标时，立即指示院机关组织强有力的技术阵容参加投标。鉴于“风云二号”天地一体化设计与地面接收站要达到 20 世纪 90 年代初国际同类气象卫星的主要性能与技术水平，而空间技术研究院占有“天地结合”这一优势，因此，在招标竞争中获得了胜利，使标的为 3000 多万元的大项目由北京卫星信息工程研究所负责研制，完成了有 14 个分系统和多功能的风云二号气象卫星指令与数据接收站（CDAS），成为我国最庞大的地面应用系统。与此同时，闵桂荣还自筹资金安排了应用卫星地面系统关键项目预先研究，各种卫星数据站、通信站、电视接收站和转发站、气象云图接收站、导航设备等开始在各有关厂、所研制。1988 年 9 月，我国第一颗气象卫星“风云一号”发射成功，上海科学仪器厂研制的甚高分辨率卫星云图接收设备，清晰地收到了这颗卫星所发回的大气云图。1988 年，空间技术研究院的民品开发也跃上了新台阶。全院上下几年努力的成果，在闵桂荣看来，这仅仅是开始，他又在谋划、思考着如何贷款和利用外资建立支柱产品生产线；如何整顿现有的公司，使它们成为开发、销售民品的重要角色；如何发挥全院的技术优势，承揽较大规模的工程项目。闵桂荣关于“天地结合”的指导思想，正在并将继续指导空间技术研究院在民品开发中创造出一个新天地。

1989 年 1 月 23 ~ 25 日，闵桂荣主持召开空间技术研究院工作会议，传达贯彻航空航天工业部工作会议精神，总结 1988 年工作，安排 1989 年任务，制定发展战略方针和奋斗目标，提出了研究院的三大任务：努力发展各类应用卫星系统及地面设备，积极跟踪航天高技术及进行有关预研工作，加强军转民和内转外的技术以及民品市场开发，从而有效地发展经济。在会上，闵桂荣明确研究院的工作指导方针为以天为本，天地结合，走向世界，要求在确保科研生产任务全面完成的前提下，使民品生产有一个较大幅度的稳定增长，外贸出口力争有所突破，争取使研究院的民品总产值在 2 ~ 3 年内达到几个亿。

随后，研究院召开了民品工作研讨会，提出民品工作一定要抓住一个中心——以提高经济效益为中心，三个重点——以开发拳头产品、加强横向联合、发展外向型经济为三大重点；确定发挥天地一体化优势，将卫星应用作为研究院民品的主要发展方向之一，并提出以卫星通信为突破口，全方位地开拓市场。闵桂荣在会上指出："没有质量，就没有效益；没有效益，国家就不能发展。"他强调：各单位一定要坚定不移地坚持质量第一的方针，按照军品一次成功、民品创名牌的质量目标，确立自己的产品质量和质量管理目标；要明确各级、各类人员在质量工作上的责任制。各单位一把手要亲自抓质量，对产品质量负全责。空间产品应做到不带问题出厂，不带隐患上天。民用产品应做到不退货、不返修。要制定出产品合格率指标作为奋斗目标；民品工作应开发适销对路的产品，在提高经济效益上下功夫；认真贯彻民品质量管理办法，向质量要效益。

实践证明，"天地结合"有利于整个卫星系统总体性能水平的提高。由于空间技术发展非常迅速，而卫星研制却有一定的周期，因此，在制定卫星方案时，必须充分考虑到应用的要求，做到星、地同时论证，同时起步研制、发展，并着眼于整个卫星系统总体性能水平的提高，尽量满足国民经济建设与国防建设的需要，并考虑到为今后的发展奠定基础。倘若忽视了应用部门提出的卫星应用要求，就很难使卫星满足用户的需要。在“天地结合”方针的指导下，经过多年实践，空间技术研究院与应用部门紧密结合，在应用卫星系统设计上，不仅考虑卫星本体设计，而且在更重视整个卫星系统总体优化的同时，开展地面系统研制，先后研制了微波统一测控系统、450-2 丙微波跟踪引导设备、超短波统一测控系统、双频多卜勒超短波测控系统、北京国际卫星地面站、卫星通信地面站、卫星数据采集传输站、远洋测量船的配套设备、云岗卫星地面监测站、多种卫星地面单收站、静止气象卫星应用站和管理站、气象卫星云图接收站、船（舰）载低分辨率云图接收系统、静止气象卫星数据采集平台。这些设备不仅在技术指标精度和使用性能上达到了国外同类设备水平，而且还通过地面设备研制，优化与协调了星、地技术指标与接口，改善了卫星总体系统功能，促进了卫星由研究试验迅速进入试用与应用，缩短了周期，减少了卫星的试验次数，提高了应用卫星与卫星应用的经济效益。

3. 国际合作　协同发展

航天技术的综合性之强，几乎涉及自然科学和技术科学各个领域；航天活动规模之大，超出国界，涉足浩瀚的宇宙空间。因此，开展国际间的技术合作与交流，是发展航天技术的必然趋势。

闵桂荣深深地体会到，要加快我国应用卫星和卫星应用的发展，更好地为社会主义现代化服务，其中关键的一条就是要坚持自力更生，积极参加国际合作。1989 年 8 月 29 ~ 31 日，国家计委、国家科委、中国科学院有关部门共同发起召开了空间应用座谈会。闵桂荣在发言中指出：“我们依靠自己的力量，艰苦奋斗，终于获得了今天这样的空间技术成就和国际航天地位，事实一再地证明，航天这种高技术领域的发展，不坚持自力更生，不保持一定的独立性，就没有发展前途。我们过去是、现在是、将来还是要坚持这一方针和原则，丝毫不能动摇与松懈，自力更生的发展途径必须坚定不移地继承下去。然而，国际合作可节省资金，提高技术水平，这点我们也不能忽视。我们一定要争取在平等互利的基础上开展国际合作。部分应用卫星与国外合作，共享成果，还可弥补我们资金的不足，因此，我们要不断地总结经验，摆正自力更生和国际合作之间的辩证统一关系。”

20 世纪 70 年代后期，随着国家的巩固与强大，我国在国际上的地位与威望日益提高。加之执行了正确的对外政策，我国的国际交往形势越来越好。十一届三中全会以后，党将对外开放作为一项长期国策，作为加速社会主义建设的战略措施，为我国航天事业开展对外科技合作与交流创造了有利条件。

经上级批准，中国空间技术研究院于 1978 年正式对外开放。按照七机部通知，为适应出国考察学习和参加外事交往活动的需要。航天工业部决定出国人员和涉外活动，一律使用各单位第二名称，如中国空间技术研究院、北京空间飞行器总体设计部等，表明为适应空间技术对外交流的需要，中国空间技术长期封闭的状态告一段落，将实施对外开放，开展国际合作。1979 年 5 月，闵桂荣开创性地首次在国际会议上宣读中国航天论文，载入中国航天史册。据《当代中国的航天事业》记载：“1978 年后，航天工业系统多次派出团组出国考察学习，参加国际会议。在国际学术交流中，发表了多篇有价值的学术论文，曾得到各国与会专家的好评。1979 年 5 月，中国热物理小组出席了美国航空航天学会（AIAA）第 14 届热物理年会。我国专家闵桂荣在会上介绍了热管技术的研究成果及其在我国空间技术中的应用，受到国际同行的好评。”

经过几年的努力，中国空间技术研究院先后与美国航空航天局、法国空间中心、德国宇航研究实验院、意大利国家科研委员会、欧洲空间局等 40 多个空间机构和公司建立了友好合作关系，同时广泛了解到国际空间技术的发展动向，使中国空间技术研究院在国际上的影响力日益扩大。

国际宇航联合会，是宇航界国际学术性组织，成立于1951年。其宗旨是通过科学技术的交流，推动空间技术和外层空间的研究与合作，促进宇航事业及和平利用外层空间活动的发展。因其在国际学术界有较大的影响，被联合国和平利用外层空间委员会聘为技术咨询机构。1983年国际宇航联合会第34届大会召开，我国空间技术专家杨嘉墀当选为执行局副主席、火箭技术专家屠守锷当选为教育委员会副主席。在1984年第35届大会上，中国空间技术研究院副院长闵桂荣被聘为出版委员会委员。1987年，闵桂荣当选国际宇航科学院通讯院士。1992年4月，闵桂荣当选国际宇航科学院院士。

1985年10月，我国政府郑重宣布：中国长征系列运载火箭投放国际市场，承揽商业发射服务。从此，我国运载火箭作为国际商业发射市场的有益补充，跨出国门，走向世界，展现出广阔的应用前景。国务委员张爱萍语重心长地说："我国航天技术进入国际市场，发射国外卫星，不仅表明我国在航天事业和科学实验上有了新的成就，而且说明我们整个国家进入了一个重要的历史转折时期，是具有划时代意义的。"他还指出："目前，我们航天工业还是'瘸子走路'，一条腿长，一条腿短，即火箭的腿长，卫星的腿短，也就是说，火箭已达到了国际水平，可以参加国际航天发射竞争，而卫星水平则落后了一步。要想在国际竞争中获得主动权，就要使自己的卫星水平尽快与国际接轨，所以我们一定要加快卫星发展步伐。"

通过国际交往，中国空间技术研究院开拓了国际合作思路。闵桂荣和有关领导开始思考一个问题，即如何尽快加速中国卫星进入国际市场，与国外的先进技术进行合作和交流，并参与商业卫星竞争，使中国卫星走向世界。1986年3月31日，国务院批转了航天工业部《关于加速发展航天技术报告》，将东方红三号通信广播卫星列为国家重点科研任务。随后，国防科工委发出迅速开展广播通信卫星工程研制建设工作的通知，并规定卫星要采用公用舱技术，各系统在技术上应有较强的适应能力，同时要考虑进入国际市场的要求，尽可能采用国内外通用接口（包括无线电接口与机械接口）；对国内技术基础差、一时难以满足要求的分系统和部件，要充分利用对外开放的有利条件，或与国外合作研制，或引进技术和关键设备，以便提高自行研制的能力。

在与国外就卫星单项研究课题进行广泛交流和合作的基础上，闵桂荣围绕型号研制和预先研究，不断地开辟着新的对外技术合作领域。1987 年 7 月，研究院委托中国长城工业总公司与联邦德国 MBB 公司签署联合研制东方红三号广播通信卫星合同。按照合同，MBB 公司承担卫星系统设计评审和系统支持、机械太阳能电池阵研制、天线分系统和姿控系统方案设计评审、仿真及验证等工作。该合同于 1991 年完成。在合同执行期间，研究院先后派出数百人次赴 MBB 公司参加有关分系统的初步设计评审、姿控系统仿真及验证等工作，并派 2 人长驻德国，参加了为期 4 年的监造工作。总之，通过与 MBB 公司的合作，不仅解决了卫星在研制过程中出现的技术难点，加快了研制进度，而且学到了许多先进技术和经验，培养了人才，为增强卫星研制能力，促进卫星及其产品进入国际市场创造了有利的条件。

法国是西方国家中较早与中国建交的国家，早在 1966 年年初，中国科学院卫星设计院就派闵桂荣赴法国进行考察活动，与其科学界的专家有交往。1978 年 12 月，根据《中法科技交流补充项目议定书》，中国空间技术研究院与法国空间中心在北京签订了一项备忘录，就电视广播卫星、通信卫星、自然资源探测卫星等方面的合作交流进行了探讨。1985 年 2 月，航天工业部李绪鄂副部长率代表团赴法国，和法国研究与技术部长居里安先生签署了两国《关于民用空间科学技术合作协定书》。

1986 年 1 月 28 日，美国挑战者号航天飞机升空后爆炸，机上 7 名航天员无一幸免，全部遇难。同年 5 月 30 日，法国阿里安火箭发射失败，美国一些库

1986年6月，闵桂荣（右一）与庄逢甘（左一）、张继庆（右二）同欧空局法国运载火箭专家洽谈有关合作项目

1990年，闵桂荣（前右）与澳大利亚专家签署航天合作协议

存多年的一次性使用的运载火箭如大力神、宇宙神－半人马座以及德尔它，也相继在空中发生爆炸。因此，1986年被国际航天界称为航天灾难年。中国航天在这种历史背景下出现在国际市场上，真是天赐良机。6月，闵桂荣与庄逢甘、张继庆同欧空局法国运载火箭专家洽谈有关技术合作项目。急于进行太空实验的法国马特拉公司，表示愿意使用中国的返回式卫星平台进行搭载实验的意向。闵桂荣意识到这是中国航天进入国际市场的突破口，没有片刻犹豫，立即写报告呈送航天工业部。得到上级批准后，闵桂荣一方面组织有关人员与马特拉公

闵桂荣（前排左三）等出席尼日利亚一号卫星集团公司级出厂评审会

司进行实质性谈判，另一方面督促有关单位做好各项准备。1986 年 11 月 14 日，闵桂荣主持召开返回式卫星对外服务专题会。经讨论，大家认为，我国返回式卫星具有优势，应该充分发挥这种优势开展对外服务。

面对国际市场形势，1987 年 1 月 27 日，闵桂荣与航天工业部副部长刘纪原在美国科罗拉多举行的第三次空间讨论会上作报告，简要介绍了中国几种典型的运载火箭和人造卫星的情况。闵桂荣指出，中国在 20 世纪 60 年代末期，开始研究和发展回收型技术试验卫星，并同时研制相应的运载火箭“长征二号”。1975 年首次成功发射了这种卫星，它在空间运行正常，并按照预定计划在中国腹地正常回收。截至 1986 年年底，中国连续成功发射了 8 颗此类卫星，在空间完成各种试验任务后，全部按计划返回中国预定地区，取得了令人瞩目的成就。接着，闵桂荣介绍了返回卫星平台可用于不同的有效载荷试验，其中包括遥感技术试验、微重力条件下制造新材料的试验，以及一些空间技术和空间探测试验。国内外的一些研究所和公司正在商谈，他们想利用这种卫星在空间飞行期间所具备的微重力条件，进行某些特殊材料的制造试验。由于该卫星姿态为三轴稳定，具有微重力的特点，而且卫星运行时间机动灵活，可在几天内迅速安全回收，且卫星回收可靠性高，星上备有电源及控制设备，便于不同用户使用，所以受到有关方面的重视与青睐。

1987 年 5 月 27 日，闵桂荣与有关领导、专家一起研究提出应在确定任务完成的前提下，可在返回式遥感卫星 03 批第二颗卫星上进行微重力搭载实验。这将是我国卫星首次承揽搭载任务。搭载的单位有兰州物理研究所、中国科学院空间中心、半导体研究所以及法国马特拉公司。同年 6 月 16 日，中国长城工业总公司与法国马特拉公司就法国两项微重力实验装置在我国发射的返回式遥感卫星上进行搭载实验，并在法国巴黎正式签订了合同。同日，国防科工委批复航天工业部，同意在返回式遥感卫星 03 批第二颗卫星上进行国内搭载实验，并允许法国马特拉公司派 1 ～ 3 人到发射试验基地从事有关工作。8 月，我国一颗装有法国马特拉公司微重力实验装置的返回式遥感卫星发射成功，6 天后又安全回收。在北京举行的隆重交接仪式上，法方代表对中国的空间技术、工作效率、中方技术人员的友好合作十分满意。回国后，法国科学家对实验效果之好感到惊喜。在第 39 届国际宇航联合会（IAF）大会上，法国科学家宣布，由于无人干扰等原因，在中国回收型卫星上的实验效果优于利用航天飞机进行的同类实验。法国科学家的评价，无疑是对中国空间技术的最好宣传。1988 年，联邦德国 MBB 公司闻讯而来。这一年，发射的第一颗返回式卫星，再次为国外公司进行了微重力实验，均获得成功。这期间，空间技术研究院还先后向瑞典出售了旋转火箭、向巴基斯坦出售了发射架的上架车。此外，还为巴基斯坦第一颗小卫星进行了力学环境和热真空实验。

叩开国际市场之门，第一步总算迈出去了，但闵桂荣并未盲目乐观。他深知要在航天国际市场占有一席之地，难度相当大，要想使空间技术研究院的创汇能力有实质性的变化，还必须付出艰辛的努力。为此，他作出了精心部署：建立情报信息快速反馈系统，了解国际空间技术的市场动向，寻找贸易渠道和

闵桂荣（二排左二）在印度考察

合作伙伴；培养外向型经营人才，组建精通技术和外贸的专业班子，以便与外商洽谈生意，承揽工程；狠抓出口和对外合作，尽快完成从学术交流向经济技术合作、从技术引进向技术出口的转变。

1986 年 3 月 31 日，国务院批转航天工业部《关于加速发展航天技术》的报告，决定对包括资源一号卫星在内的“一箭三星”研制，给予必要的支持。资源一号卫星上马阶段，就曾设想在 1990 年发射第一颗卫星，仅研制及发射服务费的经费估算就需 2 亿元，其中 1 亿元由国家拨款，另外 1 亿元自筹资金解决。为了筹措经费，经过对当时国内外的形势进行分析，闵桂荣与孙家栋等有关领导认真研究，决定抓住机遇，走国际合作的研制道路。

中国与巴西于 1974 年 8 月 15 日正式建立外交关系，两国分处东半球和西半球，相距甚远，经历了从相互之间的逐渐了解到合作不断加深的过程。

1984 年 5 月 29 日，中国与巴西政府签署了《科学技术合作协定》航天合作补充协议书。1985 ~ 1987 年，中国空间技术研究院与巴西空间研究院的领导与专家互访频繁，巴西空间研究院在对中国的空间计划了解后，提出希望中巴双方在地球资源卫星方面开展合作。经过两院专家的多次交流，对可能的合作项目进行了大量的研究工作。1988 年 3 月 4 日，在孙家栋的主持下，签署了中国和巴西联合研制地球资源卫星的框架性文件。同年 6 月 7 日，航空航天工业部、国防科工委、外交部、国家计委、国家科委以及对外经济贸易部联合向国务院提出了《关于中国和巴西联合研制地球资源卫星的请示》。在巴西总统访华期间，两国政府签署了《中华人民共和国政府和巴西联邦共和国政府关于核准研制地球资源卫星的议定书》，指定中国空间技术研究院和巴西空间研究院，为中国和巴西联合研制地球资源卫星的执行单位。

1988 年 8 月 22 日，中国空间技术研究院院长闵桂荣与巴西空间研究院院长霍普在北京签署了《中国空间技术研究院和巴西空间研究院关于联合研制中国和巴西地球资源卫星的协议书》。协议规定，双方在平等互利的基础上，以和平利用外层空间为目的，由中国空间技术研究院和巴西空间研究院共同联合研制中巴地球资源卫星；由中方承担总经费的 70%、巴西承担 30%，中巴地球资源卫星由中国运载火箭发射，卫星发射成功投入运行后，由两国共同使用。在协议中，根据资源一号卫星方案，确定了中国和巴西地球资源卫星的主要技术指标，还规定了卫星的 4 个研制阶段，即定义阶段、详细设计阶段、制造阶段、飞行试验阶段。

资源一号卫星是我国第一代传输型对地观测卫星，早在 1987 年进行可行性论证时，就汲取了国际同类卫星的优点，即以当时国际先进的地球资源卫星的技术指标作为设计依据，在遥感谱段设置上与美国陆地卫星相同，但其空间分辨率却高于陆地卫星，与法国斯波特相当，且波段要多于斯波特卫星。除此之

1989年，闵桂荣（前排左二）代表中国空间技术研究院与巴西签署资源卫星研制合作项目协议

外，在设计指导思想上，资源一号卫星按照高水平的卫星平台制定的研制方案。在两国研制任务的分工方面，中国承担卫星应用平台部分及两种有效载荷等星上重要部件研制，巴方主要负责星上宽视场 CCD 相机的研制工作。

1989 年 5 月，在孙家栋、闵桂荣等有关领导的主持下，中国空间技术研究院与巴西空间研究院签订了反承包合同。巴方将没有能力或条件不具备的结构设计和生产的大部分工作、电源分系统中的太阳能电池和镍镉蓄电池以及 5 个分系统地面专用检测设备，又反承包给了中方，按照经济合同办理。

确定了资源卫星设计依据和基本任务分工后，参加此项工作的人员很快就开始了设计工作。随着卫星总体技术方案逐步趋于合理，研制工作也快速走向了正轨。大家普遍认为，这将是一颗为中国航天技术走向国际舞台的“争气星”，这颗“争气星”必须改变以往某些关键部件依赖进口、受制于人的局面。这种研制思路获得了成功，也为后续卫星采用国产部件打开了一条通道。

中巴资源一号卫星重 1540 千克，功率 1100 瓦，采用三轴稳定系统，设计工作寿命 2 年，运行在高度 778 千米、倾角 98.5 度的太阳同步轨道上，每天环绕地球 14.3 圈，每 26 天可将地球覆盖一遍。卫星包括有效载荷及服务系统两部分，总共由 15 个系统组成，星体为长方体，采用单翼太阳能电池阵。卫星分为公用服务平台和载荷舱两个舱段，每个舱段内采用小舱段设计和布局，其技术相当于国际20世纪80年代末、90年代初的水平。卫星获取的遥感数据由地面接收站负责适时接收，卫星在接收范围之外获取的其他地区数据，可由星上存储器暂时储存，待卫星飞越中国上空时再转发给地面站，接收站所接收到的数据由中国资源卫星应用中心负责处理，并加工成不同级别的图片和数据产品，以便提供给不同的用户使用。

中巴两国航天人团结合作，突破了语言关、技术关、经费关等难题。1999年10月14日，长征四号乙运载火箭托举着中巴两国联合研制的中巴资源一号01星，在太原卫星发射中心成功升空，将卫星准确送入了预定轨道。卫星入轨后第二天，位于北京密云的遥感卫星地面站，首先报告获取到卫星宽视场CCD相机5个波段的数据和红外扫描仪第六谱段的数据，并对数据进行处理，证明图像质量很好，完全能够达到技术指标要求。同年10月21日，卫星宽视场成像仪开始工作，巴西和中国均获得了满意的图像，所取得的各种遥测数据表明，星上各系统工作正常。按照预定计划，卫星于1999年11月5日至9日进行了

闵桂荣在山西

2004年7月，闵桂荣在太原卫星发射中心指导工作

7次变轨，其中半数以上在国外地区的上空实施变轨，证明轨道设计和控制都达到了世界领先水平。

自1988年中巴两国政府签订协议，决定共同投资联合研制中巴地球资源卫星以来，长征四号乙运载火箭先后于1999年10月14日、2003年10月21日、2007年9月19日成功发射了中巴资源一号01星、02星、02B星，这些卫星数据广泛应用于经济建设和社会发展的各个领域，中巴地球资源卫星项目被两国元首誉为“南南合作”的典范。通过加入地球观测组织（GEO）、国际卫星对地观测委员会（CEOS）、空间与重大灾害国际宪章（CHARTER）等国际陆地观测组织，中巴地球资源卫星（CBERS）数据在国际遥感领域取得了良好的应用效果，赢得了国际遥感领域的赞誉。由于积极履行国际义务，进一步加大了我国在CHARTER组织内的话语权，中国航天在国际空间减灾救灾领域的影响力不断增强。

2014年12月7日11时26分，我国在太原卫星发射中心用长征四号乙运载火箭成功地将中巴地球资源卫星04星发射升空，卫星进入预定轨道。当天，国家主席习近平同巴西总统罗塞夫互致贺电。

习近平在贺电中说，中巴地球资源卫星合作项目开创了发展中国家在航天

2005年3月14日，闵桂荣在中巴资源一号02B星转正样评审会上

领域开展合作的成功先例。多年来，中巴地球资源卫星项目成果丰硕，为提高两国科技水平、服务两国经济社会发展作出了重要贡献。04星成功发射，恰逢中国长征系列运载火箭第200次发射，展示了两国科技合作最新成果和水平。希望双方积极落实中巴航天合作十年计划，加强科技创新合作，进一步充实中巴全面战略伙伴关系内涵，造福两国和两国人民。

罗塞夫在贺电中说，不久前，我同习近平主席在二十国集团领导人布里斯班峰会期间会见，一致认为巴中地球资源卫星合作体现了发展中国家科技创新合作潜力。我们秉承南南合作精神，将卫星图像免费向非洲和拉美国家分享，具有历史意义。04星成功发射，有力推动了巴中全面战略伙伴关系发展。巴方将继续坚定支持巴中地球资源卫星合作。

闵桂荣和他的同事们不仅对中巴资源一号卫星所产生的政治、经济影响感到欣慰，更对我国航天事业所取得的成就感到无比自豪。中巴资源卫星成功发射，向世界彰显了中国航天的实力和水平，是中巴航天合作取得最新成果和南南高科技领域合作的最新典范，对于推动中巴两国在航天领域合作、加速地球资源卫星的探测与利用，促进经济建设和环境保护，提高遥感卫星研制水平，具有极其重要的意义。

闵桂荣

闵桂荣院士传记

Academician Min Guirong's Biography

第七章

星船并举　军民融合

闵桂荣参与领导载人飞船起步的战略规划、方案论证和初样研制。在创新卫星公用平台上，肩负着资源二号卫星工程总师，攻克难关，军民融合，效益提高。

1. 载人航天 神州圆梦

陆、海、空、天是人类放飞梦想，纵横驰聘的四大疆域。2000 多年前，人类开始向海洋进军；100 多年前，人类开始在大气层内飞行；60 多年前，人类开始跨进第四疆域——太空。

冲出地球，遨游太空，是中华民族恒久不息的梦。从庄子的《逍遥游》到嫦娥奔月的美丽神话，以及明朝万户飞天之壮举，都是飞天情愫的真实写照。在中国卫星辉映出满天星光时，中国第一艘载人飞船“神舟五号”于 2003 年 10 月 15 日 9 时整，由长征二号 F 运载火箭托举着飞向太空，10 分钟后，载人飞船成功进入预定轨道，从这一刻起，航天员杨利伟成为了浩瀚太空中的第一位中国访客；神舟五号飞船在太空飞行 21 小时 23 分钟，绕地球飞行 14 圈，在完成了预定的科学实验后，飞船返回舱于 10 月 16 日 6 时 23 分在内蒙古主着陆场成功着陆，杨利伟自主出舱，返回舱完好无损，炎黄子孙终于让先人的夙愿变成了现实，中国航天迎来了新纪元。

闵桂荣企盼了多少年的闪光时刻终于到来！他以无比欣喜的心情，说：“热烈祝贺神舟五号载人飞船飞行成功！载人航天首飞成功表明中国已突破载人航

闵桂荣（右）与杨利伟（左）在航天医学工程研究所

天技术，它标志着我国航天活动已跨上了一个新台阶。在载人航天器研制、发射、飞行和回收方面已经名列世界第三位。神舟飞船比苏、美第一艘飞船发射时间晚，但其技术水平和能力却远超过它们的早期飞船。这是在中央正确的决策下，在全国有关部门的大力协同下，发扬自力更生、艰苦奋斗的精神所取得的重大成就。因此，全国人民都为这个胜利而欢欣鼓舞。"

50 多年前的那个日子，让闵桂荣铭记了一辈子，向往了一辈子，追求了一辈子。那天，闵桂荣在苏联科学院动力研究所学习，收音机里正大声播送着塔斯社的重大新闻："1961 年 4 月 12 日，苏维埃社会主义联盟共和国将世界上第一艘宇宙飞船东方号发射到地球轨道上，东方号上的航天员是苏联公民尤里·阿里克谢耶维奇·加加林少校。"加加林完成了史无前例的宇宙飞船飞行后，莫斯科以极其隆重的仪式欢迎凯旋归来的航天英雄。闵桂荣被学校老师安排到列宁大街参加欢迎仪式，此时此刻，人声鼎沸，欢呼雀跃，礼炮轰鸣，欢腾的人群载歌载舞，热烈欢迎胸前挂满国家勋章的航天英雄——加加林的归来。这一宏伟的场面对闵桂荣触动极大，情不自禁地对创造这一辉煌业绩的苏联人民以及参与具体工作的苏联科学家、设计师、工程师们深表敬意，深感我们中国的科技工作者要向他们学习，迎头赶上。

随着美、苏两国在载人航天领域的相互竞争和迅速发展，载人航天的意义已不仅体现在科技和军事方面，而且在政治方面也显示出了重大影响。虽然中国的航天事业刚刚起步，但这种态势已引起了中央高层领导和钱学森等有关科学家的认真思考。1965年1月，钱学森在给国家建议的报告中明确提出："重量更大的载人卫星在国际上的应用，现在虽然还不十分明确，但也得有所准备。这些工作是复杂而艰苦的，必须及早地开展有关这方面的研究、研制工作，到时才能拿出东西。"载人飞船是能够保障航天员在外层空间生活、工作以及执行航天任务并返回地面的航天器，又称为宇宙飞船。钱学森提出的建议正代表了广大科技工作者的心声。为此，中国科学院、七机部八院以及军事医学科学院等单位，均积极组织有关专家进行研究，以便提出开题报告并立项。从1965年3月开始，中国科学院召开了多次研究人造卫星规划会议。力学所杨刚毅、闵桂荣、胡海昌等参加了会议。经过几个月的研究，中国科学院结合星际航行各学科的研究成果，于1965年7月起草了《关于发展我国卫星系列的设想》报告，附录列举了我国十年内拟发射的4个系列20颗卫星及飞船的计划，其中生物卫星和飞船代号为"大跃进"。其主要目的是试验生物在空间飞行条件下的生理机制，为载人飞行准备条件；研究并发展生物生命维持系统，进行搭载生物容器的回收试验；考察长期失重对生物机能的影响；发展姿态控制、热控制及回收技术，并拟以小狗或猴子等动物作为试验对象，计划发射2颗卫星。无人飞船是先期为人上天做直接准备，亦计划发射2颗，此后再发射载人飞船。

1965年8月，中央专委原则上批准了这个建议，同意在中国第一颗人造卫星上天5年后发射载人飞船，为此还安排了近200项预研课题。为了能尽早地开展载人航天的预研工作，按照中央专委“由简到繁、由易到难、由低级到高级、循序渐近、逐步发展”的方针开展工作。1966年5月，闵桂荣参加了中国科学院召开的几次系列规划论证的预备会。经过研究，一致认为载人飞船是灵活机动的侦察卫星或侦察武器。我国要发射载人飞船，首先要具备大推力、制导精度高的运载火箭，还要掌握高可靠性的回收技术。不仅如此，还会涉及到高温、隔热、涂层材料的研制，再入大气层时的通信、降落伞以及安全着陆等诸多问题。此外，还需要考虑生命保障系统以及地面航天员所需的整套环境模拟设备的研制周期。因此，对十年发展规划中的载人飞船这一部分进行了相应的调整，将生物试验尽可能地列入探空火箭试验中。为此，“大跃进”计划由原来的5项调整为2项。第一项为生物试验无人飞船，预计发射时间为1972年，重量为2000～3000千克，其试验目的为试验生物长期在空间生活的状况；试验小再入角、低超重状态下的返回技术；试验地面观测系统对载人飞船的适应状况；考察生命维持系统和安全保障系统功能。第二项为载人飞船，预计发射时间为1973年，其重量为2000～3000千克，其试验目的有：一是中国人首次进入空间，扩大政治影响；二是依靠人执行空间任务，为发展空间平台打好坚实的基础。

1966年7月15日、18日，我国连续发射成功两枚T-7A（S）生物试验火箭，火箭飞行高度约70千米，其上搭载的公狗“小豹”和母狗“珊珊”，先后安全着陆并返回地面。它们为空间生物学研究、载人航天的生命舱以及生命保障系统提供依据，并积累了宝贵的经验。

载人航天属于国家级大系统工程。在中国空间技术研究院成立初期，科学技术基础薄弱，研制条件亦十分简陋。1968年5月，在钱学森院长的领导下，闵桂荣参与研究《人造卫星、宇宙飞船十年发展规划（草案）》。钱学森对规划看得十分认真，他逐字逐句地对草案做了重大修改，指出：“中心任务是保证东方红卫星上天，返回式卫星列入重点，导航卫星、通信卫星往后排，载人飞船作探索性研究。”

此时研究院下属的各研究所，虽已承担东方红一号卫星、返回式遥感卫星任务，但尚有富余的技术力量，迫切希望多承担一些载人飞船任务。在钱学森主持下，院办公会议审定了曙光一号飞船的分工意见，提出可以先组织力量进行载人飞船总体方案预先研究，找出关键技术问题，及早提出对外协作项目；在组织体制上，组建空间飞行器总体部，成立飞船总体室，还将我国分散力量集中起来，成立宇宙医学工程技术研究所。闵桂荣除参与领导总体研究工作之外，还负责组织热控系统研究与实验室建设工作。随后，各单位均先后成立了飞船分系统总体组，从事探索性研究，提出研究课题并立项，着手实验室建设，并与外单位协同合作研制新的仪器与设备。承担飞船任务的科研人员热情很高，主动与总体部飞船总体室联系，了解飞船的总体构思，以便争取多承担一些飞船工程项目。而总体设计是定方案、定大局、做决策的全局性和开创性工作，因而在飞船研制工作过程中，始终起着主导作用。钱学森带领院机关有关人员到四楼会议室，听取总体部孙家栋、闵桂荣、范剑峰、何正昌等有关曙光一号飞船总体、热控、结构论证情况汇报，了解需要院协助安排与解决的问题，并作出具体技术指导。他还要求总体部在论证总体方案时，要密切关注，与有关部门加强联系，做好技术协调工作。

受国防科委委托，1970 年 11 月，在七机部主持召开的飞船方案评审会上，空间技术研究院代表向大会作了报告。会议一致通过曙光一号飞船由 2 名航天员驾驶，最长飞行时间 8 天，运载火箭拟采用新研制的“东风六号”，争取在 1973 年先发射无人飞船，一旦成功，再于 1974 年发射载人飞船。随着国防任务的调整，“东风六号”中途下马，这就给“曙光一号”研制任务带来了连锁反应。为此，钱学森明确提出建议，“曙光一号”不是下马，而是调整规划，积蓄力量。根据这一精神，1976 年 6 月 20 日，中国空间技术研究院在提出十年任务规划的设想中，安排前 5 年开展载人飞船关键技术预先研究，狠抓基础建设，后 5 年进行第二代应用卫星和载人飞船研制。

经过 8 年的预先研究，“曙光一号”取得了不少成果，培养了一支从事飞船研制的技术与管理队伍。此外，在飞船预研阶段，还向国内 18 个省、市、部委提出了 426 个协作项目，间接推动了中国光机电技术的发展，并带动了新材料、新工艺的开发与应用。

尽管暂缓了对载人航天的探索，但中国航天发展的步伐仍然是稳健而坚定的。1975 年，中国首颗返回式遥感卫星发射成功，3 天后平安返回，我国成为世界上第三个掌握卫星回收技术的国家，为开展载人航天技术研究打下了坚实的基础。1979年，中国远望一号航天测量船建成并投入使用，成为世界上第四个拥有远洋航天测量船的国家。20世纪80年代后，中国已经具备了返回式卫星、气象卫星、资源卫星、通信卫星等各种应用卫星的研制和发射能力。可以说，中国发展载人航天的基础已足够坚实。

1984年4月，在国务院召开的新技术革命与我国对策的讨论会上，将航天技术列为我国新技术开发的重点项目，一些著名的社会经济学家纷纷提出发展载人航天的建议。1986年3月，国务院在批转航天工业部《关于加速发展航天技术报告》中指出，航天技术是我国跻身于世界先进行列的综合技术之一，已具有比较雄厚的基础，现正处于发展关键时期，同意开展载人航天技术的论证工作。中国空间技术研究院在闵桂荣的领导下，立即安排了一批院管预先研究课题，开展载人航天空间科学探索研究，重点开展了空间站及空间运输系统研究。同年3月22日，研究院成立空间站及空间运输系统研究小组；4月22日至24日，院召开了第一次空间站讨论会，与会同志提出了采用飞船向空间站运人和运货，载人飞船可兼作空间轨道救生艇的建议。5月，闵桂荣等领导决策，在研究院成立了空间站系统总体组，并在508所成立空间站论证小组，承担多用途飞船的论证工作。论证组经过广泛收集及研究有关资料，并进行实事求是的深入分析，提出采用弹道——升力式飞船作为空间站救生系统的方案设想，并于7月21～26日在研究院第二次太空站会议上宣读，受到院领导和与会者的重视与好评。为了更好地学习和借鉴国外有关空间站的技术与成果，闵桂荣十分重视情报资料的研究工作，512所编辑出版了20集《空间站系列文集》，促进了我国空间站的研制工作。在各单位专家的支持下，还分类出版了《空间站应用》《空间平台》《日本空间基础设施及运输系统》《空间站航天医学工程》《航天员的业务培训》等专集，这些专集在航天高技术论证中，发挥了有益的作用。

根据中共中央、国务院批准的“863计划”精神，国防科工委于1987年2月组建了以屠善澄为首席科学家的专家委员会，主题项目之一为大型运载火箭和天地往返运输系统（简称204主题项目），主要研究发射小型空间站的大型运载火箭和天地往返运输系统；之二是空间站系统及其应用主题（简称205主题项目），主要研究发展规模较小、性能先进、模块式的空间站系统，并进行空间科学与技术研究，实现载人空间飞行。在屠善澄的主持下，专家们对我国载人航天技术的总体方案和具体途径进行了全面论证。屠善澄综合各方面的意见及技术与经济上的可能性，初步形成了中国发展载人航天分三步走的设想，即准备阶段、初期试验与配套阶段、各应用试验与开发阶段。关于组成载人航天大系统主要环节的技术途径，以屠善澄为首的专家委员会主张从飞船起步，以便尽快实现初步配套的并以空间试验研究为阶段目标，逐步发展，循序渐进，力争在21世纪初期建成我国载人航天工程大系统。“863计划”航天领域中的预先研究，为我国载人航天事业打开了新的局面。

经过一年多时间的论证，专家委员会于1988年7月在哈尔滨召开了评议会。专家委员会和主题专家组成员，以及王希季、杨嘉墀等老专家参加了会议。会议讨论的焦点集中在是搞小型航天飞机还是搞载人飞船的问题上，同意前者的理由是，小型航天飞机可部分重复使用，代表了国际航天发展的潮流，既然时间允许，况且又具备一定的技术条件，因此，中国载人航天应当有一个较高的起点，能促使我国航天技术向国际先进水平跨进一步；赞成后者的理由是，美、苏用以起步的载人飞船，经过20多年的使用，技术比较成熟，而且技术难度较小，经费又较低，更符合中国的国情。大家畅所欲言，各抒己见，最后采取无记名投票的方式了解民意，最终投票结果是两种方案的得分几乎相同，难分上下。

1988年8月5日，第二颗摄影定位卫星发射成功，卫星在轨经过8天共运行128圈后，于8月13日顺利返回地面。卫星上为联邦德国MBB公司搭载的微重力实验项目获得成功。卫星回收后不久，航空航天工业部主管航天的刘纪原和孙家栋两位副部长一起找到闵桂荣交换意见，希望载人航天早上快干，争取在20世纪末、21世纪初能载人上天。闵桂荣深深地思考载人航天“早上快干”的思路，是中国航天人的共同愿望，他坚决表示，研究院已多次研究，认为采用难度稍低、起步较快、有相当多的预研基础，便于实施的载人飞船方案更为有利。

同年10月，苏联对外友好与文化联系协会、联合会主席、世界第一位进入太空的女航天员捷列什科娃率团访问中国。10月7日，她到中国空间技术研究院访问，受到了孙家栋、闵桂荣的热情接待。这次访问给捷列什科娃留下了深刻的印象，她在2002年12月发表的《友好与合作永世长存》一文中写道：“我们在回国前受到了中国国家副主席王震的接见。与中国空间技术研究院院长闵桂荣的会晤令人难忘。代表团成员都记得他曾说过的一番话：‘苏联代表团的访问，作为与苏联学者和专家合作的开端，将载入研究院院史。’这位中国科学家的话应验了。此外，两国友协渠道继续开展航天接触。让俄罗斯公众欣慰的是，中国航天事业正在顺利发展。”2001年，捷列什科娃接受中国记者采访时说：“当

1988年10月，闵桂荣（右）与苏联女航天员捷列什科娃（左）亲切会晤

中国女航天员上天后，我要去拥抱她！”

1989年5月15日，苏联最高苏维埃主席团主席、苏共中央总书记戈尔巴乔夫到北京进行友好访问。5月16日上午，邓小平和戈尔巴乔夫共同宣布，中苏两国、两党关系实现正常化。按照中苏友好协会的安排，5月25日，中国航天专家舒昌廉、王永志、闵桂荣、宣平、李树兹一行五人去苏联访问，这是中苏两国恢复邦交正常化后的第一个中方代表团。当地时间下午4点半，代表团飞抵莫斯科。看到机场处处醒目的俄语标识，耳闻纯正的俄语，闵桂荣感到既陌生又熟悉。苏联对中方代表团的此次访问格外重视，代表团成员被安排在苏共中央党校的一个公寓里，为确保安全，还加派了岗哨。第二天上午，代表团一行来到苏中友好协会“友好之家”拜访，受到友好协会副会长、著名汉学家齐赫文斯基接待。王永志坦率地表明中方此行希望通过参观以及座谈方式，探讨两国未来在航天方面的合作，具体地说，就是看一次航天发射，同苏联宇航专家们进行交流座谈，参观火箭、航天器总装厂这三个愿望。随后在访问苏联航天总局时，苏方表示愿意与中国进行合作，如探索火星、发射卫星以及载人航天等诸多领域，但火箭等航天器总装厂属于保密单位，之前从未接待过外国

人参观，即使能够参观，也需要苏共中央批准。为此，苏中友好协会通过正在参加苏共中央全会的捷列什科娃设法安排参观活动。经戈尔巴乔夫总书记批准，中国航天专家代表团可参观赫鲁巴切夫航天中心。该中心是世界规模最大的运载火箭和航天器研制生产机构，苏联的多种战略导弹、运载火箭、“礼炮号”空间站、“和平号”空间站以及“量子 -1 号”“量子 -2 号”“晶体号”“光谱号”等舱段，以及遥感卫星等多种航天器，都在此研制生产。中国代表团受到了热烈欢迎。苏方厂长亲自讲解，并多次强调“我厂从未接待过外国代表团，你们是破例，希望在今后的合作中再见到你们。”在齐奥尔科夫斯基的故乡、卡卢加市的宇航博物馆，闵桂荣看到了“上升一号”、进步号和联盟号宇宙飞船、液体火箭发动机、实验弹射座椅、飞船返回舱、航天食品和餐具、舱外航天服、多种卫星、月球车、星际探测器等实物，深感不虚此行。6 月 9 日，代表团成员返回北京。中苏友好协会对王永志、闵桂荣等一行给予了高度评价，称赞代表团圆满完成了“广交朋友、增进友谊、交流探讨、推进合作”的使命。对闵桂荣来说，这次访问，更增强了他发展载人飞船、空间实验室以及空间站的决心与信心。

1990 年 6 月，航空航天工业部所属各单位一致表示同意以飞船起步。为了进一步推动载人飞船工程立项，1991 年 1 月 7 日，航空航天工业部成立了包括中国空间技术研究院人员在内的“载人航天联合论证组”。经过 3 个多月的论证工作，论证组提出了载人飞船工程总体方案和载人飞船工程的技术指标及技术要求。为了落实上述要求，经研究调整并加强了载人飞船工程论证组的实力。论证组在闵桂荣的直接领导以及王希季、杨嘉墀的指导下，于 1991 年 6 月完成了载人飞船工程技术方案论证工作，并于同年 6 月 30 日将该论证报告上报给航空航天工业部。该报告对中国的载人飞船进行了多种方案比较和分析，其方案可分为三舱方案、两舱方案以及硬通道方案。三舱方案就是现神舟飞船所采用的方案，即上面是轨道舱，中间是返回舱，下面是推进舱。采用三舱结构，也就是增加一个轨道舱，它是航天员在太空自由飞行时的生活舱和工作舱，航天员在返回地面之前将其分离，可以适当减小返回舱的尺寸，返回舱仅供航天员上升和返回时使用。这种方案的缺点是发射段救生难度大。两舱方案则没有轨道舱，从救生的角度来说，逃逸系统只需带动一舱，救生简单。但如果采用3名航天员，他们的生活用品都必须放在返回舱中，这时返回舱的直径必须达到3米以上，这会带来一系列的技术难点：发射时火箭整流罩要加大，对火箭来说，头大意味着不稳定；返回时的降落伞也要加大；返回舱将不需要带回的东西也都带回来了，无形中加大了返回舱的结构质量。硬通道方案也是采用三舱方案，返回舱在上面，它采用了一个外置刚性通道来连接返回舱与轨道舱，航天员可以通过通道进入轨道舱。这一方案因返回舱在上面，所以救生最易实现，但这种通道的设计很难在技术上做到实用可靠，通道太大会影响发射，通道太小又达不到目的。

在发展载人航天的前期阶段，论证并确定载人飞船和运载火箭总体和主要分系统的技术方案、关键技术攻关、阶段评审以及试验等重大的决策过程，任新民、庄逢甘、梁思礼、陆元九、谢光选、杨嘉墀、王希季、屠善澄、闵桂荣、孙敬良等院士以及机关的有关领导，投入了很大的精力，为载人航天工程立项及之后的工程顺利实施，作出了很大的贡献。1991年，航空航天工业部组织有关专家进行综合论证与评审，会议由庄逢甘主持，闵桂荣出席了会议。会上，参与飞船方案论证的三家总体单位分别提交了《载人飞船工程可行性论证报告》，中国运载火箭技术研究院提供的方案是黄皮书，上海航天技术研究院提交的是蓝皮书，中国空间技术研究院提交的是绿皮书。会议气氛十分活跃，各单位的专家纷纷抢着发言，都想为载人飞船工程多做一些工作。

讨论中对载人飞船的总体分工存在分歧，意见一时难以统一。为了争取尽快立项，闵桂荣多次提出建议，供大家讨论与决策。他认为载人飞船是载人航天

20世纪90年代，闵桂荣（右）与陆元九（左）在一起

系统的核心组成部分，因此，飞船的构型与功能必须首先体现中国特色和技术进步，并满足论证领导小组所提出的要求。经过30多年的探索与预先研究，中国载人航天工程才正式上马，因此必须在起点高、效益好等方面下功夫，在技术上有所创新，以便实现跨越式发展。关于载人飞船总体的分工问题，闵桂荣认为，中国空间技术研究院长期从事空间飞行器的研制工作，有着多年研制返回式卫星的经验和人才队伍，在结构、热控、控制、回收着陆等专业方面具有坚实的基础。载人飞船是一种返回式载人空间飞行器，其技术和返回式卫星有相近之处。中国空间技术研究院长期进行载人飞船预先研究工作，已有一定的技术储备，可带动、培养一批年轻人投入此项工作。因此，闵桂荣建议，载人飞船工程总体设计、总装和试验工作，应由中国空间技术研究

20世纪90年代，闵桂荣（左）与刘纪原（右）共同听取汇报

院承担。1991 年 11 月经部党组同意，刘纪原副部长最后确定的分工原则是“确保战略，加强应用卫星，合理分工”。在确保既定任务与载人飞船圆满完成任务的前提下，按照实际情况进行运载火箭和飞船研制任务的分工。1992 年 1 月 20 日，航空航天工业部党组 6 号文件决定，将载人飞船工程总体设计和总装工作交给中国空间技术研究院，并责成研究院汇集各种方案的精华，进一步完善飞船的总体方案。

1992 年 1 月 8 日，中央专委第五次会议后，国防科工委和航空航天工业部很快组织并健全了论证队伍，并成立了论证组和评审组。王永志担任论证组组长，副组长为王大珩、屠善澄；评审组成员有庄逢甘、杨嘉墀、王希季、闵桂荣、张履谦、谢光选、童铠等。1992 年 9 月 21 日，对中国载人航天工程来说，是一个具有决定意义的日子，中共中央政治局十三届常委会第 195 次会议讨论同意了中央专委《关于开展我国载人飞船工程研制的请示》，正式批准我国载人飞船工程上马。至此，我国载人航天工程正式立项实施。根据中央领导指示，载人飞船工程是一项大型的保密工程，应贯彻“要静静地、坚持不懈地、锲而不舍地去搞”“多干、少说”“只干、不说”的原则，不报道、不宣传。载人航天工程在全国各有关单位悄无声息地全面展开。

1999年11月20日，我国成功发射了第一艘无人试验飞船“神舟一号”，考核了飞船舱段的连接与分离、调姿与制动、升力控制、防热、回收着陆等五项关键技术，并于1999年11月21日在预定区域成功着陆。

光阴似箭。转眼到了2003年10月15日，这一天，我国成功地将自主研制的载人飞船和第一位航天员杨利伟送入太空，返回舱于10月16日安全返回地面。杨利伟平安着陆出舱后说的第一句话：“我为祖国骄傲！”中国载人航天工程由此掀开了崭新的一页，中华民族的飞天梦终于变成了现实。闵桂荣深有感触地说：“我国神舟五号飞船飞行成功，是我国载人航天万里长征的第一步，这的确是可喜可贺之事，但是与前景无限广阔的航天事业相比，我们还需要几代人长期不懈地努力奋斗。在载人航天方面，我们要认真总结世界航天大国的历史经验和教训，深入研究和制定适合我国国情的发展道路，其中包括任务、方向、技术途径、系统规模、发展步骤等。中国是发展中国家，在航天活动方面是一个低投入的国家，在发展规模上不可能与航天大国相比较，但是应努力在航天效益方面有更大的成效，为国家现代化建设作出我们航天人应有的贡献。”

2. 卫星系列 总设计师

自20世纪80年代后期以来，我国国民经济与国防建设各部门对应用卫星的需求迅速增长，对尽快建立稳定运营的应用卫星系统的要求迫在眉睫。总参各部、海军、空军、二炮等军方单位都充分认识到空间技术对于加强国防建设的巨大作用，提出应建立能适应打赢一场高技术条件下的局部战争的应用卫星体系的迫切要求。气象、海洋、通信、邮电、金融、新闻等行业，也纷纷提出利用空间技术以及研制各类应用卫星来改进和发展本部门的业务，提高工作效率和服务质量。

1990年，中国宇航学会召开了“中国航天发展战略研讨会”，会上，闵桂荣作了《发展应用卫星，扩大卫星应用，为国家现代化服务》的报告，指出：“应用卫星的使用可以创造巨大的军事、经济和社会效益，当今世界各国都十分重视应用卫星技术。当前，中国航天技术正处在技术成熟和扩大应用的关键时期，面临着进一步提高卫星技术水平，以便适应社会和国民经济各部门的需求，因此，摆在面前的重要任务是认真总结中国应用卫星和卫星应用发展的经验教训，尽快地制定出符合我国国情的应用卫星发展的战略与策略。”闵桂荣根据自己多年来对国内10多个部门和中外市场的预测，得出：无论是对应用卫星的品种，还是数量，都有着较高的要求，仅2000年前就需要26种型号，55～60颗各种类型的卫星。显而易见，用户这么大的需求，按照当时国内的投资水平是不可能支撑的，必须适当压缩型号的研制数量。与此同时，还要在研制中尽量贯彻一箭多星、一星多用、军民结合、综合利用等原则。闵桂荣提出：“在今后10～15年内应重点发展通信、遥感、导航、科学实验等国家急需的高效益应用卫星。主要包括C频段和C/ku频段通信卫星、广播卫星、移动通信卫星、导航定位卫星、资源和海洋卫星、极轨道与地球静止轨道气象卫星、大型综合遥感卫星、灾害防治及特种通信卫星以及空间科学（微重力、天文、生物）实验卫星等。”

中国卫星工程是在基础工业比较薄弱、科技水平相对落后、国家财力有限的条件下发展起来的，“八五”“九五”计划期间，我国将进行返回式遥感卫星系列、东方红通信广播卫星系列、风云气象卫星系列、实践科学探测与技术卫星系列、资源卫星系列、北斗导航卫星系列的多种用途的卫星研制。应用卫星属于庞大的系统工程，它不仅包括卫星研制、发射、测控系统，而且还涉及到卫星轨道运营管理和众多的应用部门。仅就卫星研制来看，我国直接参与卫星研制生产的科研及工业单位就有相当一部分是在航天部门之外，由于卫星品种批量小、难度大、利润不高，因此，卫星总体项目的外协工作日趋困难。在这种情况下，卫星研制工作必然从单一型号转向多型号并举，同时加强卫星工程系统管理很有必要。为此，国防科工委于 1991 年 5 月 27 日任命闵桂荣为卫星型号系列总设计师，有利于加强对各种系列卫星进行综合管理与协调，并促进应用卫星之间的协调发展。

闵桂荣担任卫星型号系列总设计师后，针对卫星型号多、任务重，而用户需求又十分迫切的情况，反复思考如何才能加快卫星研制速度，解决好“军民兼容、平战结合”的问题，深感这是空间技术发展所面临的严重挑战。随着深入改革与扩大开放形势的到来，我国卫星要走向世界、参与国际竞争，并在国际卫星市场中占有一席之地。闵桂荣敏锐地感受到缩短卫星研制周期、减少研制经费、提高产品的可靠性，是研究院提高卫星竞争能力、跻身于国际市场的先决条件。通过对我国早期卫星所走过的研制道路进行反复研究，他发现卫星平台的继承性和通用性在此中起了重要作用，例如，实践一号卫星能在短短一年内发射升空，是因其与东方红一号卫星使用了同样的平台。他逐渐形成了应用卫星发展的基本思路：以有效载荷为先导，以公用平台为基础，快、好、省地发展各类应用卫星。

国内外卫星研制经验表明，缩短研制周期、降低成本、提高产品可靠性的重要途径之一，是促使卫星平台实现通用化和系列化。卫星可以划分为有效载荷与平台两大部分，所谓平台，是指卫星上除有效载荷以外的所有部分，由星载各服务系统组合而成一个舱段或几个舱段，例如，服务舱、有效载荷舱（不含有效载荷）、推进舱等。无论是任何用途的卫星，也不管它装着什么样的有效载荷，卫星平台及其组成的服务系统的基本功能都是一致的。因此，将平台设计成一种具有通用性、能在一定范围内适应不同有效载荷配置，构成不同用途的卫星平台，是完全可能的，亦称之为公用平台或公用舱思想。由于平台的基础是服务系统及其功能部件，因此，公用平台思想的核心是服务系统及其部件的模块化。有了公用平台，在研制不同的应用卫星时，只需要改变有效载荷或有效载荷舱，不需要重新研制平台；平台可从若干个公用平台系列中选用，其技术状态保持不变，或仅做少量适应性修改，以满足新卫星的要求，从而可以大大地缩短研制周期，节省研制费用。

1992 年 11 月，闵桂荣亲自领导并组织卫星总体部及有关所厂、卫星型号总师系统、院科技委等部门的有关人员，对如何发展中国的卫星公用平台进行论证。为了开展研究工作，他们首先对卫星需求及卫星平台通用化、系列化原则，进行了充分研究。根据我国国民经济和国防建设部门所提出的要求，所研制的应用卫星有28种，中国空间技术研究院对此做过可行性研究或方案研究，或在历年制定规划中议论过。根据卫星运行轨道及其他特点，卫星可分为地球静止轨道卫星、太阳同步轨道卫星、返回式卫星、小型卫星四类。在闵桂荣的主持下，经过多次讨论酝酿，开创性地提出了卫星平台通用化、系列化的原则：(1）提高认识，统一思想，防止卫星在研制中出现不必要的标新立异和锦上添花，应加强继承性，坚定不移地走平台通用化、系列化的道路。(2）充分利用经过空间飞行考验过的卫星平台，并选择若干在研的卫星平台作为基础，并加以改进、扩展，使其成为在一定范围内具有通用性的公用平台。(3）平台的设计要兼顾不同型号的要求，尽可能扩大覆盖面，组成适应一定范围的公用平台。公用平台技术状态一般应冻结，使用时允许做不超过10%的少量适应性修改。(4）按卫星运行轨道和技术特点划分公用平台系列。公用平台对不同有效载荷的适用性具有一定的限度，不可能用一个平台包罗万象，每个系列可以由1～3个公用平台组成，公用平台的配置应与运载工具的能力相适应。(5）服务系统及其功能组件是平台的基础，模块化的服务系统是公用平台的核心。公用平台的服务系统及其组件必须采用模块化设计，以便于更换，增强平台的适应性。此外，组成服务系统的组件，应实行规范化、系列化。

根据卫星运行轨道和技术特点，闵桂荣将卫星公用平台划分为3个系列：地球静止轨道卫星公用平台系列、太阳同步轨道卫星公用平台系列、返回式卫星公用平台系列。每个系列组成一个专题研究组进行深入研究，经过半年多时间的研究，先后完成了我国卫星公用平台发展设想的总报告。与此同时，他还进行了3个系列发展设想等3篇专题报告。在借鉴国外技术的基础上，闵桂荣认真总结了国内卫星研制经验，并结合分析“八五”计划期间卫星发展规划对卫星平台的需求，提出了拟发展4个系列8种平台。除返回式卫星平台已研制成功之外，其他7个平台，有的正在研制，有的还只是个设想，要建立这些公用平台，初步实现卫星平台的通用化、系列化，尚需要做大量的工作，克服许多困难。在公用平台研究报告总结会上，闵桂荣指出，公用平台的研制既要结合特定型号的研制任务，又要综合考虑未来其他卫星型号的要求，应将当前型号的研制任务与未来卫星研究、设计统一进行，因此，必须将型号之间的横向联系提高到相互结合、促进发展，同时还应发挥卫星各型号系列总师的作用。这亦是闵桂荣向大家提出的多型号卫星平台“一体化”设计与综合管理的新课题。

从1965年参加我国第一颗人造卫星总体方案论证开始，闵桂荣就一直关注并参与我国卫星发展规划制定，高度关注应用卫星发展，在科学技术试验卫星、返回式卫星、通信广播卫星、遥感卫星等多种卫星型号发展过程中，作出了创造性的巨大贡献。他在促进尽快发展中国海洋卫星、导航定位卫星中，也做了大量的工作。美国于1978年发射了世界上第一颗海洋卫星之后，苏联、日本、法国和欧洲空间局等也相继发射了一系列海洋卫星，逐步形成了以海洋卫星为主导的海洋环境立体监测体系。长期从事我国卫星研制和空间技术发展规划的闵桂荣，开始在不同场合、不同时间倡议发展中国海洋技术卫星事业。他在《制定合理政策加速航天事业发展》

报告中指出："中国有300多万平方千米的海疆，海岸带长达18000多千米。开发和利用海洋资源对中国的经济建设与发展有着重要的意义。海洋卫星可为海洋环境预报、海洋与海岸以及滩涂等的利用、海底采矿、海上油气田开发、渔场分析、航运、军事应用和科学研究等提供了不可缺少的重要信息资料，为它们的应用创造了条件。据初步估计，中国研制一颗海洋资源卫星的总投资约5亿元人民币，每年从灾害性海况的监测与预报，海上油气与矿藏资源开发，海岸、滩涂、港湾的开发与保护，海洋渔业、最佳航线的选择以及科学研究等方面的获益可达40亿元人民币。"1987年1月，王大珩、汪德昭、杨嘉墀、闵桂荣等26位著名科学家联名给党中央和国务院写信，提出尽快发展中国的海洋卫星技术的建议。同年10月，国家海洋局、中国空间技术研究院、中国科学院三个部门和单位，联合完成了《海洋卫星立项研制工作报告》《海洋卫星技术经济综合论证专题报告》，并上报国务院。至此，我国海洋卫星工作开始进入基础调研和技术准备阶段。

1997年6月20日，国防科工委下发了《关于海洋水色卫星立项研制的批复》，同意中国空间技术研究院研制一颗海洋水色卫星，将它列入国防科研军民用卫星研制计划，利用风云一号卫星02批第二颗卫星的发射机会进行搭载发射，从而开启了海洋卫星事业的大门。根据海洋卫星系列的总体规划，作为第一颗海洋水色卫星，国家海洋局将其命名为海洋一号卫星。随后，国家海洋局又组织制定了海洋卫星及卫星海洋应用发展长远规划，并纳入中国航天事业发展规划。2002年5月15日9时50分，海洋一号卫星由长征四号乙运载火箭发射升空。这是中国海洋界引以为豪的特殊时刻，因为它是中国人民依靠自己的力量把中国的海洋事业推向世界、推向空间遥感海洋观测的新时代，结束了中国没有海洋卫星的历史。第一颗海洋卫星的成功发射和业务化试运行，是我国综合国力显著提升及海洋事业步入快速发展阶段的重要标志，浸透了老一辈科技工作者的汗水与心血。

随着我国北斗导航系统的基本建成，导航卫星技术在国防建设、经济建设中的应用范围逐步扩大，并取得了初步的社会与经济效益。北斗导航系统在促进经济发展，增强国防实力，以及带动科技等领域，正在发挥愈来愈重大的作用。闵桂荣亲身经历并见证了一代又一代航天人用勇气和智慧，铸造今日导航卫星的成就与辉煌。早在 1967 年 12 月，钱学森在安排东方红一号卫星、返回式遥感卫星方案论证与复审会议后，根据潜艇、测量船的研制工作进度，安排闵桂荣适时参与导航卫星和通信卫星的探索研究。1968 年 6 月，海军向中央军委呈报《关于研制和建设潜艇指挥通信、导航系统的报告》，提出了对通信卫星、导航卫星的使用要求，即要求通信和导航实现全球性、全天候、高精度、高速度、高可靠性和不间断地工作；1972 年完成微波通信、卫星导航系统建设；1974 年完成超长波通信、导航系统建设。7 月 9 日，国防科委要求空间技术研究院尽快论证导航卫星研制方案。钱学森对此十分重视，组织闵桂荣等有关人员进行深入细致的研究，他认为，要完成这一重大任务，无论在技术指标还是进度要求上，都存在较大差距。1969 年 1 月 6 日至 2 月 11 日，海军司令部受国防科委委托，在天津塘沽以三结合形式召开了卫星导航使用要求论证会，海

闵桂荣等出席“陆海观测卫星业务发展规划”专家论证会

军表达了发展中国卫星导航系统的必要性和迫切性，并提出了具体的使用要求。经过论证，大家认为近期内不可能满足潜艇部队水下导航的要求，可优先发展水面卫星导航系统，以解决海军和一般用户的急需。

1969 年 3 月 13 日，国防科委确定导航卫星工程代号为“691”任务。钱学森、常勇亲自安排抽调相关单位技术人员组成总体研制队伍，由孙家栋、闵桂荣负责主持水面卫星导航系统方案论证。钱学森要求研制人员“上来一把抓，回去再分家”。这就意味着研究总体方案时，各单位要从全局出发，提出多种总体方案以便进行比较，从中筛选出具有共性的各系统支撑课题，回去再开展系统项目研究，并尽快提出外协课题。他还反复强调要充分利用已有的研究成果，并从正在研制的卫星系统中吸取实际经验，总体人员要经常到各分系统单位调研，学习相关专业知识，总体要按照分工对口联系，这样才能起到总体与分系统之间的桥梁作用，从而提高总体设计水平。1969 年 6 月底，闵桂荣与总体室的有关人员提出了导航实验卫星和导航应用卫星两个方案报告。同年 7 月，受国防科委委托，空间技术研究院主持召开了灯塔一号导航卫星方案论证会，并相继开展了各大系统的方案论证。经过十年的艰苦努力，灯塔一号导航卫星初样研制阶段于 1979 年结束后，转入正样研制阶段，各单位均完成了星上的正样产品，并都验收合格。遗憾的是，1980 年 12 月，鉴于未能列入重点计划，因而研制经费不宽裕，致使运载火箭项目不落实，历时 12 年的导航卫星研制计划被终止。灯塔卫星虽然下马，但其作为我国导航卫星的先驱，为多种应用卫星积累了经验。

1983 年，导航卫星研制又一次被提上了议事日程。国防科工委测控专家陈芳允提出了采用 2 颗地球同步轨道通信卫星的一个频段，即可确定地面目标任何时刻的位置和海上移动物体的定位导航设想，首创了“双星定位通信系统”这一大胆的设想，比美国人 K·G· 乔汉森于 1998 年发表的同一设想，整整早了 15 年。

当时，全世界拥有或在建的卫星导航系统只有美国的 GPS 系统，而卫星导航系统是一个大国系统重要的战略设施，它对于维护国家安全、推动经济发展，都具有重大意义。1986 年 3 月，总参测绘局向空间技术研究院提出建立双星快速定位系统的要求和建议。闵桂荣组织有关同志进行研究，安排了一批院管预先研究课题。1989 年 9 月 25 日，国防科工委组织测控部、总参测绘局等有关单位，利用我国位于东经 87.5 度和 110.5 度两颗通信卫星，在北京进行了“双星定位系统”功能演示。经计算处理参数，一秒后显示屏上就出现了用户的精确地理位置，其误差仅在 20 米以内。次日，新华社发布消息说：“利用 2 颗卫星将快速定位、通信与定时一体化，并获得了理想的试验数据，这在世界上还是首次，况且快速定位精度也达到了国际先进水平。这项卫星应用尖端技术，标志着我国独立开发利用卫星通信资源有了新的突破。”经过几年的方案研究、技术攻关及单项预研，卫星工程取得了很大进展。这期间，闵桂荣利用各种机会，促进导航定位卫星工程上马。1993 年，北斗导航卫星工程顺利立项，并列入国家科技的重大专项内。北斗一号导航卫星初期针对消旋平台型卫星开展论证工

闵桂荣（右）、王希季（中）、童铠（左）在会上

闵桂荣出席北斗一号卫星评审会

作，1994 年年底改用东方红三号卫星平台方案。闵桂荣多次参加卫星研制的各阶段评审工作，严格要求进行质量控制，确保任务圆满完成。

2000 ~ 2003 年，依据双星定位理论，我国发射了 4 颗北斗一号导航卫星，其中 2 颗为工作星，另外 2 颗为备份星，建成了北斗一号区域卫星导航系统，为中国陆地交通、航海、森林防火等领域提供了良好服务。在多年默默无闻的研究与开发后，北斗导航系统迎来了自己的春天。

3. 新的使命 创新之路

20 世纪以来，资源、环境、灾害和国家安全已成为人类社会发展中的主要问题，而空间对地观测恰恰是解决这些问题的重要手段之一。1990 年，闵桂荣在《空间技术——大国发展战略的重要领域》一文中指出：“当今，要想成为世界强国，必须在经济上和军事上都占有绝对的优势。为此，许多国家都将发展空间技术置于本国的战略地位。”

20 世纪 60 年代，随着空间技术的发展，战略核武器如虎添翼，侦察卫星几乎可以发现敌方的全部重要目标及其准确位置，从而大大提高了攻击效果。而侦察卫星又是军备核查的唯一手段，用以核查敌方军事部署情况，以其作为政治斗争的主要资源。空间技术在核战争中起着重大的作用。闵桂荣认为，卫星侦察、导航和通信等技术发展，使得拥有空间技术的大国在陆、海、空作战指挥中具有明显的优势，极大地提高了执行各种军事任务的能力。

生产力的发展和经济效益的提高，取决于科学技术的发展。空间技术是具有宏观作用的技术，对国家经济的发展具有战略意义。各种卫星遥感系统对气象、灾害预报以及环境监测，陆地、海洋资源调查开发和利用等常规手段，起着不可替代的作用，能产生极大的经济与社会效益。不同型号的卫星通信系统，可应用于通信的现代化建设、电视教学和科普、文化交流，具有投资少、见效快的特点。先进的卫星导航定位系统对陆、海、空运输系统的效率与安全，起着关键作用，对经济建设亦具有极高的价值。

对地观测卫星分为返回型和传输型两种类型。早在 1965 年闵桂荣参与制定的卫星系列规划中，我国就将返回式遥感卫星、通信卫星、气象卫星等应用卫星系列，确定为卫星发展规划的重点。1967 年开始制定中国第一个返回式遥感卫星方案，1975 年首次进行飞行试验并成功返回，我国成为继美国、苏联之后世界上第三个具有研制、发射返回式卫星能力的国家。随后，成功发射和回收了一系列返回式卫星，为我国的国防建设作出了重要贡献。然而，返回式遥感卫星的运行时间短，应用周期与时效性受到限制。20 世纪 80 年代初，有关专家提出了要发展我国自己的资源二号传输型遥感卫星。

为了填补我国在传输型遥感卫星方面的空白，1987 ~ 1988 年间，闵桂荣组织有关人员与应用单位一起，开始了资源二号卫星的综合论证工作，并明确了关键技术。由于预研经费投入强度有限，致使关键技术的攻关工作进展缓慢。1990 年 11 月 8 ~ 13 日，闵桂荣在北京主持召开了空间技术研究院 1991 年工作会议，规划了“八五”计划期间的工作要点，坚持贯彻“持续、稳定、协调”的发展方针，坚持四项基本原则。开展 4 个卫星系列 8 种卫星型号研制，发射 12 颗卫星，其重点是抓好资源二号卫星以及“863 计划”项目的预研工作。为了确保在“九五”计划期间完成研制和发射任务，闵桂荣决定自筹资金开展资源二号卫星的先期技术攻关，尽早地突破资源二号卫星的关键技术，创造全面进行工程研制的条件，并降低型号研制过程中的风险。与一般的预研项目相比较，先期技术攻关所需之经费投入强度大，若要完成工程样机，除关键技术之外，还要同时开展系统配套所需项目的研制工作。1991 年年底，经国家领导批准，资源二号卫星工程正式立项。根据国防科工委下达的资源二号卫星的研制任务，明确了为加强管理、提高资金的使用效益，由使用部门与研制部门签订先期技术攻关合同。为此，空间技术研究院与使用部门于1992年9月签订了资源二号卫星先期技术攻关的经济合同。与此同时，研究院与院内各研制单位也签订了技术经济承包合同。至此，资源二号卫星先期技术攻关轰轰烈烈地全面展开。经过一年多时间的技术攻关，资源二号卫星完成了CCD相机、高码速率数传、数据压缩与加密、高密度磁记录器、星敏感器、航空校正等技术攻关，完成了总体方案论证，并突破了在控制、结构、能源等系统中的技术难点，使资源二号卫星于1993年9月正式转入工程研制管理模式。资源二号卫星先期技术攻关采用管理新模式，为研制工作起到了巨大的推动作用，也成为卫星预先研究与型号研制相结合的一次成功探索。

资源二号卫星进入工程研制阶段，闵桂荣被国防科工委任命为资源二号卫星工程总设计师。闵桂荣没有想到，自己从中国空间技术研究院院长任上调任至卫星系列总设计师、部科技委副主任、“863”首席专家等，新的更重的任务又压在了他的肩上。他服从国家需要与组织决定，毅然迎接新的使命与挑战。资源二号卫星工程由卫星、运载火箭、应用、测控和发射场五大系统组成，其工程总设计师是设计队伍中的核心与灵魂，是工程技术指挥系统的领头雁。依据工作条例，规定了工程总设计师的主要职责是：“工程总设计师是整个工程的技术总负责人，即整个工程技术工作的组织者、指挥者以及重大问题的决策者；各系统总设计师在工程总设计师的领导下，进行系统研制建设的技术工作；工程总设计师负责确定各系统的设计任务、审定各系统技术方案和协调解决系统之间的技术问题；工程总设计师可根据需要召开（各系统）总设计师联席会议部署工作、交流研制与建设情况、协调各系统间的技术问题。”闵桂荣清醒地认识到工程总设计师的责任绝不轻松，不仅仅是开头难，其后也必将面临急流险滩，工程总设计师是信任，更是重托，他义无反顾地再次承担起新的历史使命。

在资源二号卫星工程总体设计初期，国防科工委即确立了以资源二号卫星为龙头，以地面应用系统建设和长征四号乙运载火箭为重点，充分利用我国现有的航天发射系统及航天测控网，并对之进行补缺配套，改进提高，使各系统之间相互协调、配套发展，以最经济的方式、最可靠的手段，完成资源二号卫星工程的建设思路。闵桂荣在这一思路的指引下，与有关领导研究后，提出了工程建设的几项原则：其一，将实现应用系统的要求、确保系统的高可靠性作为重要目标，质量第一，保证成功；其二，对航天装备进行全寿命、全系统、全过程管理，做好各方面的组织与协调工作，保证系统各部分做到协调发展，以便实现预定目标；其三，妥善处理好继承与创新的关系，并瞄准国际先进水平，要发展，要创新，要继承成熟技术，缩短研制周期，节省经费。1994 年 10 月，国防科工委组织召开资源二号卫星工程第一次大总体协调会。会上，闵桂荣主持卫星总体方案报告及各大系统的技术交流，明确了星、箭、发射场合练，电磁兼容试验和星箭联合振动试验等计划。在此基础上，长征四号乙运载火箭开展了方案设计和初样研制工作。

资源二号卫星是一种传输型对地成像观测遥感卫星，其有效载荷由三部分组成，即较高分辨率的光电成像的 CCD 相机、高码速率图像数据传输系统、大容量高码速率图像数据记录磁带机。经过艰辛的攻关，完成了国内最高水平的星上设备的研制任务，达到了 20 世纪 90 年代国际先进水平。资源二号卫星从一开始设计，就贯彻了公用平台的设计思想。在结构上，卫星分服务舱和载荷舱两舱结构，并贯彻了通用化、系列化、组合化的设计思想。该平台具有较高精度的三轴稳定姿态控制能力，同时还能驱动太阳电池翼对日定向控制以确保卫星能源供给，并具有卫星轨道保持以及小范围轨道机动能力。资源二号卫星公用平台可支持不同的有效载荷，形成多种用途的资源卫星，已成为我国优先提供选用的几种卫星公用平台之一。资源二号卫星总设计师叶培建说道："闵桂荣院士作为工程总设计师，给予我这个第一次担任卫星总设计师的人无私的帮助和支持。他抓大放小，信任我们，使我们有依靠，又能发挥最大的主观能动性。""作为总设计师，我深知肩上担子沉重。好在有闵院士撑腰，困难一个个地被克服，新型表面张力贮箱的研制、大口径光学镜头的研磨，那时都在装备和技术这两方面出现了卡壳，闵院士带领我们去 510 所、成光所深入调查研究，并指导研制方向，还给予经费支持，解决研制设备等问题，促使任务获得圆满成功。相机的振动试验几次未能过关，镜头片也被振碎，主任设计师乌崇德同志急得直掉眼泪，可是经过检查，一切又都是按照规范做的，毫无疏忽大意。这时闵院士提醒大家，振动条件可否再想想？这给我们关键的启发：因我们设定的振动条件是按照一般设备仪器制定的，对于个头非常大的相机是否过了？经过反复计算力的传递路径，并参照国外的做法，我们按照相机的重量实际减小了试验量级，试验获得通过，上天飞行也很正常，这就从此奠定了一个新的振动试验准则。"

1997 年，资源二号卫星完成了初样阶段的电性星、静力试验星、动力试验星、热控星的各项大型试验。按照资源二号卫星工程研制计划，1997 年 7 ~ 9 月，闵桂荣与有关领导在太原卫星发射中心组织了发射场合练，用来检查卫星、

1998年，闵桂荣（右三）、朱森元（右二）在西安光机所遥感实验室调研

20世纪90年代，闵桂荣（前排左二）在510所调研

运载火箭以及发射场之间的相互匹配性。第一阶段自7月26日至8月18日，完成了动力试验星在技术区的总装、检漏、加注、太阳翼展开试验；完成了运载火箭第三级仪器舱的机械对接、扣罩及带罩组件转运跑车试验；完成了动力星太阳翼的改装、光照试验以及太阳翼与电性星的对接试验。第二阶段自9月7日至9月28日，完成了卫星地面测试系统多场区的联试、卫星发射区测试以及星、箭、场三个系统电磁兼容性试验。整个发射场区合练工作按照合练大纲的

要求，圆满完成了合练任务。

为了检验卫星测控分系统与地面测控系统方案及接口的合理性，1998 年 8 月，在闵桂荣与有关同志的领导下，研制人员完成了卫星地面测控系统第一阶段的星地对接工作，其中参加对接的地面站有南宁固定站、渭南第一活动站。参加对接的卫星设备是按照正样技术状态改造后的初样产品，在针对星地对接中所暴露出的问题，进行认真归零，为正样产品的改进奠定了良好基础。1999 年 9 月，在卫星正样测试与试验期间，进行了星地测控对接工作试验，其中包括：喀什测控站、渭南测控站、长春测控站的全面测控对接试验，青岛测控站和南宁测控站的上行遥控单向对接试验。参加对接的卫星设备为正样技术状态。试验中验证了星地测控接口兼容性，这就为卫星在轨飞行测控创造了条件。1999 年 7 月至 2000 年 4 月，闵桂荣特别关注卫星与地面应用系统的对接试验。他利用唐家岭航天试验中心临近应用系统接收站的有利条件，对卫星电性能测试与试验期间整星直接与应用系统接收站进行了比较全面和真实的有线或无线对接，其对接范围包括卫星下行 X 频段图像射频信号和下行 S 频段遥测射频信号。卫星活动接收站的对接试验在卫星总装大厅内进行，对接采用有线射频信号直接接口的方式进行；卫星与应用系统固定接收站的对接采用从唐家岭航天试验中心向上庄固定站进行无线转发的形式。对接试验，为卫星在轨飞行期间的成功应用奠定了良好基础。

闵桂荣深入工作一线，对工程研制以及试验中出现的问题，坚持原则，铁面无私，按故障归零的要求一查到底，直至彻底解决。他与广大航天人一起为我国资源二号卫星工程顺利实施，构筑起了坚固的屏障。“不带问题出厂，不留隐患上天”，这是闵桂荣多年来经常讲的一句口头禅，也是他身体力行的准则，面对质量问题，他的铁面无私是出了名的。

资源二号卫星工程研制阶段工作完成后，资源二号卫星与长征四号乙运载

2000年2月8日春节期间，闵桂荣（左二）陪同马兴瑞（左三）看望加班同志

火箭在2000年6月进驻太原卫星发射中心，工程进入实施阶段。闵桂荣每次都是从北京坐小汽车去太原卫星发射中心，一路风尘仆仆，十分艰辛，汽车沿途要翻过燕山、太行山、吕梁山、五台山以及芦芽山。太原卫星发射中心位于山西省岢岚县的高原地区，地处温带，海拔约1500米，与芦芽山风景区毗邻，是中国试验卫星、应用卫星以及运载火箭发射试验基地之一，具有多功能、多发射方式，集指挥控制、测控通信、综合保障系统于一体，其航天发射的综合能力实现了从年执行1次发射任务到年执行10次以上高密度发射任务的跃升。

资源二号卫星在发射阵地技术区通过总装、测试、检漏、推进剂加注等全部工作后，其对接段与长征四号乙运载火箭三级仪器舱连接，并安装整流罩组件，而后用带有温度、湿度调节的专用运输车转运至发射区。在发射区，卫星带罩组件经吊装，与塔架上的一、二级运载火箭进行对接。为确保卫星对温度、湿度以及洁净度的环境要求，卫星受整流罩和封闭塔架的双重保护，以保证卫星必要的工作环境。在合练与发射过程中，闵桂荣都会亲临现场，到试验间、去地堡查看每个岗位的工作情况，了解细节，发现可能出现的问题，给大家以

2002年10月22日，闵桂荣（中）在太原卫星发射中心指挥部与叶培建（左）、郑时运（右）研究工作

鼓励与勇气。卫星在发射塔架经电测检查，与运载火箭和发射基地联试，待命发射。

2000 年 9 月 1 日 11 时 25 分，长征四号乙运载火箭成功地将资源二号卫星送入预定轨道。卫星入轨后，地面测控系统对卫星进行在轨运行状态设置、轨道捕获与调整，同时进行有效载荷初步成像试验控制，第三天，卫星开始传输图像、发挥作用。经过在轨测试阶段，资源二号卫星于 2000 年 12 月 29 日正式交付用户使用，主要用于国土资源勘查、环境监测与保护、城市规划、农作物估产、防灾减灾和空间科学实验等领域。

在第一颗资源二号卫星技术攻坚的良好基础上，2002 年 10 月 27 日又成功发射了资源二号 02 星，这颗卫星的性能和技术均较 01 星有所改进。2004 年 11 月 6 日，中国又成功地将资源二号 03 星送入太空。3 颗卫星在轨运行期间，向地面传输了大量图像，图像清晰，层次丰富，信息量大，受到了用户的高度称赞，为推动我国空间遥感卫星平台及有效载荷技术的发展，提高我国参与国际空间市场竞争力，起到了积极的推动作用。

资源二号 01 星和 02 星的设计寿命均为两年，但直至 2004 年 03 星发射时，它们仍在轨正常运行，工作时间远远超过了设计寿命。资源二号01星和02星超期服役，构成了我国同一系列不同时期发射的3颗卫星同时运行的天作之合，实现了3星组网。

创新是一个民族发展不竭的源泉。资源二号卫星工程的成功建设，是一个不断攻克关键技术、进行技术创新的过程。为满足工程建设要求，解决建设中出现的难点，各系统的工程技术人员与时俱进，开拓创新，研究开发了一系列新技术、新方法、新工艺。2002年9月，闵桂荣在总装备部和国防科工委联合举行的卫星工程研制建设总结表彰大会上，就资源二号卫星工程作了简短发言，回顾资源二号卫星工程的建设历程，它充分体现了党中央和各级领导的正确和英明决策是卫星工程获得成功的根本保证，工程取得成功的基本经验是坚持自力更生、独立自主的研制方针，尖端技术靠购买买不来，应尽可能地吸取国内外先进技术，走自己的研制道路，并以“自力更生为主，争取外援为辅”，探索继承与创新相结合的技术途径，发扬团结协作、大力协同的精神；坚持质量第一，确保成功。工程的两条指挥线从一开始就将质量意识放在首位，建立健全工程质量保障体系，强化质量管理制度，按照“质量与进度发生矛盾时，首先保证质量”这一精神，将质量放在工程的首位；积极培养青年队伍，使航天事业后继有人。一大批中青年干部脱颖而出，成为技术中坚和领导骨干，从而稳定并壮大了一支掌管高技术的航天队伍。

在资源二号卫星工程10多年的研发工作中，闵桂荣等一批老同志充分发挥带头骨干作用，充分相信和激励年轻人的业务能力，培养了人才梯队，使大批的年轻骨干走向了更为广阔、更加前沿的技术领域，成为我国航天事业的生力军和中坚力量。

闵桂荣

闵桂荣院士传记

Academician Min Guirong's Biography

第八章

战略前瞻　历史决策

闵桂荣连任两届“863 计划”航天领域专家委员会首席科学家，组织领导航天技术研究工作，取得了重大进展，为中国航天持续快速发展奠定了坚实的基础。

1. 深空探测　嫦娥探月

千百年来，人类仰望天空，浮想联翩，憧憬月球，梦想着长出一对翅膀，飞向茫茫的宇宙，去探索月球的奥秘。

早在第一颗卫星“东方红一号”研制时，中国航天就已在酝酿后续卫星发展计划。东方红一号卫星发射成功后，接着发射了实践一号科学实验卫星、返回式遥感卫星、通信卫星、气象卫星、地球资源卫星、导航定位卫星等，载人航天工程按规划逐步实施，取得了一个又一个的重大成就。

闵桂荣驰骋国内外科技论坛，深感开发宇宙空间是全人类共同的愿望。早在 1996 年为贯彻党中央、国务院关于加速科技进步和加强科普工作若干意见精神，实施“科教兴国”和“可持续发展”战略，落实全国科技大会和全国科普工作会议提出的提高全民科技意识及科技素养的任务，中国科协、中国科学院和中国工程院发起组织百名院士面向社会，主要是面向党政领导干部作科技系列报告，这是一项很有意义的活动。在周光召、朱光亚主编的《共同走向科学——百名院士科技系列报告集》中，记载了闵桂荣作的《空间技术的成就与发展趋势》报告全文，其中指出：

过去30多年来在深空探测方面虽已做了比较大的成绩，但还是初步的。未来美、俄、欧、日都将对深空进行深入探测。主要有两大方面，一是太阳系行星探测，二是天文观察。至于建造月球基地和载人火星在90年代还只处在研究阶段，要实现这个计划将是21世纪的事。由于月球上存在有氦－3等重要资源，世界上不少专家倡仪各大国联合开发月球。日本不久前曾公布了雄心勃勃的探月与登月计划。行星探测包括对金星、木星、火星、水星等及其周围环境的探测。已经发射的伽利略木星探测器，其主要任务就是对木星进行探测研究。研究木星具有重要的科学意义，因为太阳系内木星有自己的小行星，有自己的运行轨道，其模型与太阳系相类似。科学家认为通过木星及其周围环境考察研究，有助于了解太阳系的起源以及地球在太阳系中的地位。至于天文观察，预计今后

闵桂荣（二排右四）与中国科学院技术科学部常委会成员合影

将有数座轨道天文台在太空工作。

人类认识月球，是从对月球的原始崇拜和流传的神话开始，继之以天文观测，直至20世纪后半叶，人类已经实现了对月的近距离接触及观测。我国是世界上最早对月球运行进行科学观测与记录的国家之一。公元前14世纪，中国殷朝甲骨文（河南安阳出土）中已有对日食和月食的常规记载。在明朝之前，我国对日、月运行的观测、研究以及认识，已达到了很高的水平，当时以对日、月运行认识为基础编制的历法一直领先于世界，还发明了一系列精巧的天文观测仪器。明朝中叶以后，欧洲科技发展突飞猛进，从对月的远距离观测逐步走向全面的科学探索。20世纪50年代末至70年代初，美、苏两国凭借在航天领域的优势，展开了月球深空探测的竞争。例如，苏联向月球发射了32个探测器，这些探测器或逼近或登陆月球，美国向月球发射了21个探测装置。1969年7月，“阿波罗十一号”实现了人类登月之梦，从“阿波罗十一号”人类在月球上迈出的第一步，到“阿波罗十七号”人类迈离月球的最后一步，月球上留下了12名美国航天员的足迹，他们共带回384.6千克的月岩样品，美、苏两国在月球探测中取得了辉煌的成就，但耗费的人力、物力也是巨大的。1976年后，月球探测进入宁静期。通过对前期工作的总结与提高，科学家们提出今后进一步从事月球探测所应解决的科学问题和应用问题，特别是月球资源以及特殊环境的开发利用，展现出广阔诱人的前景，这将对地球的可持续发展作出重大贡献。新技术进步，尤其是航天技术、信息技术、微机电技术等的发展，使月球探测成本大幅度降低，而效率与质量却能大大地提高。随着地球资源的逐渐匮乏，开发月球资源将成为人类的共同愿望与目标。

新中国成立后，我国科学界奋起直追，通过学习与合作，在很短时间内，有多个领域将我们对月球的认识提高到一个新水平。

早在20世纪五六十年代，郭沫若、竺可桢、钱学森、张钰哲、程茂兰、李珩、王绶琯、钱骥、杨嘉墀、陈芳允等老一辈科学家，就在跟踪国外的深空探测、水星探测、巨行星及其卫星探测、小行星与彗星探测，并将月球探测作为深空探测的起点，进行了学术探讨。在同一时期，我国建立了航天科学与技术工业，取得了“两弹一星”的成功。随着航天领域取得一个又一个的突破，我国航天科技实现突飞猛进的发展，这就为我国自主开展月球探测活动提供了坚实的基础，闵桂荣等一些科学家也适时提出了月球探测计划建议。

通过分析世界深空探测发展趋势，并听取部分老专家意见，闵桂荣深感20世纪90年代我国在航天三大领域（卫星、载人航天、深空探测），只发展了两个领域，而深空探测仍属空白。他多次提出开展月球探测活动不仅能壮国威，提高中华民族的凝聚力，了解月球，深化人类对地球、太阳系以及宇宙的起源与演化研究的认识，月球上丰富的核聚变燃料氦-3，将是各国未来解决能源危机必争的对象，而且开展月球探测活动还有利于推进我国航天领域的国际合作。他还研究了我国航天已掌握的卫星技术、运载火箭技术、测控网技术及发射技术，还有一支技术雄厚的卫星技术研制队伍和空间科学研究队伍，因此，认为我国开展月球探测活动的条件已经具备。为此，他向国家科委主任宋健提出开展月球探测的建议。宋健主任态度极为明确，认为月球探测是21世纪航天发展的重要趋势之一，我们应该及早地开展这项研究工作，为子孙后代留点财富。随后，在国际空间年活动期间，即 1992 年 6 月 22 日，宋健为《太空、地球、人类》一书题词："大力开发空间资源，为发展经济、保护环境和社会进步服务。"宋健、孙家栋、闵桂荣、陈芳允、杨嘉墀等有关专家，曾多次进行有关探月问题的研究，探讨如何运用大型运载火箭发射试验的机会进行搭载，以便发射月球卫星，并将探月作为深空探测的起点。中国空间技术研究院还立项安排 512 所熊延岭开展月球探测工程系统及月球资源开发利用的情报课题研究，为月球探测项目进行可行性论证，并提供了有价值的参考资料。

"863 计划"航天领域首席科学家闵桂荣适时地提出了中国也要搞月球探测卫星项目，并着手成立了"863 探月课题组"，该组由中国空间技术研究院褚桂柏、杨维廉、姜昌、张永维、杨照德等 15 人和中国空间科学学会欧阳自远、都亨、陈康文、叶自立、项仁杰等 8 人组成，进行我国开展月球探测的必要性和可行性研究。经过一年多的工作，完成了第一个较完整的 863 航天高技术课题论证报告《我国开展月球探测必要性和可行性研究》，调研分析了国外月球的探测结果；探讨了我国开展月球探测的必要性，并提出了任务要求；论述了我国开展月球探测已具备的条件；提出了我国开展月球探测发展阶段设想和第一阶段月球探测的科学目标，以及第一颗月球卫星的总体方案设想、关键技术、研制进度和经费估算，月球探测的国际合作建议等。1994 年 11 月，闵桂荣主持会议，向王大珩、陈芳允、王永志、孙家栋、杨嘉墀、王希季、陈述彭等十几位院士作了阶段性研究成果汇报，得到了他们的指导、支持与帮助。课题组力图从必要性、可行性、经济性以及现实性四个方面进行综合研究与考量，从而提出符合我国国情并具有现实意义的月球探测发展战略及第一颗月球卫星的方案设想，以供领导决策参考。863 探月论证报告中提到的许多重要思想，已成为今天探月工程的工作基础。

1996 年，在国家 863 项目的支持下，中国空间技术研究院完成了《月球卫星技术方案可行性研究》报告，提出月球卫星总体可行性技术方案，已最大限度地利用我国航天技术已经取得的成果，也面临着一系列新的关键技术及其难点需要突破，主要有：轨道设计与飞行程序控制问题，卫星姿态控制的三矢量控制问题。在卫星运行期间，月、地、日三个天体都是相对运动的，姿态控制是三矢量控制过程，因此，需要对卫星的整体布局、质量分布、多轴控制跟踪等方面进行诸多新的理论研究；卫星环境适应性设计，则对卫星及各种设备的环境适应性、可靠性、热控制提出了更高要求；应考虑远距离测量与通信问题等。闵桂荣多次指出，这些问题既是工程难点，也是工程技术的创新点，必须攻克，这将会带动这些科学技术领域出现跨越式发展。

1997 年 4 月 7 日，在北京举行香山科学会议第 71 次学术讨论会，会议主题为“面向 21 世纪的空间科学与探测技术”。会议由王大珩和杨嘉墀担任执行主席。参加讨论的有陈芳允、任新民、闵桂荣、王希季、欧阳自远、艾国祥、叶叔华、刘振兴、苏定强、姜文汉等 12 位院士，以及来自空间天文、空间物理、空间技术等领域的近 40 位专家、学者，并特邀国际空间局专家贺其治出席会议。与会人员就空间环境探测、月球探测、行星探测与空间天文、深空探测、有效载荷与平台技术等中心议题，进行了广泛而深入的讨论。一项项具体建议令人心驰神往，一个个奇思妙想令人拍案叫绝，一幅幅壮丽画卷令人目不暇接，学术讨论会形成了一份颇有创新的建议。有关月球探测方面的建议如下。

我们认为，在继导弹、卫星上天，中国人进入太空之后，中国有能力发射月球探测卫星，登上月球，开创我国科技发展的第三个里程碑。

空间高科技可以将科学发现与科技突破很好地结合起来，带动我国高新科技向现实的生产力和军事优势转化。

月球探测是一个国家空间科技高度发展的重要标志，是综合国力的具体表现，对增强全国人民和海外华夏子孙的自信心和自豪感，培养下一代的开拓、奉献、创新精神，有着不可估量的深远影响。

登月工程的目标要高起点，但在实施时却应该分阶段、分层次，逐步地推进。建议将探测月球作为一个重大的国家高科技项目，列入21世纪初我国的航天发展远景规划。在近几年内制定一个规划，利用“863计划”和基础研究计划经费，研究发展蓝图、技术途径和关键技术，其中测控和数控要先行。有关深空探测地面测控站的建设，应尽可能早日付诸实施，一方面可参与国际合作，另一方面可从事射电天文学等的基础研究。

初步估计，2000年至2010年如能投入30～40亿元经费，即可完成月球探测的绕月飞行、软着陆、月球取样以及返回地球等项任务。载人月球飞行的运载器及开发月球等计划，可以到21世纪初再启动。

研究开发和利用外层空间的技术途径，参与制定国家空间事业的发展规划，是国家赋予中国空间技术研究院的主要任务之一。中国空间技术研究院自建院以来，闵桂荣就重视并积极参与有关空间开发途径研究以及空间事业发展的规划制定工作。1997年，中国空间技术研究院组织了由闵桂荣、王希季、杨嘉墀、屠善澄等两院院士以及空间技术专家组成的七个研究组，分别完成了通信与导航卫星、军用成像卫星、民用对地遥感卫星、小卫星、载人航天空间探测和卫星应用七个方面的发展战略专题研究。1998年，由闵桂荣、马兴瑞等20人参与组成了空间技术发展战略综合研究组，同年9月，研究组完成了《21世纪初我国空间技术发展战略研究（2000～2020年）》的综合报告。该报告对月球和深空探测进行了需求分析，并提出为研究地球和太阳系以及宇宙的起源、形成与演变，认识包括太阳在内的天体与地球的相互影响，因此，需要开展月球和深空探测活动。而月球是离地球最近的天体，因此成为对太阳系内天体进行探测的首选目标。火星是离地球最近的2颗行星（火星、金星）之一，因其存在生命迹象，这有助于深入认识地球而引起人们的重视。21世纪初，国际上将以月球和火星为重点，实现重返月球、载人火星飞行，建造永久性居留之地，为人类生存空间的拓展奠基铺路。报告中还提出我国月球和深空探测一直处于空白，倘若以有限目标适度地开展月球探测活动及探测火星跟踪研究，将有力地推动空间科学、空间技术的发展以及国际合作，并具有提高国家威望、开发和分享月球等空间资源的战略意义和历史意义。

开展月球探测活动，必须有明确的科学目标，而这一工作最终在国家863—703项目和中科院创新工程项目的支持下得以完成。1998年，闵桂荣主持863

会议，明确863—703项目立项，由中国科学院地球化学所和空间中心共同完成了我国月球探测的发展战略的研究项目，提出了开展我国月球探测发展规划的初步设想。在此基础上，中国科学院启动了知识创新方向性项目，支持以欧阳自远院士（亦为中国科学院首席科学家）的研究团组，开展“我国月球资源探测卫星科学目标研究”。该研究团组于2000年完成了《我国月球资源探测卫星科学目标》研究报告。报告在系统分析国际月球探测现状与发展态势的基础上，详细论证了我国开展月球探测活动的意义、必要性与可行性，并提出了开展我国月球探测工程分阶段进行的总体规划和基本构想，具体设计了我国月球探测一期工程的科学目标和有效载荷配置方案，提出了轮廓性的卫星研制总要求、轨道设计及测控通信方案。2000年8月，这一研究成果通过了杨嘉墀、孙家栋、闵桂荣等有关专家的鉴定，得到了国防科工委的认可，也成为月球探测工程立项的基础之一。

在2001年全国政协八届四次会议上，庄逢甘、闵桂荣联名提出《关于建议“十五”期间月球探测工程立项研制，最迟于“十一五”初期进行月球探测》的提案，得到了国防科工委的高度重视。宋健、孙家栋、闵桂荣为论证付出了大量的心血和智慧。2003年2月28日，国防科工委在北京召开了有

2006年12月11日，闵桂荣（左二）出席嫦娥一号卫星热控分系统院级出厂评审会

200余人参加的2003年民用航天工作会暨探月工程筹备会，邀请孙家栋、欧阳自远、杨嘉墀、闵桂荣等20名院士参加会议。会上，国防科工委副主任栾恩杰作了题为《与时俱进，开拓进取，谱写航天新篇章》的报告，提出了“正式启动探月工程筹备工作”。国家航天局宣布，2003年我国将启动探月工程的论证和关键技术攻关。2004年1月23日，国务院总理温家宝批准绕月探测工程立项，并将我国第一个探月工程命名为“嫦娥工程”。从此，绕月探测工程正式启动。

月球探测工程是我国航天领域重要的标志性工程，它对于凝聚中华民族精神、推动科技进步、增强我国的国力和国威，都具有重大的现实意义和深远影响。中国航天经过几十年的发展与几代人的奋斗，终于在科学技术和人才培养等方面，积累了丰富的经验，亦为绕月探测工程的实施奠定了坚实的基础。闵桂荣多次建议“我国也要发展月球卫星”，酝酿了10多年之久的探月计划也即将结出硕果。2007年10月24日，长征三号甲运载火箭将嫦娥一号卫星送入太空。10月30日17时40分，嫦娥一号卫星飞行到距离地球约11.98万千米的距离，突破了我国航天器到达的最远距离纪录。10月31日17时28分，嫦娥一号卫星按预定的时间、位置、速度，成功地进入转移轨道，标志着卫星开始进入奔月之旅。

2007年11月7日8时34分，嫦娥一号卫星成功地实施了第三次近月制动。它带着中国人的奔月梦想，成功地进入距月面约200千米、周期为127分钟的圆轨道。至此，嫦娥一号卫星经过326小时飞行，顺利地实施了4次地球轨道加速、1次中途轨道修正。3次近月制动共计8次变轨，总飞行距离约达180万千米，卫星成功地进入环月工作轨道。11月20日，开始传回探测数据，11月26日，国家正式公布了嫦娥一号卫星传回并制作完成的第一幅月面图。

2013年12月2日，“嫦娥三号”探测器由长征三号乙运载火箭顺利发射升空，12月14日，在月球虹湾实现软着陆，12月15日，成功进行着陆器与巡视器互拍成像，之后顺利开展月面就位探测与巡视勘察，这是我国航天器首次实现地外天体软着陆，实现探月工程从“绕”到“落”的跨越，为第三步的“回”打下了坚实的基础，我国成为世界上第三个成功实现航天器地外天体软着陆的国家。2014年1月6日，中共中央总书记、国家主席、中央军委主席习近平在北京人民大会堂会见探月工程“嫦娥三号”任务的参研参试人员代表。习近平总书记强调，探月工程连续成功，创造了世界月球探测史的中国纪录。这一成就的获得，凝结的是几代航天人的智慧和心血，依靠的是我们国家的综合实力，汇聚的是中国人民的整体力量，体现出最重要的意义是进一步增强了全国各族人民坚持和发展中国特色社会主义的决心与自信。习近平总书记指出，创新是一个民族进步的灵魂，是一个国家兴旺发达的不竭的源泉，也是中华民族最鲜明的民族禀赋。“嫦娥三号”任务是我国航天领域迄今最复杂、难度最大的任务之一，是货真价实、名副其实的中国创造。能够取得这样的成就，最根本的一点就是中国的航天事业始终坚持自力更生、自主创新。习近平总书记希望广大科技工作者、航天工作者再接再厉，向着探月工程总目标继续前进，为实现中华民族伟大复兴的中国梦作出新的更大贡献。

2. 高新科技　奠基天宫

闵桂荣经常思考的问题不仅仅局限于自己所负责的卫星工程项目，而更多的是国家科学技术应该如何快速进步。1993 年 5 月，863 航天领域专家委员会换届，闵桂荣担任 863 航天领域第二届专家委员会首席科学家，为航天系统发展战略研究做了许多工作，他曾多次指出：“一定要重视航天发展战略的研究，不要只停留在跟踪，要有创新。”

“863 计划”是 1986 年经中央批准，组织实施的指令性计划，旨在赶超世界先进科技，促进我国经济发展，加强国防建设，为我国 21 世纪的科学技术发展打下坚实基础。1986 年 3 月 2 日，王大珩、王淦昌、杨嘉墀、陈芳允联合提出了《关于跟踪研究外国战略性高技术发展的建议》，提出真正的高技术是花钱买不来的，高科技研究取得的成果是要花费力气和时间的，发展高科技不仅可以集中现有的科研实力出成果，而且可以培养新一代的高科技人才等。3 月 5 日，邓小平看到四位科学家的建议，立即作出批示：此事宜速作决断，不可拖延。之后，国务院迅速会同有关部、委、院、所，组织几百名专家，进行周密的调查与论证，制定出《高科技研究发展计划纲要》。1986 年 3 月 18 日，国务院正式发出关于《高技术研究发展计划纲要》的通知。至此，一个面向 21 世纪的中国战略性高科技发展计划正式公布于世。这个计划采取了制定有限目标并实行重点突破的方针，即重点选择那些对国力影响最大的战略性项目，强调项目的预研先导性、储备性和带动性，并按照邓小平的指示，实行军民结合、以民为主的原则。这是一个跟踪国际水平、缩小国内外科学技术水平差距，在具有优势的高技术领域创新、解决国民经济急需的重大科技问题的国家高技术发展计划。由于促成这个计划的《关于跟踪研究外国战略性高技术发展的建议》的提出和邓小平的批示都是在 1986 年 3 月进行的，举世瞩目的“863 计划”就这样诞生了。

“863 计划”纲要指出：“从现在起，应组织少量精干的科技力量，选择对我国今后经济建设具有重大影响的某些高技术领域跟踪世界水平，并力争有所突破，从而造就一批新一代高水平的技术人才，为未来形成高技术产业准备条件。”“开展规模适当、性能先进、模块式的载人空间站系统研究，在下世纪初建成长期空间站。”

“863 计划”的内容非常丰富，主要选取了生物技术、航天技术、信息技术、先进防御技术、自动化技术、能源技术以及新材料等 7 个领域中的 15 个主题项目，其目标是在此后的 15 年内，经过选取的 7 个高技术领域内，跟踪国际水平，缩小与国外的差距，并力争在我国占有优势的领域有所突破。“863 计划”于 1987 年 2 月正式组织实施，使中国载人航天重新列入了国家重点计划。闵桂荣积极组织与支持有关研究所承担空间站大系统概念研究、空间站概念研究、天地往返运输系统概念研究、空间平台概念研究、轨道机动飞行器概念研究、空间站动力学和空间站交会对接技术研究、热真空模拟设备 KM-6 和中性浮力槽方案论证、航天用翼伞以及空间细胞生物反应器的研制等 12 个重大课题。1990 年，在屠善澄、韦德森、钱振业的主持下，完成了中国航天领域的发展蓝图、大型运载火箭和天地往返运输系统概念研究、空间站及其应用研究 3 份综合报告，为中央决策批准 921 工程立项作出了贡献。

20 世纪 90 年代初，863 航天领域专家组组织有关专家继续对 8 吨级空间实验室和 10 吨级空间站进行较为深入细致的研究论证，从总体和各分系统以及补给方式等诸方面，进行数据对比分析，并较为详细地比较了它们的优缺点，倾向于 10 吨级空间站的方案。随后，863 第二届航天领域专家委员会在首席科学家闵桂荣的主持下，综合吸取了各方面的意见，其中包括对中国空间技术研究院和 710 所分别提出的《我国载人航天发展总体蓝图研究》报告进行研究，并于 1995 年由闵桂荣组织与审定后，提交了《新形势下我国载人航天发展战略研究》报告，对第一届专家委员会所拟定的蓝图，提出了改动与调整：其一，在蓝图的制定和方案的选择上更加现实与冷静。其二，明确提出我国空间站采用载人飞船运人、货运飞船运货这样一种天地往返运输系统。其三，提出在突破载人航天基本技能之后，先发展空间实验室，也就是实验型的初期空间站，一方面为将来较大规模、长期载人的空间站积累在轨飞行经验，另一方面为开展初期的空间应用提供一个实验基地。

与此同时，在闵桂荣的领导下，空间技术组、空间机器人以及遥科学专家组开展了空间结构、环境控制、热控制、动力学与控制、推进、电源、空间机器人和遥科学方面的关键技术的攻关，取得了一批丰硕的成果。1996 年，中国空间技术研究院承担的 17 个课题已全部通过验收。上述课题中，毛细抽吸两相流回路，通过理论分析和试验研究，改进了毛细蕊结构，使毛细提升力提高 2 ~ 3 倍，蒸发器的性能也明显提高，并突破了压力振荡的难关，研制成功用于空间实验室的 100kW·m 工程样机。空间传热装置及技术研究，经设计并加工出单槽缝高性能的三种热管，经测试，其传热性能大于 800W·m。相变传热强化技术，研究成功多孔介质膜单管，较好地解决了零重力环境下冷凝液的收集和传输，换热能力高于国内现有水平 30% 以上。空间站概念课题完成了 10 吨级空间实验室全尺寸实验舱的模装，并在 1996 年 3 月 863 高技术工程 10 周年成果展览会上展出。10 吨级全尺寸实验舱将进一步用于模拟失重情况下的舱内通风和流场试验、材料加工试验以及受控生态试验。

10 年来，“863 计划” 按照纲要的要求进展顺利，取得了许多重大成果。通过实施 “863 计划”，逐渐形成了适合我国国情的高技术研究发展战略，完成了高技术研究和开发的总体布局，建立起一批高技术研究和产品开发基地，培养、造就了新一代高技术科技队伍，获得了一批具有国际水平的成果，突破了一大批重大关键技术，从而大大提高了我国高技术研究开发水平，增强了我国的科技实力，部分成果已向商品化、产业化延伸，开始对国民经济和社会发展产生重大影响。

1997 年 5 月，国防科工委授予闵桂荣荣誉证书，指出："闵桂荣同志在担任国家高技术航天领域第二届专家委员会首席科学家期间，为我国航天高技术的发展做出了突出贡献。" 2001 年 2 月，闵桂荣荣获中华人民共和国科学技术部、中国人民解放军总装备部授予的 863 计划先进个人称号，荣誉证书上写有："闵桂荣同志在国家高技术领域研究发展计划（863 计划）工作中做出突出贡献，授予先进个人称号，特颁此证书予以表彰。" 而闵桂荣却谦逊地表示："863 计划不是哪几个人的计划，而是集中了广大科技人员的计划，体现了党和国家的高瞻远瞩。中国国防科技事业的发展，就是中国知识分子集体智慧的结晶，从中国航天来看，每一次成功都凝聚着千百万人的奋斗与创造。同样，辉煌与光荣也不属于哪一个人，而应该属于一个个在这条战线上勤勤恳恳、埋头苦干的无名英雄。"

闵桂荣多年来一直为 "863 计划" 中的航天领域项目的发展献计献策。1997 年，他在《空间技术的成就与发展趋势》报告中指出："载人航天是人类开发宇宙太空的必然发展，与 60 年代不同，当今世界载人航天计划的核心，是在靠近地球的轨道上建立长寿命大型空间站。空间站主要有如下功能:（1）遥感及微重力科学研究;（2）停靠、维修并为人造卫星补充推进剂;（3）在空间站进行部件或整机组装工作;（4）物资、航天员及航天器转运基地。" "为了适应我国 21 世纪航天事业发展，国家 '863 计划' 中安排了我国未来空间站的研究课题，除空间站概念研究外，还支持开展空间站系统的关键技术的预先研究工作。应该提及的是，为使空间站有效地应用，正在研究发展空间机器人及虚拟现实技术。这样做，就可使科学家、工程师们在地面上工作，以便于完成人在太空中进行的各种动作，这是一个极为重要的领域，世界上不少国家都在开展此项研究。”舱外自由移动机器人系统，作为863航天领域十大工程项目之一，根据任务的需要，确定了舱外自由移动机器人系统的6项功能（行走、搬运、更换、检测、插拔、抓拿浮游物体），完成系统的总体方案设计，对系统进行合理划分，并从事各分系统的研制工作，还进行了部分分系统的集成工作，从而进一步明确了各分系统之间的接口关系。1998年机器人本体加工进展顺利，完成一台样机的机加工。与此同时，机器人控制系统完成了方案设计和控制程序的框架设计和主要程序的代码编写工作。机器人视觉系统完成了基本功能的实现，进入系统调试阶段。空间机器人动力学与双臂协调控制研究，在所提出的空间机器人动力学等价机械臂方法的基础上，将自由漂浮空间机器人转化为固定基座上的机器人，简化了空间机器人动力学的建模，并通过理论和软件仿真证明了该方法的正确性，从工程角度验证了动力学等价机械臂方法的可行性。

创新是一个民族发展的灵魂和前进的不竭动力。一个国家、一个民族要想强大和前进，就一刻也不能停止创新。闵桂荣深感预先研究是创新的载体，是关键技术攻关和创新的主战场，没有预先研究，就没有积累，也就不可能有航天器的跨越式发展。他从系统工程的角度进行了思考，认为不仅要安排空间站的预先研究，更要重视运载工具的创新发展。根据“863 计划”纲要要求，并结合我国航天实际情况，他组织开展了大型运载火箭总体方案的探索工作，重点完成大型运载火箭系列的研制，以实现我国新型运载火箭的基本型首次飞行，以低轨道 20 吨运载能力为基本型，形成运载能力覆盖范围 10 ~ 25 吨的新型运载火箭系列，使我国运载火箭能力上升一个台阶，达到国际先进水平，并进一步保持发展潜力，为发射 20 吨左右的空间站、大型空间望远镜、返回式月球探测器以及深空探测器等，提供更加充裕的运载能力和更加宽敞而舒适的空间。

闵桂荣在审定所研究的运载火箭关键技术项目的任务安排时，深感发展航天应动力先行，在每一种新型火箭投入使用时，其发动机的研制往往需提前 20 年进行。世界各国对未来大型运载火箭和天地往返运输系统的研究，都在寻求一种高性能、廉价、无毒、无污染和有利于维护使用的航天发动机。863 航天领域专家委员会明确提出进行航天动力系统推进剂选用项目。随后，航天科技集团第六研究院（原 067 基地）与 863 专家组签订了研究液氧 / 烃推进剂发动机，作为未来大型运载火箭和天地往返运输系统动力装置的概念研究及可行性论证合同。

用液氧 / 烃作为推进剂只是一种宏观的概念。在烃类家族中，其产品种类很多，常用的有甲烷、丙烷、煤油等。六院立即组织研究人员一方面进行理论分析研究，另一方面对这些推进剂进行多次试验，从中得到了大量的试验数据。经过反复比较，液氧 / 煤油作为推进剂，越来越清晰地进入了人们的视线。它推力大，比现有的长征系列发动机推力大 60%，并有进一步提高的潜力；没有污染，液氧与煤油都是环保推进剂，而且易于存贮和运输；成本低，液氧和煤油价格比较低廉，每次发射可以节省费用上千万元；可靠性高，通过采用一系列新技术，可大大地提高运载火箭的可靠性；可重复使用。我国现有的长征系列运载火箭发动机均为一次性使用，而液氧/煤油高压补燃发动机可多次试车，并具有重复使用的潜力。

在863专家委员会等有关部门的支持下，六院研制人员对火箭煤油、富氧燃气发生器技术、主涡轮泵技术、联试用5种主要阀门技术、总装密封技术等关键技术开展预研攻关。从1995年开始，六院发动机生产厂针对液氧/煤油发动机所进行的工艺预研及工艺攻关课题高达130余项，终于攻克了液氧/煤油发动机燃气发生器——涡轮泵联动试验等系列关键技术，并于2000年通过了国家正式立项。在进入工程研制的12年间，六院科技人员自主创新，攻坚克难，先后研制出3种基本型发动机以及5种适应不同火箭总体的飞行状态下的发动机。

大推力氢氧发动机具有高能、零污染的优点，集超低温、超高温、高压、高转速、高功率密度于一体，代表着运载火箭先进动力的发展方向，早在20世纪90年代就列入“863计划”，并进行了可行性论证与关键技术预先研究，取得了重大突破。新一代大型运载火箭长征五号火箭芯一级采用大推力氢氧发动机作为主动力装置，该发动机于2002年立项研制，历经十余年的艰苦攻关，发动机关键技术全部被突破，累计试车22000秒。2012年8月17日，随着六院101所试验区传来震撼人心的轰鸣声，六院北京11所的大推力氢氧发动机500秒长程试车取

2012年1月15日，闵桂荣（右）与刘竹生（左）在一起

得圆满成功，标志着长征五号运载火箭首飞发动机技术状态已被确定，为后续投产、交付使用奠定了坚实的基础。闵桂荣指出，新一代运载火箭是“一个重点、两个动力系统、三个模块”，即以发展5米箭体直径的大型运载火箭基本型为重点，采用50吨级推力的氢氧发动机和120吨级推力高压补燃液氧煤油发动机两种新型动力系统，并以5米、3.35米、2.25米3种直径火箭为3个基本模块，通过模块化的不同组合，形成不同数量的新一代的运载火箭系列，从而满足各种发射任务的需求。

闵桂荣深深地感到，空间站建设是我国一项前无古人的开创性工作，其实施方案只规定了大的框架和技术路线，后续的技术攻关面临着更为艰苦的任务。工程将使长征二号2F、长征五号、长征七号三种运载火箭发射空间实验室、载人飞船、货运飞船以及空间站4种航天器，其系统组成更加复杂，且发射更趋密集，任务关联度亦增强，组织实施强度很大。因此，空间站核心舱、货运飞船、组合体控制等技术无一不代表着当今国际航天的最高科技成就，因此需要我们能自主突破掌握这些难度很大的技术，更为重要的是，我们应建设好空间站，更要用好空间站，搞好应用是关键，因此，应用项目的筛选与研制尤为突出。

2016年10月17日清晨，由中国航天科技集团公司抓总研制的长征二号F火箭和神舟十一号载人飞船将景海鹏、陈冬两名航天员顺利地送入太空，拉开了我国第六次载人航天飞行任务的序幕。神舟飞船每一次飞天，都会将中国的科技实力和国际地位提升至崭新的高度。从无人飞船到载人飞行，从一人一天到多人多天，从出舱活动到交会对接，从试验验证到应用飞行……，我国先后突破了载人天地往返、空间出舱活动、自动和手动交会对接等一系列关键技术，一步一个脚印，将中国的空间技术一步步地提高到新的水平。随着载人航天工

2008年2月19日，闵桂荣（左一）出席星船主题墙揭幕暨文化产品发布仪式，与杨保华（左二）、李开民（右二）、戚发轫（右一）在一起

程的实施，我国将突破并掌握更多的载人航天关键技术，更多的航天员驾乘“神舟”遨游太空，往返天地。

正在印度出席金砖国家领导人第八次会晤的中共中央总书记、国家主席、中央军委主席习近平第一时间发来贺电，对全体参研参试人员和航天员们表示热烈的祝贺和诚挚的问候，他鼓励航天工作者大力弘扬载人航天精神，精心做好后续各项工作，确保实现既定任务目标，不断开创载人航天事业发展新局面，使中国人探索太空的脚步迈得更大更远，为建设航天强国作出新的贡献。

发展航天事业，建设航天强国，是我们不懈追求的航天梦。如今，中国人的航天梦正一步步地从理想走向现实。

闵桂荣

闵桂荣院士**传记**

Academician Min Guirong's Biography

第九章

开发太空　新的征程

心系祖国，放眼未来。开发太空，造福人类，闵桂荣倡建空间基础设施和空间太阳能电站，培养人才，呼唤创新。

1. 空间技术 天基工程

81 年前，中国共产党领导红军，付出巨大牺牲，胜利完成了震憾世界、彪炳史册的长征。61 年前，国防部五院成立，中国航天事业正式创建。47 年前，以“长征”名字命名的长征一号运载火箭成功发射了东方红一号卫星，宣告中国正式迈入航天时代。时至今日，中国航天创建了以“两弹一星”、载人航天、月球探测为代表的辉煌成就，走出了一条自力更生、自主创新的发展道路，积淀了深厚博大的航天精神，沿着航天强国的宏伟目标不断前进。

闵桂荣在纪念邓小平同志诞辰 100 周年座谈会上作了《发展航天产业促进经济建设》的发言:“我国从上世纪 50 年代开始发展航天技术。早在 1958 年毛泽东主席就在中共八大二次会议上提出‘我们也要搞人造卫星’。1978 年邓小平同志指示七机部把力量集中到急用、实用的应用卫星的研制上，并强调要军民结合。1991 年 4 月 4 日，小平同志又题词号召广大科技人员‘发展高技术，实现产业化’。这样多的重要指示使我国航天事业取得了突飞猛进的发展。40 多年来，我国依靠自力更生，发展了长征系列运载火箭；成功地研制发射了 50 多颗国产人造卫星，其中包括通信广播卫星、对地遥感卫星、导航定位卫星以及科学实验卫星；近几年还多次成功地发射了宇宙飞船，其中神舟五号飞船就在去年首发成功。各种的人造卫星广泛地应用于国家经济与国防建设，并取得了显著的经济与社会效益。我国的航天活动所取得的成就，已在世界上产生了重大影响，并大大提高了我国的综合国力以及国际地位。”

闵桂荣还多次强调：“航天高技术要在国家现代化建设中真正发挥其重要作用，应该认真学习和积极贯彻邓小平同志关于‘发展高科技，实现产业化’的光辉思想。在研发多种人造卫星的同时，应大力加强各种卫星的应用工作，只有将航天科技成果大规模地推广应用，并实现产业化，航天高技术才能真正为人民、为社会作出重大贡献。”

随着对高科技发展及其产业化意义认识的提高，1991 年 9 月 18 日，中国科协常委决定成立促进高技术发展及其产业化专门委员会。闵桂荣身为中国科协常委、中国宇航学会理事、中国空间技术研究院院长，又被选为该委员会主任，副主任由中国科协副主席、党组书记高潮，以及中国科协常委、国防科工委科技委副主任、秘书长聂力兼任。委员会的主要任务是组织调查研究，提出发展方向、体制及政策建议，并起到咨询的作用。调研报告经科协审查后，上报给国家有关部门供决策参考。为了推动这项工作的开展，闵桂荣多次强调，发展高科技，实现产业化，提高经济和社会效益，为造福我国人民、造福全人类，作出我们应有的贡献。

1993 年 11 月，闵桂荣参加了中国科学院学部学术活动。会上，陈芳允、杨嘉墀、闵桂荣作了《空间技术利用与人类》的研究报告。报告论述了世界空间技术应用发展概况，以及中国空间活动概况，并对发展我国空间技术应用提出了建议。自 1957 年苏联发射第一颗人造卫星以来，空间技术的发展从探索走向实际应用，而且不断扩大。如今空间技术已进入人类的日常生活、经济活动、科学研究以及军事活动等各个领域，通信、广播、教育、导航定位、气象、资源开发、海洋利用、减灾等领域，均离不开空间技术，它已成为不可或缺的系统组成部分。利用空间技术不仅可以取得很大的经济效益，而且可以获得更为显著的社会效益。外层空间运行飞行器，是对影响人类生存环境的日、地关系进行探测研究的有效手段。为空间技术发展起来的系列先进电子、控制、材料、能源等技术拓展，影响到许多的工业生产，使它们得到更新与提高，同时也促进了许多科学技术向前发展。闵桂荣指出："几十年来，应用卫星的发展，其容量从小到大，功能从简单到综合，卫星的体积与质量也相应加大。从80年代中期以来，出现了新型的小卫星（质量500千克以下）和微卫星（100千克以下），局面有所改观。这是由于精密机械、轻型复合材料和微电子等技术发展的结果。小卫星可用于专业性强、目标较为单一的任务，况且还可以组成卫星群或星座，以解决单颗卫星所不能解决的问题。它一般具有成本低、研制周期短、风险小、易于发射的优点。"闵桂荣等还表示："我们应该大力协同，创新发展自己的空间应用系统，一方面可以为国民经济和社会服务，另一方面还可以投入国际市场，参与竞争，这对于自己也是一种促进提高的有效方法。"会上他还提出了建议：加强对空间技术利用的统一领导，国家也要加强对这方面的投资，并要求尽快地取得效益；加强地面应用系

2011年5月27日，闵桂荣（左）与杨乐（右）在一起

统的建设，开展卫星应用研究；要从天地一体化来考虑整个系统的设计与研制；寻求国际合作，特别是亚太地区的合作，投入国际市场竞争。

闵桂荣历任第八、九、十届全国政协委员，亦是全国政协科教文卫委员会委员之一，参与国家大政方针的讨论，并提出建议。他还经常参加科教组的活动，从事科学、技术以及产业化的调查研究，对国家“十五”计划提出卫星应用产业化等多项建议。此外，他还经常参加中国科协组织的系列活动，进行科普宣传与省市地区生态环境考察活动。1998年，闵桂荣在《海峡科技与产业》杂志第三期发表了题为《祖国大陆卫星及其应用》一文，还在台湾向同行们介绍了大陆的人造卫星概况及其应用情况，其中包括大陆航天部门依靠自力更生研制的科学技术试验卫星、通信广播卫星、气象卫星等卫星应用。他指出：“太空技术在祖国大陆将继续发展，预计不久的将来，将研制出更多的卫星进入太空工作，包括先进的地球资源、环境监测等多种卫星。我们的太空活动宗旨是和平利用空间，过去我们完全是依靠自己的力量完成，现在也在积极地探讨和开展国际合作。几年来，我们已与许多友好国家和地区开展了太空交流合作，并热切希望海峡两岸也能在太空领域开展此项交流合作。我们将继续努力，为人类的文明进步作出中国人民应用的贡献。”

闵桂荣脚踏祖国大地，胸怀人民企盼，谱写着无愧于人民的绚烂多彩的航天新篇章。1996年，闵桂荣荣获何梁何利基金科学与技术进步奖。1999年5月，《何梁何利基金第二届学术报告会文集》，刊载了闵桂荣所作《空间技术及其发展趋势》报告。他阐述了发展空间技术的重要意义和航天活动的主要成就，展望了空间技术未来30年航天运输系统、人造卫星、空间站、深空探测的发展趋势。闵桂荣指出：“未来的30年，世界上将形成比较复杂的国际航天关系，空间由超级大国垄断的时代将变为多极集团间的竞争开发，继美、苏之后，欧洲将逐步形成一个比较大的空间体系；其次，日本也已加快成为世界空间大国的步伐，它的空间投资年增幅很大，另有不少发展中国家也将积极地参与空间活动，因此，未来的国际航天关系可概括为六个字：合作，竞争，对抗。诚然，应提倡世界各国联合开发空间，但在现实世界中，合作是有限的，在某几个方面如深空探测、地球环境监测、建造国际空间站等具有共同利益的项目，有可能促成合作，但在空间领域难以出现全面合作的可能性。对运载火箭的发射服务，多种应用卫星具有商业利益的项目，将存在相当激烈的竞争。诚然，竞争是不可能有公平的商业竞争，必然会出现政治干预。而由于空间军事需求的存在，大国竞相开发空间军事系统，所以国与国之间潜伏着对抗。”闵桂荣指出：“中国的航天事业将持续不断地向前发展。而我国是一个发展中的国家，财力有限，比起世界航天大国，我们尚属于航天低投入的国家，因此，我国目前还只能在部分航天领域作出贡献。为了使我国也能在世界航天领域具有相称的地位，就需要加大投资力度。同时，中国曾提倡各国联合和平开发利用宇宙空间，平等互利，共同为全人类的利益作出贡献。”

2000 年 10 月香港举办“创新科技产业研讨会”，闵桂荣应邀出席会议。会上，他作了题为《空间技术发展及应用》的报告：“40 多年来，空间技术取得了很大进步，21 世纪，空间技术在社会发展中的地位将更为重要，对人类社会将产生深远影响，不仅政府将加大投资力度，而且更多的私人资本将参与开发。产业部门感兴趣的是运载工具、各类人造卫星应用系统。这是因为它的实用价值高、效益大，能为产业界带来巨额利益。因此，应加强空间技术的应用研究，并重视卫星服务业和地面设备制造业，开发新市场，发展新产业，造福全人类。”

2001 年，闵桂荣在全国政协座谈会上，作了题为《加强航天应用及产业研究》的报告。他在报告中谈到，多年来我国在卫星应用方面做了不少工作，但多数属于应用研究。卫星应用产业化比世界先进水平相差还很大，不过，我们国家改革开放将会持续发展，预计不久将加入世界贸易组织（WTO），我国的航天产业将面临外国的挑战，当然对我们也是一种发展机遇，因此，要面向全球市场，制定出我国航天产业的发展规划和奋斗目标，特别是卫星产业市场，我国应当争取达到与欧洲、日本相当的份额。闵桂荣还提出了几点建议并作了说明：“要加强卫星产业创新应用研究，开辟新的应用市场。为此，政府应设立专门基金给予支持。卫星应用将涉及到众多领域和部门，还有很大市场尚待开发利用。在跟踪国外发展的同时，更要注意研究卫星应用新领域。要制定政策，鼓励民间投资卫星产业，特别是应用方面。企业界开发生产与经营各种卫星地面终端，政府应给予优惠税收、贷款等相关政策的扶持，企业界也应加强联合，发挥各自的优势，形成合力，使我国的产品在世界上具有竞争力，有效地占领世界卫星产业市场应有的份额。为此，建议尽快地成立卫星产业协会将是十分必要的。”

1994年6月3日，中国工程院在北京成立，闵桂荣被推荐当选为第一批中国工程院院士。中国工程院是中国工程科技界的最高荣誉性、咨询性学术机构，致力于促进工程科学技术事业的发展。闵桂荣不仅是一位在自己领域勤奋耕耘的专家，而且是一位胸怀祖国、放眼世界的学者。他除担任863航天领域首席科学家、资源二号卫星工程总设计师外，还多次承担中国工程院机械与运载工程学部安排的研究项目。2001年5月，闵桂荣、王希季、庄逢甘、张履谦完成了《建设我国空间基础设施》的研究报告。2001年5月22日，中国工程院在北京召开了“建设我国空间基础设施”课题评审会。会议由梁思礼、孙家栋、屠善澄、陈述彭、姜景山、任阵海、卜庆君、于安成、杨长风、郭宝柱、孙来燕、魏钟铨12人组成评审组，听取课题组所作的研究报告。经过评审组讨论，取得了一致意见，并对研究报告给予了很高评价，认为这是一份有创意、及时、系统和操作性强的咨询报告，具有重要的战略意义。

2005年11月12日，闵桂荣（左）与张履谦（右）在一起

2011年1月9日，闵桂荣（前右）陪同中国工程院院士参观航天城

闵桂荣等院士在报告中揭示了太空疆域就是领天。陆、海、空、天是人类活动的四大疆域。陆，指陆地，是地球表面未被海水浸没的部分，对一国而言就指其领土；海，指海洋，是地球表面广大的连续海水水体，对一国而言主要指其领海；空，指包围地球的稠密大气层，一般默认其高度为航空器所能到达的最高高度（几十千米），对一国而言指其领空；天，指太空，是地球稠密大气层

之外的广阔无垠的空间区域，是人类 20 世纪 50 年代开辟的一个新领域——太空疆域。原则上讲，天对任何人都是开放的，它为全人类所共有。1967 年，联合国制定并通过了《关于各国探索和利用外层空间包括月球与其他天体活动所应遵循的原则的条约》，简称《外空条约》，其中明确了外层空间为人类所共有，只有那些拥有航天器并让其进入空间且发挥持久功能能力的国家（或集团），才能够在太空中占有一定的位置与频率并进行活动，从而在太空中获得从陆、海、空三个疆域均难以获得的巨大利益。

闵桂荣等院士提出了一个创新建议——建设我国空间基础设施。所谓空间基础设施，是指在空间建立的为开发利用空间资源和扩大人类生存空间、为多方面提供长期稳定功能服务的航天器及其地面配套设备构成的工程系统。因此，它既是传统基础设施的现代化升级，又是在信息时代的必然拓展和延伸，因此，它的作用不仅有利于“天”，更主要的是有利于“地”。空间基础设施实际是天地一体的国家发展战略性基础建设，应将建设空间基础设施置于与建设陆、海、空基础设施的同等地位。闵桂荣等院士还分析了国内外空间基础设施的建设情况，从国民经济高速度、可持续发展以及国防现代化建设的强烈需求上看，迫切需要建设相应的空间基础设施。

闵桂荣等院士根据国情，结合切实可行的建设我国空间基础设施的思路、途径，提出分三步建设的意见：第一步，有效利用在轨和在研卫星，将其纳入空间基础设施规划蓝图，作为起步的基础，标志着我国空间技术已从发展进入空间的技术为主，转向发展运用空间功能技术和建设空间基础设施为主的方向；第二步，建设初级综合信息网，形成能够有效支持国家发展的空间基础设施雏形，标志着我国发展空间技术的目标初步实现，空间技术发展已进入满足急需并逐渐适应国家发展阶段，初期空间基础设施已基本建成；第三步，结合中国国情，从满足需要出发，并按照从顶层设计所制定的发展蓝图，分步骤、有序地发展空间基础设施，标志着我国将空间当作自己的第四疆域的发展战略已初步实现，空间基础设施正形成一定的规模，并不断地发展与完善。

闵桂荣从2000年至今担任中国航天科技集团公司科技委顾问，他根据世界航天技术发展趋势和我国的实际需要，着眼于未来，曾多次参与深化航天技术发展战略研究，进行了天基体系发展战略和系统总体方案研究，以及2020年前我国航天器技术发展的战略研究。2003年8月7日，闵桂荣提出了《航天技术中长期发展规划的意见》，他认为航天技术应作为重点列入国家中长期发展规划，航天技术属于高技术，展望未来20年，航天技术将广泛地应用于各种领域，对经济建设、国家安全以及人民的日常生活将产生重大影响。在经济建设方面，由于各地区、各部门新经济的迅速发展，促使天基设施提供多种遥感、导航定位、通信广播等各类信息服务，将带动并促进传统产业的快速发展，同时还会形成许多新的高技术产业，必将为社会发展与进步作出重要贡献。闵桂荣提出航天发展的战略目标：独立自主发展全球航天系统；系统互联，建设天基综合信息网；发展先进的航天运输系统；创新航天应用研究，发展航天规模产业。与此同时，他还提出要抓紧安排关键科学技术问题的研究与开发，其中包括通信技术、导航定位、天基信息处理技术、

2006年7月17日，闵桂荣（右）在中国航天科技集团公司科技委换届大会上接受张庆伟（左）颁发的聘任证书

2009年1月19日，闵桂荣（右）与雷凡培（左）在中国航天科技集团公司科技委年会上

星间通信技术以及轨道机动技术；地面应用研究、天网测控管理、小卫星及星座研究与应用；高精度原子钟、控制与动力学、空间机器人及天地往返运输技术、先进推进技术、空气动力学与空间环境模拟等。

心系国计民生，聚智共谋发展。在圆满完成国家科技专项任务的同时，闵桂荣始终将目光锁定在空间技术发展的最前沿、服务于国民经济建设的第一线，并充分发挥空间技术发展的主导地位，引导、团结各方力量，加速推进以空间基础设施为代表的宇航力量与国防现代化建设以及国民经济发展的深度融合。

2005年3月，闵桂荣与王礼恒在全国政协十届三次会议上，多次交换卫星应用产业以及倡导建立空间基础设施的意见。2005年5月，闵桂荣出席中国航天科技集团公司“十一五”规划及2020年发展战略研讨会。会上，他提出“微纳米技术在航天系统中应用”项目纳入国家中期科学技术发展规划的建议。2007年，王礼恒、闵桂荣、王彦广发表了《卫星应用技术及其产业化新进展》的研究报告。该报告阐述了中国航天科技集团公司第四次工作会确定的“构建创新型、融合型的航天科技工业新体系”的宏伟目标，将卫星应用作为航天技术应用支柱产业的第一个核心板块，并将大力发展卫星应用作为一项重要的战略举措。报告还提出了我国卫星应用产业化发展重点的建议。该建议指出，在卫星通信方面，应加强我国低轨通信卫星转发能力，加强遥感卫星的综合功能，提供低轨卫星的通信转发服务，以便用于环境与灾害监测、应急救险等领域；随着北斗导航系统的建设，有必要制定未来我国时空基础信息的国家标准，同时要制订法律法规，推广、鼓励我国自主的时空基础信息在涉及国家命脉的重要部门中的应用。重点领域包括民航、交通、海洋运输等各行业，典型的系统如电子地图集成车载导航系统、飞机导航设备集成空中交通管制、精密进场/着陆系统等；卫星遥感领域，在国家部委统一管理

2005年3月3日，闵桂荣（左）与王礼恒（右）在全国政协十届三次会议上

下，以空间基础设施的发展规划为基础，以“高分辨率对地观测系统”国家重大专项实施为契机，构建国家对地观测系统地面支撑系统——空间遥感信息公共服务平台，实现地面资源的整合与数据共享。加强遥感卫星的综合功能，提供用于环境与灾害监测、应急救险等用途的卫星数据采集（DCS）服务。

我国空间基础设施项目的论证、规划之路，饱含了许多院士、专家以及领导的关怀与心血，凝聚了众多科研人员的智慧和汗水。2010 年 6 月，王礼恒、王希季、庄逢甘、闵桂荣、张履谦、戚发轫六名院士向中央领导提出“关于明确渠道、加速推进民用空间基础设施的建议”。2012 年 5 月，《“十二五”国家战略性新兴产业发展规划》发布，国家发改委和国防科工局在 6 月启动了民用空间基础设施前期研究工作，其中，国家发改委同时委托中国空间技术研究院、中国科学院等单位独立开展研究工作。同年 11 月，“国家民用空间基础设施中长期规划”论证正式启动。2015 年 5 月，国务院批准“国家民用空间基础设施中长期规划”。同年 10 月，“国家民用空间基础设施中长期发展规划（2015 ~ 2025）”公开发布。本着建成技术先进、全球覆盖、高效运行的国家民用空间基础设施

2004年3月19日，闵桂荣（前一）出席中星20号卫星在轨测试总结会

体系这一目标，国家有关部委与其相关单位将以遥感、通信、导航领域的卫星体系建设为核心，以“一星多用、多星组网、多网融合”为发展方向，不断完善空间基础设施的投入机制与应用模式。

2016 年 5 月 6 日，中国空间技术研究院主办以“国家民用空间基础设施建设”为主题的第五场 CAST 空间技术论坛，邀请国内空间领域的相关单位领导、两院院士、专家、学者，进一步探讨空间基础设施、规划设施的主要问题，展望中国空间技术的未来发展。此举也掀起了我国民用空间基础设施服务于国计民生的新高潮。中国空间技术研究院党委书记赵小津在致词中指出，国家民用空间基础设施建设规划的发布，为空间技术发展提供了难得的机遇，研究院有信心和全国从事空间技术研究与应用的诸多单位一起，共同推进空间事业取得新突破、新跨越，将习近平总书记在首个“中国航天日”作出的“探索浩瀚宇宙，发展航天事业，建设航天强国，是我们不懈追求的航天梦”的指示精神，落到实处。

航天人永远在路上，弘扬长征精神永远在路上。

2005年8月9日，闵桂荣（中）与陆元九（左）、屠善澄（右）在首次CAST空间技术论坛上

2. 发展航天 造福人类

星光闪耀，魂系太空，航天强国，志向全球。闵桂荣在学习习近平总书记在首个“中国航天日”作出的指示精神后，深感航天人面前永远是新起点。

2013年7月24日，闵桂荣致信习近平总书记，对航天事业的未来发展，提出了具体的组织实施建议。闵桂荣回忆起2002年“6·18中国·福建项目成果交易会”期间，在福州西湖宾馆受到习近平热情接见并共进午餐的情景，深受鼓舞。“6·18中国·福建项目成果交易会”是一个科技成果推广、转化、交易的平台，每年6月18日在福州举行，参加会议的有来自世界各国的著名科研机构、高等院校和企业界人士。福建省曾多次和闵桂荣联系有关卫星应用和民品项目参加交易会事宜。2007年2月2日，闵桂荣向中国空间技术研究院副院长朱岩提出：“为了促进我院卫星应用与民品工作，发展与国内外的交流，扩大我院的影响，我建议今年我院参加6·18活动，提供一部分展品和有关科技资料，组织一个代表团，由您带队参会，我可陪同参加。”

闵桂荣时常关注福建省的经济发展，获悉福建省“十一五”规划将发展海洋经济、建设海洋经济强省，作为建设海峡西岸经济区的重点。与此同时，省

2008年1月22日，闵桂荣（右）与朱岩（左）在一起

政协也提出了建议，在组织有关部门在制定海洋经济发展规划时，应重视研究海洋防灾、减灾问题。为此，闵桂荣亦进行了深入研究，提出了《利用空间技术，发展海洋经济》的报告。受太平洋热带风暴影响，加上台风频发，福建省受海洋灾害的影响相当严重。为此，闵桂荣认为福建省在大力推进经济发展的同时，有关部门要高度重视海洋环境监测和各种灾害预报，以便达到较高的经济效益。他深感海洋海域的宽广，环境影响因素多、变化快，采用常规手段探测难度较大，因此，建议应重视利用空间技术，特别是有效地利用海洋卫星以及相关遥感卫星的海洋信息探测与传输能力。2007 年 2 月 26 日，闵桂荣向福建省有关部门提出建议："省有关部门在制定规划时应考虑海洋卫星、气象卫星和资源卫星的利用问题；研究并提出对海洋卫星的需求，呈报国防科工委和国家海洋局；研究海峡西岸海洋卫星利用工程的技术方案意见；民间探讨海峡两岸合作建设海洋环境监测和灾害预警系统的可行性方案。"

2007 年 6 月，闵桂荣出席"6·18 中国 · 福建项目成果交易会"，并应邀在会上作了《建设现代服务业，发展海西经济》的学术报告。报告中强调："建设海峡西岸经济区具有完善中国区域经济发展布局、繁荣海峡西岸经济、造福海峡两岸人民、构建两岸和谐关系，为中国经济、社会发展以及和平统一再添砖加瓦。而福建作为一个具有特殊地位且优势的省份，倘若能建设好海峡西岸经济区，它将对全面推动两岸三通及经济贸易关系往来，最终实现国家的统一，将会取得无与伦比的作用。此外，福建作为两岸三地和两大三角洲联结的重要地位，要进一步发挥其支点与桥梁作用，同时还应更好地发挥福建在全国区域经济总体布局中的积极作用，以便推动区域经济良性发展。"闵桂荣还指出："今年'两会'上，温总理在政府工作报告中强调，要调整优化产业结构，其中的重点是大力发展服务业。为了加快第三产业的发展，2007 年 3 月 19 日，国务院下发了《关于加快发展服务业的若干意见》，重点是加快现代服务业的发展。作为海峡西岸经济区的主要支点的福建，应抓住这个机遇，加快发展现代服务业，为海西繁荣作出贡献。""发展现代服务业要依靠高科技，包括广泛利用卫星成果。卫星在现代服务业中大有用武之地，特别是通信广播、交通物流、环境灾害、紧急救援、远程教育和医疗、航天育种及生物制药等众多方面的应用。"

会上，闵桂荣简要介绍了中国空间技术研究院立足发展卫星技术，为国家经济和社会发展取得了很大成就。这次所提供的交易会项目仅是其中的一部分，例如，在卫星技术转化应用方面，由航天技术转化应用至电力行业中的低压微机保护装置上，还可广泛应用于电力行业发电、输变电环节以及铁路交通、冶金、石油、化工等各种行业。在生物制药领域，可应用于发酵生产过程中的自动控制系统，还可用于生产药业、企业等有关部门。卫星应用方面有大气环境、地质灾害与气象监测系统。搭建"综合数据采集与发布平台"，利用"北斗一号"通信及定位功能，获取各种数据的采集与发布，以解决大气污染监控预警以及气象灾害及地质灾害的监测与预警信息发布，特别是通信方式难以解决的偏远地区的数据采集和信息发布工作。通过卫星通信手段，能够实现各种监测站点的遥控遥测、数据采集，还可以采用短信、互联网、卫星通信等方式，将得到的数据和信息发布给需要的部门。系统位置服务，利用集卫星导航定位系统（GPS）、移动网络通信、电子地图和地理信息系统以及计算机技术等多项先进技术于一体的车辆监管系统，为物流业、客运业（出租车、长途客运、旅游大巴、公交车等）、资产管理（汽车租赁、信贷购车、保险车辆及车辆远程诊断）、作业管理（公务车、城市巡逻车、交警巡逻车、消防车、运钞车、垃圾清运车）及私家车用户等提供车辆监控服务。海上平台宽带综合数据卫星通信系统，可广泛应用于海上航船、海上石油平台、应急通信指挥车等的现场视频监控、搜救以及救援中的通信指挥调度，最大程度地保障安全生产、紧急救援工作得以顺利进行。闵桂荣表示："希望福建省能够根据自己的实际情况，进行多方合作，将福建建设成为经济强省。并祝第五届福建项目成果交易会获得圆满成功！"

爱国情怀，故乡情谊。闵桂荣除了关心国家航天事业的发展，还非常关心地区经济发展，经常思考如何扩大航天技术在地方的开发应用，通过应用带动航天产业的发展。2010 年 3 月 9 日，莆田市委、市政府在北京举行加快湄州湾港口城市建设座谈会，通报莆田在过去一年的经济、社会发展情况以及今后发展的思路，征求与会者对莆田发展的意见与建议。闵桂荣、陈森玉、俞永新等院士应邀出席了会议。座谈会上，与会来宾畅所欲言，气氛热烈。闵桂荣、俞永新、余寿文等先后从发展高等教育及港口经济、调整并优化经济结构、发展高新技术产业、扩大就业等方面，提出了积极的意见与建议。

2011 年，闵桂荣出席了福建省籍在京专家座谈会，听取了福建省领导所作的报告，阅读了福建省“十二五”规划纲要。针对纲要提出建设现代化基础设施，提高防灾减灾能力等七个体系以及一批重点工程，闵桂荣提出“天地一体化应急指挥系统”应充分利用我国航天已取得的成果，其中包括应用通信卫星、遥感卫星（资源、气象、海洋等卫星）、导航定位卫星，集成各种卫星的信息资源。此外还应包括地面不同渠道的信息资源，充分利用福建已取得的成果，构成天地一体化应急指挥系统。天地一体化应急指挥系统除应用于防灾、减灾，还可用于各种突发事件的防控、指挥与调度。要加强中国航天科技集团公司与福建省的合作，联合组织制定方案，深入论证，以便组织实施。

2012 年 9 月 12 日，闵桂荣专程前往福州，参加福建省人民政府与中国航天科技集团公司战略合作框架协议签字仪式。此次签约活动是中国航天科技集团公司落实国资委“加强央企与地方政府战略合作”的重要举措。福建省委书记孙春兰、中国航天科技集团公司总经理马兴瑞都表示，发挥福建省与中国航天科技集团公司各自的优势，实现优势互补、相互支持、共同发展。闵桂荣对此次会议深有感悟，相信经过多年努力，卫星应用产业合作将在福建开始新的征程。

中国航天科技集团公司卫星应用研究院在新疆经济和信息化委员会、新疆国防科技工业办公室的组织下，编制了《新疆维吾尔自治区卫星应用产业中期发展规划纲要（2013 ~ 2020）》。经闵桂荣等院士研究、讨论与评审，认为该规划纲要深入贯彻落实科学发展观，紧紧围绕国家西部大开发战略部署，坚持高起点、高水平、高效益的要求，其目标清晰、方向明确、措施切实可行，将为新疆卫星应用产业政策的制定提供重要参考，是一份非常好的规划。2012年12月3日，孙家栋、张履谦、闵桂荣、戚发轫联名写信给张春贤书记，提出了关于加快新疆卫星应用产业发展的建议。这一深有感情的回忆，可追溯到1984年4月，我国第一颗通信卫星“东方红二号”发射成功后，首次卫星通话就是由在北京的国务委员张爱萍和在新疆的自治区第一书记王恩茂实现的。新疆作为最早支持我国航天卫星应用事业发展的地区之一，拥有趁势而上的历史机遇、资源优势、加快对外开放的地缘优势、全国人民鼎力支持的政治优势以及加快发展的物质基础和产业环境，是我国卫星应用产业最具发展潜力的地区。信中最后提出：“希望在新疆维吾尔自治区党委和政府的高度关注和支持下，将新疆发展与航天战略融合，将卫星应用技术用于新疆基础设施条件、生态环境建设和特色优势产业，通过应用带动和创新驱动，提升新疆卫星应用产业科技发展水平，使新疆在西部地区对我国卫星应用的发展，发挥重要作用，并带动我国西部及中亚地区科技与经济的发展，从而推进新疆信息化及经济建设跨越式的发展。”

在国家跟踪世界高技术发展的重大决策指引下，闵桂荣等专家策划利用返回式卫星搭载，开展微重力科学实验研究。1987 年在先后发射的 2 颗返回式卫星上，共有 80 个微重力搭载项目，其中包括植物种子、微生物、昆虫卵等 68 项。经过空间飞行后的种子分别在实验室与田间种植，试验取得了良好效果。随着“863 计划”、航天生物育种等科技项目的实施推广，经多次航天搭载和地面培育试验，其试验品种高达 4500 多种，这之中包括粮食作物、油料作物、经济作物、蔬菜、花卉、草、树等。采用航天育种育成的优良品种，其产量高、质量好、抗逆性强，可树立现代化农业、科技农业领先标杆，为创意农业、观光农业、科普农业提供互动体验的新式农业环境，还可让老百姓吃上航天有机蔬菜，真正享用到安全食品、放心食品的目标。为了促进我国农业的持续发展，2010 年，闵桂荣等六位航天和农业领域方面的院士，联名向国务院提交了《关于将航天工程育种产业纳入战略性新兴产业发展规划的建议》，得到了国务院领导的批复。2011 年，“航天工程育种技术及产业”被纳入到“十二五”国家战略性新兴产业规划中，国家发改委、农业部、科技部、财政部分别出台政策，对现代农业尤其是航天工程育种技术及产业给予大力支持。2011 年 4 月，国务院专门发布了《关于加快推进现代农作物种业发展的意见》，为我国的种业发展工作指明了方向。航天工程育种提供了育种技术新的途径，是生物育种的重要发展方向之一，加快其发展，必将对促进我国农作物育种技术进步、提升我国粮食综合生产能力和农产品市场竞争力，有着十分重要的作用。闵桂荣深感创新航天科技产业发展，促进中国航天农业发展，是时代赋予我们的使命，是构建和谐社会的有益尝试。

创新，创业，创未来。能源问题涉及世界各国，亦是人类进行生产和赖以生存的重要资源。发展空间技术，开发空间资源，是人类长期以来都在追求的目标。早在“651”时期，闵桂荣就参加了我国人造卫星规划研究，负责卫星热控制系统，他在提出卫星热控制的关键技术问题时，还非常注重环境参数、太阳常数、太阳光谱的选择问题。1968年，美国彼德·格拉赛博士提出建造空间太阳能电站的构想，引起了国际上的广泛关注。20世纪70年代，国际著名热物理学家田长霖院士在中国从事学术活动时，与闵桂荣就太阳能电站这一问题进行了探讨。田长霖院士表示，空间太阳能电站意义重大，估计30年以后可能提上日程，现在不行，要围绕减轻重量、降低成本做工作。进入21世纪以来，随着世界能源价格的不断攀升和环境的日趋恶化，越来越多的国家、组织、企业以及个人已大量使用空间太阳能这种取之不尽、用之不竭的空间能源。随着航天技术的进一步发展，闵桂荣在近十多年来也进行了这一领域的研究工作。

聚智，聚资，聚人才。2010年5月，经中国科学院技术科学部常务委员会第十四届八次会议批准设立“空间太阳能电站技术发展预测和对策研究”咨询项目，由王希季、闵桂荣两位院士负责。建设空间太阳能电站是一项巨大的工程，电站的规模、能源的产地以及无线电传输方式，无一不是前所未有的，因此，完全有可能引发新的技术革命与产业革命。项目组成员由中国航天科技集团公司庄逢甘、梁思礼，中国运载火箭技术研究院龙乐豪，清华大学周炳琨，四川大学黄卡玛，哈尔滨工业大学刘荣

闵桂荣（右）与梁思礼（左）在一起

强以及中国空间技术研究院王立、柴洪友等组成。2011 年 6 月，中国空间技术研究院组织召开中科院咨询项目研讨会，侯欣宾博士代表王希季、闵桂荣两位院士作了《空间太阳能电站技术发展预测和对策研究报告》。在该研究项目期间，恰巧日本地震海啸引发福岛巨大的核灾难，促使世界各国纷纷对顶层能源发展政策进行了更加深入的思考，同时也为我国空间太阳能电站的发展带来了新的契机。研究报告对国家的重大决策及能源政策的调整，提供了较好的咨询意见。与会院士、专家一致认为咨询报告的技术、政策内容均十分丰富，建设空间太阳能电站将会引发一场新的技术和产业革命。

2011 年 10 月，王希季、闵桂荣、周炳琨、梁思礼、葛昌纯、龙乐豪等院士，向党中央、国务院提交了《发展空间太阳能电站从根本上解决能源和气候变化危机的建议》。报告中提出，空间太阳能是取之不尽、用之不竭的清洁能源。在空间地球同步轨道上，99% 的时间可稳定地接收太阳辐射，是建设太阳能主力发电站理想之地。发展空间太阳能电站将根本改变人类获取能源的地点，改变能量输送和利用方式，有可能引发一场新的技术革命。报告认为，我国研发空间太阳能电站的基础相当好，自主创新研发切实可行，具有一套既适合国情、又有科学系统性的工程方法，还有启动空间太阳能电站研发的基础。在我国重型运载火箭研制成功之后，就具有了进入地球同步轨道的条件，从而完成空间太阳能电站大系统的研发与验证试验工作，预计在本世纪 30 ~ 40 年代建成空间太阳能电站产业。报告中建议："明确我国需要发展空间太阳能电站，并将空间太阳能电站的研发项目列入国家规划中，并指定相关部门研究并提出顶层设计、实施方案，待批准之后，再开展研发，组织实施。"

2011 年 8 月 28 日，闵桂荣出席在北京召开的第四届中国能源环境高峰论坛。此次峰会的主题为高新能源，节能环保。中国空间技术研究院李明副院长主持了高新能源分会，来自国内外的 100 余名顶级专家和学者就高新能源与节能环保的发展战略与规划、高端清洁能源开发与应用、不同高新能源技术的应用前景比较、绿色经济与节能环保以及中国生物能源合作机制等 5 个议题进行了广泛研讨。闵桂荣在大会上作了题为《能源、气候与航天技术》的报告，指出当今各种人造卫星广泛地应用于众多领域，并走上产业化的道路，为国家现代化作出了重大贡献。在当今社会发展过程中，面临着许多重大问题有待科技进步去解决，特别是利用航天技术，这是因为它是一个跨学科的领域，应引起各有关方面的重视。在此之前，闵桂荣提出首先要建设空间太阳能电站，有效利用太阳能可再生能源向地球供电，是一条十分正确的途径，其一，它既能解决能源危机，又能减少温室气体、降低地表温度；其二，利用多种人造卫星组成星座，对地球表面温度的变化进行监测，从而利用长期监测到的温度数据，去修正理论计算模型，预测未来的温度变化；其三，研究地球表面降温措施。人造卫星有一个分系统为卫星热控制，是利用不同热辐射特性的材料和表面选择，用以控制卫星表面温度处于允许范围之内。同样的原理，如果在地面布设不同热特性材料，就有可能达到一定的降温目的。诚然，这是一个改造地球的巨大工程，在现阶段可以作为一个基础研究问题。闵桂荣在报告结束前，再次强调："能源与气候问题，其根本在传统能源体系有待改革，应该利用可再生洁净能源，具体出路是在地球轨道建设空间太阳能电站。它的建设与发展，对能源、气候可起到一石二鸟的作用。"

2013年12月6日，王希季、闵桂荣两位院士听取钱学森实验室空间太阳能电站项目进展情况汇报。会议由李明副院长主持，中国空间技术研究院研发部和钱学森实验室有关人员参加会议。钱学森实验室承担了65个课题研究项目，其内容是围绕在轨服务与维护领域、空间信息领域、空间能源领域、空间技术基础研究和卫星体系及应用战略研究等方向，还包括空间太阳能电站、脉冲星导航这样具有未来色彩的系统级创新项目。会上，钱学森实验室空间能源技术研究中心作了"空间太阳能电站系统方案及其关键技术研究"项目进展的工作汇报，并重点介绍了近期空间太阳能电站总体方案研究进展，主要包括：空间太阳能电站构型结构及组装方案设计、无线网络管理系统初步设计、热控分系统初步分析研究和轨道间运输模式分析等相关内容。听取汇报后，王希季与闵桂荣对钱学森实验室空间太阳能电站研究团队所做的工作给予了充分肯定与支持。针对项目的总体实施，闵桂荣建议应进一步考虑提炼技术问题，至于关键技术的研究，应该尽早争取得到相关研究单位的技术及经费支持。

闵桂荣深入研究，于2014年3月12日完成了《开发利用空间太阳能，解决人类能源和气候问题》的研究报告。报告中提出了建造空间太阳能电站需要解决的关键技术问题，如发展重型运载工具，优化飞行轨道，特大幅度地降低重型运载火箭发射成本；研发大面积轻型电站结构和机构，高效超薄太阳能电池和先进反射镜技术，高效能量转换和无线传输技术，大功率空间电站的热管理技术，大型结构姿控、轨控技术，电站在轨组装、运营管理、维修技术（航天员、机器人），电站元件、部件长寿命高可靠性技术。闵桂荣还提出发展空间太阳能电站，宜分三步发展：2020年前，大力发展预先研究，攻克主要电站系统中的各个关键技术；2030年前建成10万千瓦试验型空间太阳能电站，运行轨道宜采用地球同步轨道，同时进行各种试验；2040年建成百万千瓦级应用型空间太阳能电站，供有关部门使用。

2014年5月27日，闵桂荣应邀出席“空间太阳能电站”香山科学会议，该会是一次跨学科领域专家、学者参加的会议，由王希季、李明、余梦伦、葛昌纯担任本次会议的执行主席。会议以“空间太阳能电站的发展机遇与挑战”为主题，设立“空

2011年1月25日，闵桂荣（左）与余梦伦（右）在一起

间太阳能电站发展的核心技术问题”“大功率能量转化与传输技术以及科学问题”“空间太阳能电站发展的环境与政策分析”3个中心议题及8个专题报告。

在会议的前一天，闵桂荣提出了《加紧全面攻关，早日建成太空电站》的报告，指出近年来关键技术已有较大进展，同时一些航天大国都在进行系统方案研究，预计美、日两国将处于领先地位，空间太阳能电站的原理是切实可行的。在运载火箭、光电池的光电效率、轻型结构材料、空间机器人和微波能量传输技术以及防辐射技术等方面已取得了很大的成果，并积累了丰富的经验。闵桂荣指出：“根据现有的技术储备，已可以开展方案研究和系统设计，不过还有许多工作需要提前研究，预计2020年可能进入工程阶段。”

会议期间，李明作了题为《空间太阳能电站发展的机遇与挑战》的评述报告。与会专家认为：空间太阳能电站对于我国未来能源和环境安全，具有重要的战略意义；发展空间太阳能电站面临着技术上和经济上的重大挑战，同时也面临着良好的机遇。因此，要坚定信心，做好科学分析，充分听取各方意见，深入细致地开展顶层规划论证，创新技术发展新途径；应提前启动环境安全、轨道位置频率、空间碎片、政策法规等方面的研究工作。

6月17日，闵桂荣研究并提出了空间太阳能电站建议，指出，我国空间太阳能电站的重大意义已引起有关部门的重视，现要抓紧下一步的工作，制定总体方案，落实各分系统责任单位，列出重要关键技术，安排攻关计划、经费支持额度。此外，还应写出总结报告，上交国防科工局，由其组织有关部门研究后上报中央。

国防科工局“太空发电站发展规划及关键技术体系”论证专家组于2014年10月21日在北京组织召开了第四次专家组全体会议。国防科工局系统一司、中国航天科技集团公司研发部，论证组高级顾问王希季、闵桂荣、龙乐豪、杨士中、段宝岩、葛昌纯6位院士，以及论证组专家和相关人员等共计60人参会。

会议由论证专家组组长李明主持，与会专家和领导听取了论证组所作《太空发电站发展规划与关键技术体系论证报告》(讨论稿)。针对浮空器无线能量传输演示实验情况，杨士中院士做了专题发言。此次会议的召开，标志着太空发电站专题论证工作基本结束，论证专家组工作进入到《太空发电站系统方案与关键技术体系论证报告》的修改、完善和上报阶段。2014年10月22日，闵桂荣提出了对“太空发电站规划及关键技术”内容的评价。他指出，根据上级要求，由100多位专家参加完成的这份可行性研究报告，内容全面丰富，所达之程度很深，总体指标亦合理。作为试验目标两阶段取1GW和MW级是正确的，但仔细审阅，还存在几个问题，需进一步深入研究、补充以及局部修改。为此，他提出了7条修改意见，比如运载火箭的发展应选用重型运载火箭，载荷130吨，转移轨道用电火箭，已论证2年；重型火箭的成本需下降至1000～2000美元/千克。他还强调："太空电站作为主能源，降低温室气体排放量，改善气候、地球环境，以便减少自然灾害，这将为人类的生存、发展作出重大贡献。"

3.航天情谊 再展宏图

2016年，在中国航天事业创建60周年之际，新一代中型运载火箭"长征七号"实现首飞任务；神舟十一号载人飞船与天宫二号空间实验室成功地实现交会对接；火星探测计划立项；嫦娥五号月球探测器研制进入关键阶段……11月3号，我国大型运载火箭"长征五号"首飞成功，树立起建设航天强国的重要里程牌，更将中国航天事业发展推向了新的高度和新的起点。

时隔半个月，中国航天再传佳音，11月18日，神舟十一号飞船搭载的两名航天员安全返回地面，标志着"天宫二号"和"神舟十一号"载人飞行任务圆满成功，空间实验室飞行任务连战连捷，我国的载人航天工程取得了新的重大进展。这是一次最为接近我国未来空间站要求的载人飞行，中国人从未像今天这样离实现拥有自己空间站的梦想这么近。此次任务实现了"神舟十一号"为"天宫二号"在轨运营提供人员和物资天地往返运输服务，验证了空间站运行轨道交会对接和载人飞船返回技术；"神舟十一号"与"天宫二号"对接形成组合体，进行了航天员中期驻留，从而考核了组合体对于航天员生活、工作和健康的保障能力以及航天员执行飞行任务的能力；开展了有人参与的航天医学实验、空间科学实验、在轨维修等技术试验以及科普活动，为后续空间站建设和运营，奠定了坚实的基础。

曾担任国家“863 计划”第二、三届航天领域专家委员会首席科学家的闵桂荣，亦是神舟飞船、空间站、大型运载火箭诞生的见证者和参与者。1993 年 6 月，在闵桂荣的主持下，航天领域专家委员会完成了《新形势下中国载人航天发展战略研究》和《21 世纪初中国航天发展战略研究》两个报告，成立了液体火箭发动机和大型运载火箭专题组。1995 年 9 月，应用于大型运载火箭的液氧煤油发动机和液氢液氧发动机正式进入工程研制阶段。1999 年，国防科工委正式启动新一代运载火箭方案论证及关键技术初步攻关。30 年中，从基础部件的研制，到先进技术的攻关，长征五号运载火箭的几代研制者们，攻克了 247 项关键技术，在循序渐进、稳妥可靠的历程中，再续我国航天历史成就，共铸长征五号运载火箭辉煌。从 1992 年我国启动载人航天工程以来，24 年间，神舟飞船 11 次出征，先后搭载 14 人次航天员，成功地实现了天地往返。从无人到有人，从舱内到舱外，从一天到一月，从试验到应用，中国航天人一次次地挑战新技术，中国载人航天事业一步步地攀登新高峰。

天穹建伟业，星际谱新篇。创业初期，闵桂荣在钱学森的指引下，参与开拓、创新中国空间技术。自 1970 年 4 月 24 日中国成功发射东方红一号卫星以来，中国空间技术研究院抓总研制发射了近200个航天器，目前有百余个航天器仍在轨稳定运行，创造了中国空间发展史上的多个第一，在人造卫星、载人航天和月球探测三大领域，树立了中国航天的里程碑。闵桂荣见证并参与领导完成了载人航天、深空探测、导航定位、对地观测、通信广播、空间科学与技术试验等六大系列航天器，实现了大、中、小、微型航天器系列化、平台化的发展。在载人飞船技术、卫星回收技术、热控技术、地球静止轨道通信卫星技术以及遥感卫星技术等领域已跨入世界先进行列，为推动中国航天由航天大国向航天强国的转变，奠定了坚实的基础。

闵桂荣开拓发展卫星应用产业，走空间技术成果转化与军民共享的道路，使空间技术走入千家万户，走向人民的生活。当今，他所参与研制的各类应用卫星和飞船在国民经济发展、国防现代化建设及社会主义和谐社会建设等方面，作出了突出的贡献。闵桂荣感到欣慰的是，空间技术的多项成果，已经被成功地转化到国民经济各个部门，已运用到石油、煤炭、交通运输、医疗卫生等行业，推动了传统产业的升级改造，使地区经济得到发展。利用卫星遥感技术对台风、暴雨、地震、病虫害等进行预报与评估，使国家每年减少因自然灾害的损失高达数百亿元人民币。通过返回式卫星、育种卫星和神舟飞船进行植物种子搭载和地面培育实验工作，使农作物具有抗旱、抗涝、抗病虫害的能力明显地增强，为农业现代化作出了有益的贡献。

梦筑苍穹，创业，创新，再创新。中国空间技术研究院成立于1968年2月20日，隶属于中国航天科技集团公司，主要从事空间技术研究与开发、航天器研制、空间领域对外技术交流与合作、航天技术应用等业务，参与制定国家空间技术发展规划，研究有关探索、开发、利用外层空间的技术途径。经过近50年的创新发展，中国空间技术研究院已经成为我国各类航天器及其应用技术开发研制的核心单位和空间技术发展的主力军。经过多年的发展，中国空间技术研究院已建成了以院本部为核心，由军民结合研究所、实体公司和上市公司组成的科学组织架构，打造了北京、天津、西安、兰州、烟台、深圳等产业基地，拥有空间飞行器总体设计、分系统研制生产、系统集成、总装测试、环境试验、地面设备制造及卫星应用、服务保障等配套完整的研制生产体系。闵桂荣情系航天，关心院未来发展。他总结多年以来的切身经验体会，在“建设新型五院”研讨会上发言：“自主创新能力是快速发展先进航天产业、支持建设创新型国家的战略举措，空间技术的发展为国家各有关部门提供先进技术支持，提高各有关产业科技进步的贡献率。”闵桂荣指引中国空间技术研究院增强自主创新能力方向：“研发创新的航天系统，服务功能和性能高于国外同类系统，起到领先的作用；自主研发卫星重要部件，包括平台各分系统和有效载荷高水平单机，拥有自主产权；重要卫星元部件和地面设备对国外的依存度从 40% 降到 10% 以下；卫星应用产业达到了一定的规模。”闵桂荣在对增强自主创新能力的措施方面，提出了切合实际的建议：“增强研发队伍建设，招聘、培养创新人才（包括博士后、研究生的培养，以及社会上高水平人才的招聘）；探讨开辟跨院、跨部门、跨国联合研发的创新技术组织体系，联合发展航天应用产业；增加空间技术的研发经费，至少应占到 5% 以上。”

1992年，闵桂荣在东南大学90周年校庆大会上讲话

创新是一个民族发展的灵魂、前进的巨大动力。闵桂荣深感只有求新、求发展，中国才能屹立于世界民族之林！21世纪是一个以知识和技术不断创新、高新技术迅速成为产业化动力的经济时代。而知识和技术的创新源泉，归根结底是人的创新和培养。面对我国经济转型期的严峻挑战，闵桂荣认为，航天事业要发展，就要大力培养年轻一代，让航天事业从老一辈航天人，到第二代航天人，乃至今天年轻一代的航天人，像接力棒一样，代代相传，一步一步地向前推进，开拓发展，发扬光大。为此，早在20世纪80年代，闵桂荣就为空间技术研究院的发展，制定了到重点高校物色人才、加强联合培养人才的规划。

2012年5月26日，东南大学北京校友会在全国政协礼堂隆重召开“庆祝东南大学110周年校庆暨杰出校友表彰大会”。东南大学在京数万名校友中的1000名校友代表参加了会议。丁衡高、张存浩、闵恩泽、闵桂荣等23名校友，被评为有突出贡献的杰出成就校友。1992年，在东南大学90周年校庆大会上，闵桂荣作了“愿母校的创业精神代代相传”的讲话。他回忆自己在校学习期间，不仅从老师那里学到了很多的科学技术知识，还从老师身上学到了许多好的思想品德，包括极为重要的艰苦创业精神。一位新闻记者采访闵桂荣：“你在航天事业中表现出来的艰苦精神，是从哪里来的？”闵桂荣回答说：“这是学校的老师言传身教的结果。”他深有体会地谈道：“回忆起20世纪50年代初，全国高校院系大调整，国家经济正处于刚刚恢复阶段，经费十分有限，因此，新组建的动力系困难重重。但是，从院系领导乃至教授、讲师、助教，无一不是在齐心协力，发扬艰苦创业的精神，建成了一大批的教研组和实验室，培养出了一批又一批的优秀毕业生，向国家输送了急需的人才。同时，他们的这种可贵的精神，也会被同学们带到新的工作岗位，继续发扬光大，并结合老师所教的科学知识，取得重大的成就。因此，今天的青年同学不仅要向老师学习科学技术，还要将东南大学的优良传统、老师的艰苦创业精神学到手。这样，将来一定会取得伟大的成就。”

闵桂荣结合亲身经历，深感建设一支热爱祖国、献身事业、业务精湛、善打硬仗的空间飞行器研制队伍，是不断发展中国空间技术、夺取中国空间技术新成就的组织保证。为了解决型号研制队伍存在队伍同步老化、后备力量不足的严峻形势，中国空间技术研究院坚持培养与使用相结合，加速接班人的培养，先后选派一批技术骨干赴美国、日本和西欧一些国家进修、留学，以及招收空间技术专业的研究生。1990年11月20日，经国务院学位管理委员会审查，501总体设计部获准作为国家博士学位授予点单位。同时，闵桂荣被获准具有空间飞行器设计专业招收博士研究生资格。1999年3月29日，中国空间技术研究院“航空与宇航科学技术”学科博士后流动站挂牌仪式在501总体设计部举行。闵桂荣被任命为流动站专家组组长。年内有5名博士后研究人员进站，4人完成博士后研究课题顺利出站。多年来，闵桂荣培养了一批研究生、博士生，但他更侧重于关心研究生与博士生导师的培养与成长。他亲笔题写了一份治学格言：“献身航天，造福人民；求实、严谨、创新；德智体全面发展。”

创新思维的关键是在教育过程中塑造受教育主体的创新品质。闵桂荣通过

2008年10月16日，闵桂荣主持中国空间技术研究院研究生开学典礼

多年实践深深地感到：“创新的积极作用，不仅在于接受和存储知识，而且是将已有的知识作为进一步创新的阶梯；对于知识的吸纳和积累，是为了构建一个知识更新的平台。因此，应当引导学生的思维向新的方向发展，使他们具有新的独特的见解。”闵桂荣曾多次建议并参与研究，在中国空间技术研究院成立一个研究生院（部），将研究院各专业研究所的研究生集中在院内学习一段公共课，然后再分别到各所进行专业培养并完成论文。将创新和科技发明作为神圣的使命，培养具有探索、研究、创新素质的复合型航天人才。2004年8月16日，闵桂荣荣获中国航天科技集团公司“航天人才培养突出贡献奖”荣誉证书。

航天研究生教育已经走过30多年的历程，从无到有，从小到大，逐步走到了今天。中国空间技术研究院从每年仅招收几名研究生，发展到年招博士及硕士研究生百余名，已逐步形成了具有硕士、博士以及博士后流动站等多学科专业较完善的教学体系，并将继续扩大规模。在研究生教育不断发展的同时，国家教育部确定了我国研究生教育发展的目标，在今后将进一步加大研究生的培养力度，逐步形成研究生的教育时代。高层次人才的培养，已成为我国今后一

2002年9月8日，闵桂荣（主席台站立者）在中国空间技术研究院研究生毕业典礼暨学位授予仪式上向学生授予学位证

段时期发展的重点。在人们的心目中，闵桂荣是一位以探索未知、促进发展为己任，注重教育实践、平易近人、严谨务实的好院士、好领导、好导师。

弘扬神舟文化，传承航天精神，培养一流人才，发展空间技术，开发空间资源。2005年12月28日，中国空间技术研究院神舟学院成立典礼暨“航天系统工程”高级研修班开幕式。闵桂荣、戚发轫等出席会议，并举行神舟学院揭牌仪式活动。闵桂荣在大会上作了报告，他指出，神舟学院成立是五院发展史上的一件大事，在集团公司和院领导的大力支持下，五院的教育培训工作取得了长足发展，目前正是航天技术快速发展的时期，五院人在感受荣誉的同时，也深深地感到任务艰巨和所面临的巨大压力和挑战。面对越来越多的型号任务，如何解决人才队伍问题，是必须解决的关键性问题。闵桂荣深有体会地指出，神舟学院的成立，将为员工的学习和发展提供一个良好的平台，五院的每一位员工都应该不断地更新自己的知识，不断地提高自己的工作水准和创新能力，成为一名终身好学型人才，为实现国际一流宇航公司的战略目标作出贡献。同时，我们还可以充分利用神舟学院这一平台，建立与国际宇航机构及其教育部门的合作机制，经常聘请国际知名专家作为客座教授来华讲学，进一步提升五院的学术与技术水平。神舟学院的发展空间很宽广，经过一段时间的努力，就能够逐步形成配套完整、具有专业特色和权威性的空间技术教育培训学院，希望神舟学院越办越好。

中国航天事业创建60多年，闵桂荣发自内心的感慨是难以言表的。他参与了“两弹一星”“载人航天”和“月球探测”三项伟大工程，为中国航天事业发展付出了毕生的精力，他永远难以忘怀中国航天筚路蓝缕、一路艰险、一路阳光、一路奉献的浩浩征程。

雄心比天高，壮志创伟业。闵桂荣永远难以忘怀那艰苦奋斗的岁月。“魂系太空”，是闵桂荣60年来从事空间科学技术的生动写照。早在1995年《科技日报》记者郑千里采访闵桂荣时，他告诉记者，作为高新技术，卫星上天至今仍存在着最大的风险，不管哪个国家，都有不小的失败率。闵桂荣说：“在我几

2004年10月，闵桂荣在家中查阅资料

2005年12月28日，闵桂荣（右四）出席神舟学院揭牌仪式

十年所从事的科技工作中，苦恼和欢乐似乎是一对孪生兄弟，他们这对孪生兄弟，是对立的统一，所以说，卫星如果得以成功发射，工作状态良好，那就是我莫大的欢乐。反之，则是极度苦恼，心情沉重。”《科技日报》“院士·科海甘辛”专栏，登载了作者吴洁为《闵桂荣·魂系太空》一文配词（调寄《关词令》），摘录如下：

谁人铺起通天路？
火龙云中舞。
小小寰球，
瞬间观寒暑。
星月知君甘苦。

访苍冥，
魂牵梦驻。
铁戟划空，
捍我中华土。

中国航天新成就的不断取得，源于深厚博大的航天精神，亦源于充满活力的人才队伍。闵桂荣无比欣慰的是：近年来，在载人航天、月球探测、北斗导航、新一代运载火箭等一系列重大航天项目的牵引带动下，一大批年轻的航天人才迅速成长起来，成为中国航天领域最为核心的竞争力。只有坚持创新驱动发展战略，才能使我国从航天大国迈向航天强国，早日跻身于世界航天强国阵营。

太空探索永无止境，航天攻关任重道远。人生要过得有价值，金钱、名利

笑对人生

如过眼云烟。在闵桂荣的人生价值中，境界与精神是他最为强调的。不论是教育子女，还是为人处事，闵桂荣总爱说:“一个人要有精神面貌。”因此，他的腰板总是挺得直直的，这骨子里的“价值”才是他追求的真正价值。一生与航天事业相伴的闵桂荣，凭借着一股钻研的冲劲，取得了众多的丰硕成果，也赢得了国内外航天界人士的赞誉。他虽已步入耄耋之年，但他的心仍与全体航天人一道，张开理想的翅膀，高亢激昂地在漫无边际的宇宙中继续遨游，因为他深知，我国航天每次获得的成功，又会立即成为下一个新的起点，去迎接更伟大事业的创新、创新、再创新!

红叶满山，星汉璀璨。现已 84 岁的闵桂荣，仍在不断地筹谋在浩瀚的太空中描绘属于中国自己的灿烂星空。那句“一个人要有精神面貌”的航天名言，在他的心中永远地回荡……

仰望星空，太空在召唤。承载着光荣使命与梦想的航天人，将殚精竭虑，不负这个伟大的时代!

闵桂荣大事年表

1933 年
6 月 2 日，出生于福建省莆田县（现莆田市）城厢下务巷。

1940 年　7 岁
秋，入磷峰小学读书。

1942 年　9 岁
秋，转入英龙小学读书。

1944 年　11 岁
秋，转入城厢小学读书。

1946 年　13 岁
秋，入省立莆田中学（现莆田一中）读书。

1950 年　17 岁
在福建省莆田参加土改工作队。

1951 年　18 岁
在福建省莆田中学加入新民主主义青年团。

1952 年　19 岁
秋，考入厦门大学机械工程系热力发电装置专业学习。

1953 年　20 岁
院系调整转入南京工学院热能动力装置专业学习。

1955 年　22 岁
3 月，在南京工学院加入中国共产党，1956 年 3 月转正。

1956 年　23 岁

秋，由南京工学院毕业，分配到中国科学院动力研究室（北京）工作。

1959 年　26 岁

在高教部留苏预备班进修。

11 月，去苏联科学院动力研究所，在米海耶夫院士指导下攻读传热学。

1960 年　27 岁

在莫斯科兼任科学院中国留学生党支部书记。

1963 年　30 岁

5 月，传热学研究论文通过答辩，被授予苏联技术科学副博士学位。

8 月，与陈爱明女士结婚。

9 月，在中国科学院力学研究所工作，任助理研究员、研究室副主任。

1964 年　31 岁

承担航空发动机传热问题研究。

1965 年　32 岁

参与《“651”卫星发展规划》研究。参加组建总体、结构与热控研究室。作为卫星总体设计组成员，参与我国第一颗人造卫星总体方案论证。

1966 年　33 岁

负责领导人造卫星热控制研究工作。组团赴法国考察太阳模拟器等项目。

1967 年　34 岁

负责东方红一号卫星技术、生产指挥工作及初样研制与试验。

1968 年　35 岁

中国空间技术研究院北京空间飞行器总体设计部热控制研究室主任。

1969 年　36 岁

参加组织灯塔一号导航卫星总体方案论证。

1970年　37岁

4月，我国第一颗人造卫星“东方红一号”在酒泉发射基地发射成功。

1972年　39岁

在驻马店七机部五七干校农业劳动。

1975年　42岁

任中国空间技术研究院北京空间飞行器总体设计部副主任。

11月，返回式遥感卫星首次发射成功。

1978年　45岁

3月，参加全国科学大会。

任中国工程热物理学会理事。

1979年　46岁

赴美参加美国宇航学会14届热物理年会，在大会上作中国空间飞行器热控制发展报告。

1980年　47岁

中国空间技术研究院空间飞行器总体设计部主任、研究员。

任中国宇航学会理事。

获七机部劳动模范称号。

1981年　48岁

2月，被任命为七机部实践卫星系列副总设计师。

1983年　50岁

被中组部任命为中国空间技术研究院副院长。

6月，被航天工业部任命为摄影定位卫星总设计师。

1984年　51岁

8月，被国防科工委任命为卫星摄影定位工程第一副总设计师。

1985 年　52 岁

返回式遥感卫星和东方红一号卫星获国家科学技术进步奖特等奖，为第五完成人。

12 月，被航天工业部任命为中国空间技术研究院院长。

1986 年　53 岁

被评为国家级有突出贡献的中青年专家。

1987 年　54 岁

任中国科协第三届常委。

当选国际宇航科学院通讯院士。

7 月，应党中央邀请在北戴河休息期间，先后被邓小平等党和国家领导人接见。

1988 年　55 岁

8 月，签署《中国空间技术研究院和巴西空间研究院关于联合研制中国和巴西地球资源卫星的协议书》。

10 月，获国防科工委授予的卫星总设计师荣誉状。

1989 年　56 岁

获得航空航天工业部劳动模范称号。

10 月，被国防科工委任命为广播通信卫星工程卫星系统总指挥。

1990 年　57 岁

摄影定位卫星获国家科学技术进步奖特等奖，为第一完成人。

首批享受国务院颁发的政府特殊津贴。

11 月，被国务院学位委员会授予博士生导师资格，空间飞行器总体设计部获准作为飞行器设计专业博士学位授予点。

1991 年　58 岁

当选为中国科学院学部委员（1993 年改称院士）。

5月，被国防科工委任命为卫星型号系列总设计师。

11月，任中国空间技术研究院科学技术委员会主任。

12月，任航空航天工业部科学技术委员会副主任。

1992年　59岁

当选为国际宇航科学院院士。

荣获中央国家机关党工委优秀党员称号。

被国防科工委任命为资源二号卫星工程总设计师。

1993年　60岁

被选为第八届全国政协委员。

担任国家“863计划”第二届航天领域专家委员会首席科学家。

1994年　61岁

当选为中国工程院院士。

被航空航天工业部任命为摄影定位卫星工程第一副总设计师。

1996年　63岁

获何梁何利基金科学与技术进步奖。

任中间空间技术研究院顾问。

1997年　64岁

5月，获国防科工委荣誉证书，连任国家“863计划”第三届航天领域专家委员会首席科学家。

1998年　65岁

3月，被选为第九届全国政协委员。

2000年　67岁

任中国航天科技集团公司科技委顾问。

9月，在太原卫星发射中心参与主持发射资源二号卫星01星，并取得成功。

10月，出席香港“创新科技产业研讨会”，在会上作《空间技术发展及应用》报告。

2001年　68岁

2月，在国家“863计划”工作中作出突出贡献，获科学技术部、总装备部授予先进个人称号。

3月，在政协八届四次会议上提出“月球探测工程列入国家计划”的提案。

5月，完成《建设我国空间基础设施》研究报告。

2002年　69岁

10月，在太原卫星发射中心参与主持发射资源二号卫星02星，并取得成功。

2003年　70岁

3月，被选为第十届全国政协委员。

8月，提出《航天技术中长期发展规划的意见》。

12月，荣获中国载人航天工程指挥部颁发的中国首次载人航天飞行任务证书。

2004年　71岁

8月，荣获中国航天科技集团公司颁发的“航天人才培养突出贡献奖”荣誉证书。

2005年　72岁

出席中国航天科技集团公司“十一五”规划及2020年发展战略研讨会。提出了“微纳米技术在航天系统中应用”项目纳入国家中期科学技术发展规划的建议。

8月，出席首次CAST空间技术论坛。

2006年　73岁

12月，出席嫦娥一号卫星热控分系统院级出厂评审会。

2007年　74岁

4月，出席尼日利亚一号卫星集团公司级出厂评审会。

6月，出席“6·18中国·福建项目成果交易会”，应邀作《建设现代服务业，发展海西经济》的学术报告。

发表《卫星应用技术及其产业化新进展》研究报告。

2008年　75岁

2月，出席中国空间技术研究院星船主题墙揭幕暨文化产品发布仪式。

2010年　77岁

5月，闵桂荣等六位院士向国务院提交了《关于将航天工程育种产业纳入战略性新兴产业发展规划的建议》。

5月，负责从事“空间太阳能电站技术发展预测和对策研究”咨询项目的研究。

2011年　78岁

10月，闵桂荣等院士联名给党中央、国务院提交了《发展空间太阳能电站从根本上解决能源和气候变化危机的建议》。

8月，出席第四届中国能源环境高峰论坛，并作了《能源、气候与航天技术》的报告。

2012年　79岁

9月，出席福建省人民政府与中国航天科技集团公司战略合作框架协议签字仪式。

2013年　80岁

12月，听取钱学森实验室有关空间太阳能电站项目进展情况汇报。

2014年　81岁

3月，完成了《开发利用空间太阳能，解决人类能源和气候问题》的研究报告。

5月，出席“空间太阳能电站”香山科学会议。

10月，出席国防科工局“太空发电站发展规划及关键技术体系”论证会。

参考文献

[1]《当代中国的航天事业》编辑委员会. 当代中国的航天事业[M]. 北京：中国社会科学出版社，1986.

[2] 中国科学技术协会. 中国科学技术专家传略：工程技术编·航天卷2[M]. 北京：宇航出版社，2002.

[3]《企事业改革家列传》编委会. 企事业改革家列传[M]. 沈阳：辽宁人民出版社，1989.

[4] 周光召，朱光亚. 共同走向科学——百名院士科技系列报告集[M]. 北京：新华出版社，1997.

[5]《中国航天腾飞之路》编委会. 中国航天腾飞之路[M]. 北京：中国文史出版社，1999.

[6] 闵桂荣. 闵桂荣院士文集：献身航天造福人类[M]. 北京：中国宇航出版社，2003.

[7] 杨照德，熊延岭. 钱学森中国星[M]. 上海：上海交通大学出版社，2012.

[8] 杨照德，熊延岭. 杨嘉墀院士传记[M]. 北京：中国宇航出版社，2014.

后　记

中国航天事业60多年的成就举世瞩目。回顾中国空间技术的发展历程，深感我们的事业能有今天的成就，与一批勇于创新的科学家、专家辛勤工作是分不开的。他们是中国空间事业的开拓者，是中国卫星事业的带头人。

闵桂荣长期从事空间技术研究与发展规划的制定工作，在卫星总体设计与航天器热控制方面，取得了突出的成就。经历了中国航天事业由小到大、由弱至强的创建与发展过程，参加了我国第一颗人造卫星研制全过程。第一颗人造卫星首次发射和飞行成功，极大地提高了我国的国际地位，为中华民族争了光。作为总设计师，闵桂荣主持了多颗返回式卫星的研制工作，其难度与飞行成功率均达到世界先进水平。他领导完成了国家“七五”计划4种12颗应用卫星的研制、飞行和应用工作。在担任国家“863计划”航天领域专家委员会首席科学家期间，闵桂荣组织领导了我国未来航天创新技术的研究工作，先进的航天运载技术、卫星关键技术、载人航天关键技术等取得了重大进展，为我国航天技术的持续发展打下了良好基础。

闵桂荣是一位卓有成就的科学家，他多次出现在国际讲坛，并担任了许多社会职务。他对卫星事业倾注了毕生的精力，勤勤恳恳，深入科研生产及发射现场，对技术精益求精，确保了国家经济建设及国防建设对卫星的需求，作出了一流的成就。然而，他对待个人生活却总是布衣素食，勤俭自持，公私分明，廉洁无私；对待工作，则严格按条令办事，一丝不苟，对每一项重要技术方案都要亲自参加讨论、审查，力求做到精益求精，万无一失。几十年来，闵桂荣养成的严谨务实的工作作风，影响了一大批航天科技工作者。一生与航天事业为伴的闵桂荣，凭借着一股钻研的冲劲，取得了众多的丰硕成果，赢得了国内外航天界人士的赞誉。

我们先后在中国科学院、中国空间技术研究院工作，多年来深受老一辈科学家的教诲。作为历史事件的参与者，往事历历在目。近几年来，我们参与了“钱学森与中国航天”课题组，对中国卫星发展史做了较深入的研究。回忆中国卫星研制历程，可以清晰地看到，中国空间技术研究院的创建、中国卫星事业发展规划的制定以及各种关键技术的储备，无一不凝聚着航天院士的智慧与心血。为了传承航天精神、“两弹一星”精神和载人航天精神，我们先后编著了《中国当代著名科学家杨嘉墀》《20世纪中国著名科学家钱骥》《钱学森中国星》《杨嘉墀院士传记》。

在中国航天事业“续航天梦，筑强军梦，圆中国梦”的新形势下，2016年5月，我们应邀编著《闵桂荣院士传记》，深感闵桂荣院士的科学思想、创新意识、坚定信念和爱国情怀，是航天人的宝贵精神财富。我们虽说在闵桂荣直接或间接领导下工作多年，与他保持近距离接触、交流长达几十年，但在成书过程中，仍感史实与具体情节欠缺。为了编写好传记，我们仔细研究了《闵桂荣院士文集·献身航天造福人类》和《天之骄子闵桂荣》等图书，查阅、研究了有关史料，并重温有关航天型号工程与专业技术资料，还求助于不同时期与闵桂荣共事的同志所写的回忆史料。我们在取材和叙述上，力求忠于事实，反映历史的本来面目，努力提供史料而让读者自己去思考和判断。由于各种条件和我们的水平有限，更由于时间的仓促，本书难免有不足之处，恳请专家、读者给予指正。

在成书过程中，闵桂荣院士提供了近几年的有关资料，对书中每个章节审阅修改，不厌其烦，细心备至，寥寥数语，情真意切，温暖至深。欣慰之余，我们也感到闵桂荣院士的航天精神、科学精神、学术成就以及思想品格仍有挖掘和提升的空间。

在本书编写过程中，得到了中国空间技术研究院戚发轫院士、叶培建院士，院科技委李明、高耀南、卢春平、李民、张秋梅、王春香等同志的大力支持，还得到了中国宇航出版社张铁钧、黄莘等的鼎力相助，在此一并向他们表示深切感谢！

杨照德　熊延岭

2016年12月于北京